国家出版基金项目
NATIONAL PUBLICATION FOUNDATION

"十二五"国家重点图书
出版规划项目

张跃 张琨 著

《东南亚研究》第二辑

# 新加坡文化概论

XINJIAPO WENHUA GAILUN

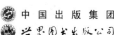
中国出版集团
世界图书出版公司

**图书在版编目（CIP）数据**

新加坡文化概论/张跃、张琨著．—广州：世界
图书出版广东有限公司，2015.1
　ISBN 978-7-5100-7520-9

　Ⅰ.新…　Ⅱ.①张…　②张…　Ⅲ.①文化—概论—
新加坡　Ⅳ.①G133.9

中国版本图书馆CIP数据核字（2015）第009998号

## 新加坡文化概论

项目策划：陈　岩
项目负责：卢家彬　刘正武
责任编辑：程　静　李嘉荟
出版发行：世界图书出版广东有限公司
　　　　　（广州市新港西路大江冲25号　邮编：510300）
电　　话：020-84459579　84453623
http：//www.gdst.com.cn　E-mail：pub@gdst.com.cn
经　　销：各地新华书店
印　　刷：湛江南华印务有限公司
版　　次：2014年12月第1版
印　　次：2014年12月第1次印刷
开　　本：787mm×1092mm　1/16
字　　数：245千
印　　张：16.25
ISBN 978-7-5100-7520-9/G·1795
定　　价：65.00元

# 前　言

东南亚是指亚洲的东南部地区。根据地理特征，东南亚可以分为中南半岛和马来群岛两部分，包括位于中南半岛的越南、老挝、柬埔寨、泰国、缅甸和位于马来群岛的菲律宾、马来西亚、文莱、新加坡、印度尼西亚、东帝汶共11个国家。东南亚大部分地区位于北回归线以南，跨越赤道，最南抵达南纬11°，最北延伸至北纬28°左右。该地区北接东亚大陆，南邻澳大利亚，东濒太平洋，西接印度洋，是沟通亚洲、非洲、欧洲以及大洋洲的交通枢纽，也是中国从海上通向世界的重要通道。

由于地理位置上的邻近、民族关系的密切和文化上的相通，早在两千多年前东南亚各国就与中国建立了较为密切的政治、经济和文化联系。新中国成立后奉行睦邻外交政策，我国与东南亚各国的友好关系有了新的发展。进入21世纪后，中国政府明确提出了"与邻为善，以邻为伴"的思想，制定了"大国是关键、周边是首要、发展中国家是基础、多边是重要舞台"的外交方针，进一步强调"积极开展区域合作、共同营造和平稳定、平等互信、合作共赢的地区环境"。

本着这一精神，中国与东南亚国家展开了各种双边与多边合作，形成了多方位、多层次的合作框架，增进了彼此间的信任。随着2011年11月中国—东盟中心的正式成立，中国和东南亚国家间的务实合作关系得到了进一步提升，呈现出强劲的发展势头。世界上，像中国和东南亚这样，在两千多年时间里绵延不断地保持友好关系、进行友好交往的实属罕见。这种源远流长的友谊，成为双方加强合作的基础。

作为多样性突出地区，东南亚各国在民族、语言、历史、宗教和文化等方面五彩缤纷，各具特色。加强东南亚国别与区域研究，可以更好地帮助国人加深对东南亚的了解。为此，解放军外国语学院亚非语系集东南亚语种群自1959年办学以来之经验，在完成2012年度国家出版基金项目《东南亚研究》第一辑的基础上，与世界图书出版广东有限公司一道，继续申报了2014年度国家出版基金项目《东南亚研究》第二辑并获得了成功，本丛书便是该项目的最终成果。

参加本丛书编写工作的同志主要为解放军外国语学院东南亚语种群的专家学者。北京大学、北京外国语大学、南京国际关系学院和云南民族大学的部分专家学者也应邀参加了本丛书的编写。丛书参编人员精通英语和东南亚语言，有赴东南亚留学和工作的经历，熟悉东南亚文化。在编写过程中多采用第一手资料，为高质量地完成丛书奠定了基础。我们希望本丛书的编辑出版有助于读者加深对东南亚国家国情文化的认识，有助于促进中国与东南亚国家间的交流。

由于本丛书涉及面广，受资料收集和学术水平诸多因素的限制，书中的描述与分析难免存在疏漏与不足，恳请同行专家和广大读者不吝批评指正。

解放军外国语学院亚非语系

《东南亚文化概论》编辑委员会

2014年10月于洛阳

# 以多维视角看多元文化（代序）

　　新加坡文化的根本特性概而言之就是多元。作为移民社会，新加坡多元民族、多元语言与多元宗教信仰共生并存，其文化形成发展亦呈多元态势。①

　　新加坡民族构成之繁杂，堪称"世界人种博物馆"，在华人、马来人、印度人三大族群外，还有欧亚混血人、欧洲人、阿拉伯人等其他族群，殖民时期人口统计中种族数目有时竟多达2 000多个。②新加坡盛行语言之众多，堪称"语言（方言）博览会"，除英语、华语、马来语与泰米尔语四门官方语言外，尚有其他母语群20余种，方言不计其数。③新加坡宗教信仰之杂糅，堪称"世界宗教大观园"，各大宗教在此均有信奉，华人社会还存在数目庞大的神灵崇拜、祭祀礼俗等民间信仰。

　　如此多元文化要素汇聚于新加坡这片面积不足800平方千米的弹丸之地④，自然编织出异彩纷呈、纷繁复杂的多元文化景观。各族群及其文化传统、宗教信仰、传统艺术、风俗习惯、纪庆节会等在此交集荟萃，传统与现代、东方与西方、个性与共性、本土化与国际化间冲突碰撞又互通联动，构建出新加坡多元文化的间架。正如矗立在新加坡河口的鱼尾狮雕像，以其非鱼非兽狮首鱼身的结合隐喻新加坡两栖于大陆与海洋、东方与西方间的多元特性，成为新加坡的城市标志与国家意象。

　　那么，该如何透过多元这一核心属性去理解新加坡的社会文化？本书以为应以多维视角去看新加坡多元文化，以更大的时空维度和联系、发展的观点去梳理

---

① 新加坡政府在建国之初即将多元主义写入宪法，确立多元民族（Multiracialism）、多元语言（Multilanguage）、多元文化（Multiculture）和多元宗教（Multireligion）的"4M"原则，承认新加坡整个民族文化建立在民族、语言、文化、宗教的多元性基础之上。

② 梁永佳、阿嘎佐诗：《在种族与国族之间：新加坡多元种族主义政策》，载《西北民族研究》，2013年第2期。

③ 黄明：《新加坡语言政策对英语和华语交流的影响》，载《西南交通大学学报（社会科学版）》，2007年2月第8卷第1期。

④ 截至2013年新加坡国土面积（包括经填海造地所增加部分）为716.1平方千米。数据来源：Singapore in Figures·2014，Department of Statistics Singapore. http://www.singstat.gov.sg

新加坡多元文化的脉络。

在纵向上，应以更大的历史维度去看新加坡多元文化，从而构成连贯新加坡昨天、今天和明天的完整图卷。一般认为，新加坡文化形成发展的起点始于1819年英国人莱佛士占据时为蛮荒渔村的新加坡并将其辟为自由港，华人、马来人、印度人等各族群移民及其文化自此涌入，构成新加坡多元文化的基础。人民行动党政府也决定从1819年开始追溯新加坡的历史，并将莱佛士命名为新加坡的创立者。[①]诚然，历史上新加坡曾于13世纪后期至14世纪末建立强盛的狮城王朝，然其所创造灿烂古代文明如昙花一现便湮没在历史长河中，未对新加坡近现代文化形成发展产生直接影响。但要系统呈现新加坡文化历史全貌及其内在传承，仍需将视点前推至狮城王朝建立甚至公元前。

原因有三：

一是新加坡古代文化已呈现今日之多元与外向特性。至少从公元前2世纪中开始，新加坡便是联结东西方海路的重要中继[②]，此后逐步发展为国际性商埠，其基于海上贸易而蓬勃兴起的商业文化主要在外部世界尤其是中印文化的影响下发展起来，明显呈现多元与外向的特性，并为其后狮城王朝创建奠定必要基础。

二是新加坡在历史上首次成为文化意义上的整体，形成独立的新加坡文化区域概念，始于狮城王朝建立。狮城，在梵语中称"新加坡拉"（singapura），是新加坡首个也是唯一的封建王朝，是新加坡古代文明的巅峰。虽然狮城王朝统治仅维系一个世纪便因外敌入侵而遭覆灭，难以对近现代新加坡产生重要影响，但今日新加坡之所以称"新加坡"及"狮城"，正是源于新加坡拉狮城王朝。

三是自狮城王朝灭亡至沦为英国殖民地，新加坡社会文化发展进程既有停滞亦有延续。从新加坡自身看，在狮城王朝宣告灭亡之后，其由独立王国沦为它国属地，从国际商埠衰退至蛮荒渔村，社会文化发展几近停滞，在东南亚各国文化个性塑造成型的关键时期，却未能形成新加坡主权民族与本土文化，为近现代新加坡社会文化的高度多元埋下伏笔。从整个马来世界文化区域范围看，狮城王朝则是衔接室利佛逝与马六甲以及柔佛—廖内—林加王国马来世系的一环，而新加

─────────────────

① ［英］康斯坦丝·玛丽·藤布尔：《新加坡史》，欧阳敏译，上海：东方出版中心，2013年8月第1版，第2页。

② 根据《汉书》卷二八下《地理志》八下"粤"字条记载，早在中国进入汉武帝统治之前，即公元前2世纪中以前，扼守马六甲海峡之咽喉的新加坡就已成为东西方船舶往来必经之地与重要靠泊站。参见林远辉、张应龙：《新加坡马来西亚华侨史》，广州：广东高等教育出版社，2008年5月第2版，第15页。

坡近现代多元文化的马来部分亦是在上述马来古代王国遗产基础上发展而来。

在横向上，应以更广的地缘视域去看新加坡多元文化，构建完整系统的新加坡文化形态，既以新加坡为中心去看世界文化，亦以世界文化来看新加坡文化，从而揭示新加坡多元社会文化的深层原因。

新加坡虽国小民寡，但地理位置异常重要，北隔柔佛海峡与马来西亚相邻，南隔新加坡海峡与印度尼西亚相望，扼守印度洋与太平洋间交通之咽喉——马六甲海峡，地处东南亚半岛、海岛地区分界水域①与通联欧、亚、非及大洋洲之海路要道，自古以来就是本地区及国际运输线路的自然交汇点，素有"远东十字路口"和"东方直布罗陀"之称。

由于地缘优势突出，在过去2 000多年岁月里，新加坡一直是联结中国、印度、中东等亚洲文明古国的海上桥梁，近代随英殖民入侵又成为衔接东西方经贸文化往来的"二传手"，因而深受中、印、伊斯兰文化熏陶以及西方近现代文明的影响，并在上述外来文化的合力下形成种族、语言、宗教成分高度杂糅的社会形态，多元化成为新加坡文化最本质的属性与最突出的特征。

新加坡地理地缘条件对其社会文化进程所产生的另一根本性影响，是决定其经济发展以对外贸易为主体和导向。这种长期以对外贸易为基石的发展形态，导致新加坡对外部世界及变化有着高度的依赖性和敏感性，易受外部环境改变的影响和冲击。外部环境的改变时常制约新加坡社会文化发展，而新加坡社会文化演变又往往折射外部环境的变化。尤其突出的是，这种对外部条件及变化高度依赖和敏感的经济形态，难以为新加坡社会文化持续稳定发展提供坚实土壤，历史上新加坡虽时常因贸易而形成人口聚集，但并非一个稳定的定居地，发展进程时有断续甚至停滞中断，始终未能形成本土民族及传统文化，直至1965年独立建国后才开始建立新加坡民族。这种先有国家而后有民族，国家独立早于民族发展的情况在世界上极为罕见。

除将新加坡多元文化置于更大的时空维度审视，还应以发展的观点去看新加坡多元文化在不同时期所呈现的不同特点，尤其是其社会文化主体的变迁。

公元前至1819年英国占据新加坡，是新加坡的古代文化时期。新加坡由东西方船舶靠泊站逐步发展为繁盛国际性商埠并进而建立强盛的狮城王朝，外源性

---

① 东南亚在地理上由两部分组成：一部分称半岛地区，即中南半岛；另一部分称海岛地区，包括印度尼西亚群岛、菲律宾群岛、加里曼丹和东帝汶。

商业文明蓬勃兴起，在人种、经济等层面更多受到中国的影响，而在意识形态尤其宗教信仰上更多受到印度影响。其社会文化主体为源于中国东南沿海地区的马来人①，而华人至少在10世纪前亦已在新加坡定居②。此后狮城王朝因暹罗与满者伯夷轮番入侵于14世纪末覆灭，新加坡社会文化发展进程陷入停滞，并逐渐衰败为海盗丛生的渔港。

1819年至1959年新加坡实现自治，是新加坡的近代文化时期。1819年英国占据新加坡并将其辟为自由港，揭开新加坡历史新的一页。英国殖民统治及其植入新加坡的英式西方基本制度、大量涌入的各族群移民及其带入的外来文化以及英国殖民当局推行的转口贸易成为构建新加坡近代社会文化的三个核心因素。华人移民占新加坡人口比例持续上升，替代马来族群而成为新加坡社会主体族群。英国当局推行间接管辖与分而治之导致新加坡移民社会高度分化、缺乏融合。新加坡形成西方制度与东方人文结合，以英国殖民者为主导、华人为主体的多元异质移民社会与文化。

1959年至今，是新加坡的现代文化时期。英国殖民统治遗留下的高度多元又分化严重的社会特性，风云变幻的外部环境以及诸多历史、现实因素交织在一起，深刻影响着独立建国后新加坡社会文化发展。西方文化与东方文化尤其是儒家文化的碰撞与互动贯穿这一过程并在不同阶段呈现不同侧重，先后经历全盘西化、集中推行儒家文化及塑造以儒家思想为核心的"共同价值观"三个时期。由于历史上未能形成主体民族与传统文化，新加坡在国家独立后才开始建立新加坡民族，围绕塑造新加坡国家认同、构建新加坡本土民族文化而展开的多元主义实践是贯穿这一时期新加坡社会文化发展的另一主线。新加坡多元主义推行呈现"先破后立"阶段划分，"去除多元化"多元主义阶段以破坏各族群界限及文化认同为代价来塑造新加坡国家认同，"构建多元化"多元主义阶段在国家认同的旗帜下构建跨族群的多元的"新加坡人"民族文化。

以上是本书理解和研究新加坡多元社会文化的基本视角及相关思考与观点，

---

① 古代新加坡主要居民为马来人，按照移居新加坡时间先后和出发点不同，大体可以分为两大部分。一部分是公元前2500年到公元1000年间移入的原始马来人，曾于公元7、8世纪建立罗越国，其国土包括今天马来西亚柔佛和新加坡一带；另一部分是公元7世纪后由印度尼西亚诸岛移入的开化马来人，曾于11至14世纪在新加坡建立淡马锡定居点并最终创立新加坡拉狮城王朝。据进一步研究和考古发现，上述马来人的祖先均来自中国华南，尤其以东南沿海为主。参见［新加坡］邱新民：《海上丝绸之路的新加坡》，新加坡：胜友书局，1991年8月第1版，第223页。

② 据清颜斯综所著《南洋蠡测》记载推断，至少从公元10世纪初起，新加坡已有华侨居住。参见林远辉、张应龙：《新加坡马来西亚华侨史》，广州：广东高等教育出版社，2008年5月第2版，第28页。

是为序言。书中照片由Feng Wei拍摄提供，特此说明。衷心感谢在本书撰写过程中给予我们鼓励、帮助和支持的各位师长、同仁及出版社。特别要感谢钟智翔教授，他曾挤出宝贵时间审阅本书部分初稿，并慷慨提出中肯意见和宝贵建议。受资料收集、学识能力等因素限制，本书难免有疏漏、不当甚至讹误之处，敬请广大读者批评指正。

编　者

2014年10月

# 目　录

# 第一章　文化地理环境

新加坡是东南亚的一个岛国，国土狭小，资源匮乏，但地理位置异常重要，扼守印度洋与太平洋间交通之咽喉——马六甲海峡，地处东南亚半岛、海岛地区分界水域[①]与通联欧、亚、非及大洋洲之海路要道，素有"远东十字路口"与"东方直布罗陀"之称。凭借得天独厚的地缘优势，新加坡自古便是连接中国、印度、中东等亚洲文明古国及东西方文化贸易往来的海上桥梁，其社会文化发展因而呈现多元与外向的特性。长期以对外贸易为主体的经济形态，使新加坡对外部环境及变化有着高度的依赖性和敏感性，缺乏供社会文化持续稳定发展的坚实土壤，历史进程几经兴衰沉浮甚至停滞中断，未能形成本土民族及传统文化。近代沦为英殖民地后，英当局将西方基本制度植入新加坡，对新加坡近现代社会文化形成发展产生深刻影响，同时对华、印、马来等外来移民采取间接管辖、分而治之政策，导致新加坡社会高度分裂、文化多元异质。独立建国后，新加坡政府积极塑造国家认同，构建新加坡民族文化，以华人为主体的包括马来人、印度人及其他族群的新加坡多元社会开始形成。

## 第一节　文化形成与发展背景

### 一、地理条件

从地理条件与文化形成发展的关系来看，新加坡具有国土面积狭小且自然资源匮乏、天然港口条件优越及地缘位置得天独厚等突出特征，在一定程度上决定了新加坡社会文化发展的多元性与外向性。

#### （一）国土狭小、资源匮乏

新加坡地处马来半岛南端、赤道以北约137公里处，位于东经103°45′至

---

① 东南亚在地理上由两部分组成：一部分称半岛地区，即中南半岛；另一部分称海岛地区，包括印度尼西亚群岛、菲律宾群岛、加里曼丹和东帝汶。

104°25′、北纬1°09′至1°29′之间。新加坡由新加坡岛及周围63个大小岛屿组成，主岛新加坡岛为马来半岛延伸，呈菱形，南北宽22.53公里，东西长41.84公里，占国土总面积的绝大多数；周围63个岛屿大体呈南北分布，南部40多个小岛散布在新加坡海峡西部，包括圣淘沙、梅里茂、亚逸查湾、西拉耶、亚逸美宝、武公、小武公、巴威、苏东、实巴洛、安东、棋樟山、北塞等诸岛；北部十多个岛屿分布于新加坡岛东北角柔佛海峡东端，其中德光、乌敏为最大岛屿。新加坡属热带海洋性气候，常年高温潮湿多雨，年温差和日温差小，年均气温24℃至32℃，日均气温26.8℃，年平均降水量2 345毫米，年平均湿度84.3%。[①]

新加坡国土狭小，近年来持续填海造地，自1950年至今已有约20%的国土面积由填海产生，现今仍持续填海计划。20世纪60年代新加坡国土面积为581.5平方公里，到2013年经填海造地增至716.1平方公里。[②]按照新加坡政府计划，至2030年，新加坡的国土面积还有可能再增加100平方公里。

新加坡岛上河流密布，但流程较短，主要河流新加坡河总长仅3.2公里，其他河流有加冷河、乌鲁班尼河、邦苏业河等。虽然雨量充沛，但由于四面濒海且湖泊水库稀少，淡水资源十分匮乏，人均水资源量仅211立方米/年，排名世界倒数第二。植物资源相对丰富，已发现植物物种超过2 000种，但林地面积仅占国土面积的5%。动物资源主要为海洋鱼类，在现有141种哺乳、爬行和两栖类动物中80种濒临绝迹。土地贫瘠，可耕地面积仅占国土面积的5%。矿产资源极其贫乏，除少量花岗岩外，几乎无其他矿产。

### (二)港口天然条件优越

新加坡地处印度洋与太平洋季风交汇点，是"季风的终点，其他信风的起点"，印度洋季风到此辄止，太平洋季风则从此开始。[③]古时马来人曾以马六甲海峡为季风分界线，以西为"上风诸国"，以东为"下风诸国"，合称"东西各国"，范围上基本包含当时东南亚地区各国。[④]从航运条件看，新加坡实属东南亚及东西方海运非常理想的天然中转站。

从港口条件看，新加坡地势低平，平均海拔15米，最高海拔163米；海岸线

---

① 《新加坡国家概况》，中华人民共和国外交部网站，2014年3月。http://www.fmprc.gov.cn/mfa_chn/gjhdq_603914/gj_603916/yz_603918/1206_604786/

② Singapore in Figures·2014, Department of Statistics Singapore. http://www.singstat.gov.sg

③ 赵文红：《试论早期东南亚海上贸易的发展与特点》，载《东南亚纵横》，2009年第4期。

④ 毛大庆、殷智亮：《一口气读懂新加坡》，北京：团结出版社，2011年6月第1版，第6页。

曲折蜿蜒，总长约190公里；南部水域宽敞且水深适宜，不受河流冲击的威胁，能长期保持深水港的地位；地属赤道无风带，常年风平浪静，极少受台风影响，港口建造天然条件非常优越。

目前新加坡本岛有六大海港码头，包括新加坡目前最大的供客货轮停泊的岌巴码头、曾经被英国辟为远东最大海军基地的三巴旺港、专为工业使用的裕廊港码头、东南亚唯一的专供集装箱船只停靠的东礁湖码头、为自由贸易区服务的巴西班让码头及近海驳船起卸货物使用的直落亚逸码头。此外，在毛广岛、斯巴洛岛、茶碗岛、马利茂岛还设有为岛上炼油厂和储油库专用的油槽船码头。

### （三）地缘位置得天独厚

新加坡虽然国土面积狭小，自然资源匮乏，但地缘位置却异常重要，北隔柔佛海峡与马来西亚相邻，南隔新加坡海峡与印度尼西亚相望，扼守印度洋与太平洋间交通之咽喉——马六甲海峡，位于东南亚半岛地区与海岛地区分界水域，地处通联欧、亚、非及大洋洲之海路要道，自古以来就是本地区及国际运输线路的自然交汇点，素有"远东十字路口"和"东方直布罗陀"之称。

公元前后，随着海上丝绸之路的开辟，新加坡成为中西海上航线必经中转站并日渐繁盛；到11世纪至14世纪，新加坡形成东南亚最具规模国际性商埠，是联结中国、印度洋沿海国家与东南亚等亚洲重要经济体的贸易纽带；1819年英国占领新加坡，以其为战略支点与荷兰展开对马六甲通道控制权的争夺，英当局称新加坡为"迄今为止（英国）最重要的东方站点，从航海优势和商业发展方面看，它比整块（马来）半岛大陆价值更高"[①]；随着蒸汽机船时代到来、苏伊士运河开通、国际通讯技术进步，欧洲、阿拉伯海、孟加拉湾、东南亚和澳大拉西亚的运输网络开始从独立的体系相互联结为国际网络体系，新加坡在其间扮演关键枢纽的角色，并最终发展为今天吞吐量位居世界前列的著名商港及全球化经贸网络上的重要链接。

### （四）对新加坡社会文化的作用和影响

由于地缘位置突出，在过去两千多年的岁月里，马六甲海峡及其两岸一直是中国、印度、中东等亚洲文明古国连接彼此的海上桥梁，近代随西方殖民入侵又成为链接东西方经贸文化往来的"二传手"，因而深受中、印、伊斯兰文化的熏

---

① 〔英〕康斯坦丝·玛丽·藤布尔：《新加坡史》，欧阳敏译，上海：东方出版中心，2013年8月第1版，第20页。

陶以及西方近现代文明的影响，并在对上述外来文化的不断吸收与融合进程中，逐步形成种族高度混杂、语言与宗教成分复杂的社会形态，在文化上属于"破碎带"性质。位于此区域核心位置的新加坡，多元化自然成为其社会文化最本质的属性与最突出的特征。

新加坡地理地缘条件对其社会文化进程所产生另一根本性影响，是决定了其经济发展以对外贸易为主体和导向。囿于国土面积狭小，缺乏纵深，且自然资源匮乏，新加坡不具备建立自给自足型农耕经济的基础，而优良的港口条件和突出的地缘位置则赋予其发展外向型商贸经济得天独厚的优势。历史上新加坡经济发展主要依赖转口贸易，独立建国后依旧推行贸易立国，发展外贸驱动型工商业社会。对外贸易始终是新加坡经济的核心内容，其社会文化因而具有外向属性。

## 二、经济基础

新加坡以对外贸易为主体的经济形态，对外部环境依赖性极强，易受外部环境改变的影响和冲击，难以为其社会文化持续稳定发展提供坚实土壤，致使新加坡社会在历史上未能形成本土主体民族，缺乏传统文化根源，对独立建国后构建国家意识和民族文化构成挑战。

### （一）独立前经济以转口贸易为主

新加坡的传统经济以转口贸易为主，历史上曾是联结东西方海路的重要中继站和东南亚著名商港。根据《汉书》卷二十八下《地理志》八下"粤"字条记载，至少从公元前2世纪中开始，地扼东南亚海上交通要道的新加坡，就已成为东西方船舶往来的必经之地。[①]

公元2世纪时古希腊地理学家托勒密所著《地理志》一书提及，萨巴拉港（Sabara）位于"黄金半岛（Aurea Chensonnesus）"即马来半岛南端，为一商贸中心，萨巴拉港在托勒密绘制的地图上所对应的位置就是今天的新加坡。[②]

3世纪，马来人将新加坡命名为"Pulau Ujong"，意指"（马来半岛）末端的岛屿"，根据音译，三国时期中国将其称为"蒲罗中"，东吴孙权所遣使节康泰曾途经此处。[③]据宋《太平御览》卷七九一引吴时康泰表上的《扶南土俗传》记载，蒲罗

---

① 林远辉、张应龙：《新加坡马来西亚华侨史》，广州：广东高等教育出版社，2008年5月第2版，第13页。

② ［新加坡］邱新民：《海上丝绸之路的新加坡》，新加坡：胜友书局，1991年8月第1版，第3页。

③ 据著名南洋学家许云樵考证，"蒲罗中"为马来语"Pulau Ujong"的对音，意指马来半岛尽头的岛屿新加坡，详见［新加坡］许云樵：《南洋史》（上卷），新加坡：星洲世界书局，1961年8月版，第97页。但亦有部分学者对蒲罗中是否为新加坡古称存疑，详见崔贵强：《"新加坡史上五大悬案"析疑》，载《联合早报》，2014年9月24日。

中"地产瑇瑁、犀、象、珠玑、金银、葛越、桂木"等货品。[①]

至中国唐代，马来半岛南端一带已形成初具规模的商业港口，每年均有商人乘船由这里出发赴广州进行贸易。《新唐书·单单传》中曾提到一个重要的国家"罗越"：罗越者，北距海五千里，西南哥谷罗。商贾往来所凑集，俗与堕罗钵底同。岁乘舶至广州，州必以闻。[②]根据贾耽《广州通海夷道》所记载方位，罗越位于马来半岛南端，包括今天的马来西亚柔佛及新加坡。

11世纪后，新加坡发展为繁荣的国际性商埠，与中国泉州有着经常的贸易往来。据宋赵汝适《诸蕃志》"三佛齐国"条记载，中国商舶到三佛齐贸易必先在"凌牙门（即新加坡）经商三分之一"[③]，而在新加坡出土的宋朝真宗（998—1022年）、仁宗（1023—1063年）时期铜钱和瓷片，则是实物方面确凿的例证。[④]到13世纪后期，随着新加坡拉（Singapura）狮城王朝建立[⑤]，新加坡迅速崛起并达到其历史顶峰，成为当时东南亚最具规模的国际性商港。马来史诗《马来纪年》如此描述当时的新加坡："信诃补罗（即新加坡拉）是一个大国，从各方来的商贾不可胜数。它的口岸，人口极为稠密。"[⑥]

1819年英国占据新加坡后，将其辟为自由港，大力招徕移民，推行转口贸易。凭借突出的地缘优势，新加坡取得飞速发展，开埠仅两年其贸易额就超过英国已经营36年的槟榔屿，很快成为东南亚商贸集散中心和最大的转口港。至20世纪初，新加坡已是世界第七大港口，有"远东货仓"之称。

### （二）建国后发展外贸驱动型经济

独立建国后，新加坡在坚持自由开放市场经济的同时，制定推行工业化战略，改变单一经济结构，分阶段逐步建成以电子、石化、金融、航运、服务为主的外贸驱动型经济格局。新加坡作为国际转口贸易中心的地位持续巩固，1968年其港口吞吐量跃居世界第三，仅次于荷兰鹿特丹和中国香港，1979年成为世界第二大商港，1980年后吞吐量一度居于世界首位直至2005年被中国上海超越后稳居第

---

① ［宋］李昉等：《太平御览》，北京：中华书局，1960年2月版，第3 508页。

② 余定邦、黄重言：《中国古籍中有关新加坡马来西亚资料汇编》，北京：中华书局，2002年12月第1版，第17页。

③ 三佛齐，又作室利佛逝，为公元7世纪由苏门答腊岛兴起的强国，鼎盛时期势力范围扩至马来半岛、西爪哇和西加里曼丹。凌牙门，也称龙牙门，指新加坡，或指新加坡海峡。

④ 林远辉、张应龙：《新加坡马来西亚华侨史》，广州：广东高等教育出版社，2008年5月第2版，第27页。

⑤ 关于狮城王朝创始时间无确凿史据可考，据马来史诗《马来纪年》记载，狮城王朝传五世，14世纪末亡，五世王共统治123年。以此可推断该王朝创建时间大约在13世纪70年代。

⑥ ［新加坡］许云樵：《马来纪年》（增订本），新加坡青年书局，1966年8月港初版，第88页。

二，自1986年以来多次荣膺世界最繁忙港口头衔。

在新加坡的经济增长中，国外需求占总需求的70%，经济增长高度依赖于作为制造业出口市场的发达国家和作为服务业出口市场的东盟国家，其出口依存度（出口总值占国民生产总值的百分比）在东南亚地区最高，达177%，对外贸易成为国民经济重要支柱，外贸额是其国内生产总值近3倍。[①]

### （三）对新加坡社会文化的作用和影响

由于新加坡社会经济发展长期以对外贸易为基石，独立前主要依赖转口贸易，建国后以外贸为经济发展主导，加之国土面积狭小，缺乏战略纵深和经济腹地，因而，新加坡社会经济发展对外部世界依赖性极大，极易受到外部环境改变的影响和冲击，其历史进程几经兴衰沉浮甚至停滞中断均与外部环境变化有关。当外部环境向对其有利趋势发展并持续保持稳定时，新加坡便获得较大发展空间，能在短时期内迅速崛起；而当外部环境发生不利变化时，则可能导致新加坡发展受限，甚至突然衰败一蹶不振。

新加坡及马六甲海峡两岸，自古受中国、印度、阿拉伯世界与西方间海上贸易所带来影响的支配，其繁荣程度及社会文化发展主要取决于印度洋与中国南海之间海上贸易往来的阴晴变化，由于地处马来半岛末端，靠近东南亚大陆与中国，受中国经济及海运贸易政策改变的影响相对更大。公元前后新加坡已属东西方海路枢纽，但形成颇具规模的定居点与东南亚著名国际商埠是在11世纪至14世纪期间，根本原因在于这一时期东南亚海运贸易持续繁荣，中国海运政策朝向利于新加坡一面改变所致。11世纪后，中、印海上贸易继续发展、阿拉伯商人对东南亚贸易日益增多以及十字军东征引起欧洲对东方奢侈品需求的剧增，促进了东南亚海岛地区整体海上贸易稳定增长；南印度注辇王国于1017年和1025年两次远征室利佛逝，打破了这个当时东南亚最强盛的国家对东南亚海上贸易的垄断，随着中、印、阿拉伯国家更广泛介入东南亚贸易甚至直接到达商品产地，室利佛逝对东南亚贸易的垄断进一步瓦解，在客观上为新加坡的崛起提供了空间；特别是中国海运贸易政策的改变为新加坡一跃成为东南亚贸易中心创造了基本条件。唐代（618—907年）中国政府控制海运经济，禁止私营贸易与航运，来自中国宫廷的贸易船只大多以室利佛逝的巨港为停靠港口。到宋朝（960—1279年）中国政府

---

① 《新加坡对外贸易状况》，《走进东盟》，钦州保税港区网，2007年12月29日。http://www.qzbsg.gov.cn/zt/gzdm/Details/015cf0c1-640d-41e0-9efe-a1ea7918f647

解除私营海运禁令，允许并鼓励私人出海贸易与航运，系统地解放了中国的海运经济。新加坡凭借马来半岛丰富的自然资源和比邻中国的地缘优势逐步成为中国最重要的低货值产品来源地，并开始独立于室利佛逝的政治统治进行自治，最终于13世纪后期建立新加坡拉狮城王朝，成为东南亚乃至东西方最重要的国际商港与商品集散地。

狮城王朝的统治为新加坡带来一个世纪的繁盛，但当外部环境再次发生激烈变动并对其形成冲击时，狮城王朝迅速土崩瓦解，新加坡在此后数个世纪一蹶不振，由独立王国沦为它国属地，从重要国际商埠衰退至海盗丛生的渔港，直至1819年被英国人辟为商埠后才再度迎来腾飞。导致新加坡由顶峰跌入颓势的外部变化主要有三个方面：一方面，整个14世纪是西亚奥斯曼帝国急速扩张的一百年，致使欧洲陷入旷日持久的征战，在很大程度上削减了西方对中国丝绸、瓷器及东南亚物产的需求，加之战事使得东西方贸易时常中断，且奥斯曼帝国对过往商人征收重税，导致全球海洋贸易受到影响，进入较为低迷的一段时期；另一方面，1368年明朝建立后，中国政府为防倭患实施海禁，中国民间海上贸易市场受到遏制，往来于中国与东南亚各国港口间的船只数量锐减，此前依靠中国民间商人普遍积极参与而兴起的东南亚各贸易港口无不受到沉重打击；而导致新加坡经短暂繁盛又跌入颓败之势的直接原因则是马六甲王国的兴起。14世纪末，新加坡狮城王朝在满者伯夷和暹罗南北夹击下覆灭。发祥于新加坡的马六甲王朝在建国之初即向明朝朝贡，以借中国之势抵御来自暹罗的压力，马六甲王国与中国明朝自此建立紧密的朝贡关系。马六甲开国君主拜里米苏拉于1411年亲率后妃、子侄和陪臣540余人到中国朝贡，而明朝亦派遣郑和船队在多次下西洋途中访问马六甲，并将马六甲作为货物中转集散地与印度、阿拉伯国家及欧洲进行贸易活动。明朝的这一举动，在很大程度上推动马六甲取代新加坡而迅速发展为东南亚新兴的国际贸易港口，直接导致新加坡在此后数个世纪一蹶不振。

如上所述，新加坡以对外贸易为主体的经济形态，对外部环境及变化有着高度的依赖性和敏感性，难以为新加坡社会文化持续稳定发展提供坚实的土壤。历史上，除昙花一现的狮城王朝时期，新加坡大都依附于周边某一强权——如室利佛逝、马六甲及柔佛等，近代又沦为英殖民地，发展进程时断时续、常有停滞，虽时常因贸易而形成人口聚集，但并非一个稳定的定居地。这导致新加坡历史上始终没有形成具有主权的本土民族，殖民时期社会由移民构成，1965年独立建国后才开始建立新加坡民族，这种国家独立早于民族发展的情况在世界上极为少见。此外，新加坡在经济上充当东西方贸易"二传手"的同时，其文化也逐渐成为东西方文明的边缘，缺乏一贯性和连续性。未形成本土民族，缺乏本土文化根源，这成为新加坡社会显著的特征，并对新加坡社会的今天产生持续而深刻的影响。

单一的以对外贸易为主体的经济形态，以及未形成本土民族及文化的移民社会，对新加坡历史进程所产生的另一深刻影响是新加坡国家认同的缺失。历史上，无论是华人、马来人、印度人还是阿拉伯人，移民至新加坡只为谋生，有利则留，无利便走，对新加坡缺乏眷念和归属感，认同指向各自祖籍地。独立建国后，如何塑造新加坡国家意识、构建新加坡民族及文化，成为新加坡政府所面临的最大挑战之一。

### 三、制度环境

新加坡历史上唯一的封建王朝狮城王朝，其统治仅持续一个多世纪便因外敌入侵而宣告结束，对新加坡社会文化发展的影响难称深远。在制度层面对新加坡社会文化发展产生重大影响的主要是英殖民统治与独立建国后新加坡政府的相关政策措施。英国占据新加坡后，作为殖民者，掌握着新加坡的经济命脉和行政大权，其统治对近现代新加坡社会文化的形成发展产生重要导向和推动作用。独立建国后，新加坡政府推行多元主义、构建新加坡国家认同与民族文化的政策实践贯穿新加坡社会文化发展全程。

#### （一）英殖民者间接管辖、分而治之及其作用影响

英殖民统治对新加坡近现代社会文化形成发展所产生的影响主要体现在两个层面。一方面，英殖民者将西方基本经济政治制度全盘植入新加坡，为新加坡近现代社会文化的形成发展奠定制度框架。1819年英国人取得新加坡之后，将其辟为自由港，推行自由贸易，并将英国式的西方行政、司法、教育等方面制度带入新加坡。虽然新加坡在人文方面更多受到东方文化特别是中国文化的影响，但在制度方面却基本沿袭西方体系。直至今天，新加坡社会依然坚持市场经济、民选议会、司法独立等西方基本政治经济体制，并结合新加坡社会实际对其不断进行改良。

另一方面，英殖民政府施行间接管辖与分而治之，致使新加坡殖民社会呈现

高度分裂。这种多元异质的社会形态一直持续至独立前，并对新加坡政府构建国家认同与民族文化带来巨大挑战。对于英殖民者而言，占据新加坡具有两方面意义：一是地缘战略意义，控制新加坡可进而控制马六甲海峡，以扼守这条通联印度洋和太平洋的战略要道，并据此扩大其东南亚政治影响力；二是经济战略意义，将新加坡辟为沟通英国和东方殖民地的中转站，便于英加大对其东方殖民地的经济掠夺。除此之外，英国在新加坡没有更多的利益。因而英殖民当局对新加坡主要采取实现其利益目标所需的最小层次控制的策略，在当地各族群中指定专人充当头人，称"甲必丹"（Captain），通过甲必丹实现对各族群的间接管辖。同时，为便于管理及防范各族群联合起来对其殖民统治进行反抗，英殖民当局还实行分而治之策略，命令居民按不同种族分区居住。华人大量集中于牛车水地区，印度人大量集中于实龙岗路地区，马来人大量集中于新加坡东部的吉兰士乃和莱士路地区，各族群之间界限分明、分化严重。英殖民者间接管辖、分而治之的统治政策，导致新加坡逐渐形成高度分裂、缺乏融合的多元异质社会。这种殖民统治遗留下的种族隔离格局，一直影响到今天新加坡社会文化的各个层面。[①]

### （二）新加坡政府多元主义政策实践及其作用影响

1965年新加坡获得独立，政府在建国伊始所面临的是塑造新加坡国家认同、构建新加坡民族文化的历史重任与分化严重、充满隔阂的社会现实之间突出的矛盾，这一矛盾以及政府围绕其所施行的政策措施贯穿独立以来新加坡社会文化发展全过程。

基于多方面考虑，新加坡政府在建国之初即确定多元主义政策并将其写入宪法。新加坡多元主义的基本内容可以概括为4M原则、CMIO模式与"新加坡人"概念。4M原则指多元民族（Multiracialism）、多元语言（Multilanguage）、多元文化（Multiculture）和多元宗教（Multireligion）；CMIO模式指新加坡社会是由华人（Chinese）、马来人（Malay）、印度人（Indian）和其他族群（Others）四大族群组成的总和；"新加坡人"概念即各族群在保持各自特点的基础上求同存异，组成一个复合民族"新加坡人"，共同建设"新加坡人的新加坡"。新加坡政府推行多元主义的目的是塑造国民对"新加坡"国家的认同，构建"新加坡人"民族及文化。

在政策实践上，新加坡政府主要从政治、经济、教育、宗教、社会福利、外

---

① 李志东：《新加坡国家认同研究（1965—2000）》，北京：中国人民大学出版社，2014年1月第1版，第27页。

交等多个层面具体推行多元主义，主要包括：(1)强调各族群在政治上一律平等，并适当照顾少数民族和少数宗教集团的利益；(2)做大"经济蛋糕"，努力为各族群提供均等参与经济建设和享受经济成果的机会；(3)推行双语教育，重视英语使用，并平等对待各族群母语；(4)实施组屋种族融合政策，通过组屋分配制度打破族群隔离居住状态，促使不同族群混合居住以加强族群间沟通；(5)坚持政教分离，提倡宗教宽容，以法律手段维护宗教间和谐；(6)采取灵活、务实的外交政策，处理好与马来西亚、印尼等邻国以及与中国、印度等关系，避免因外交亲疏引发国内种族矛盾。

新加坡政府积极推行多元主义政策，在很大程度上缓和了新加坡错综复杂的种族、宗教矛盾，极大改善了殖民时期分而治之造成的社会分化，有助于形成包容、和谐的社会氛围，相互宽容、和谐相处是新加坡独立后族群关系的基本事实。但这种多元主义实际上是一种"先破后立"的政策实践，第一阶段以破坏源于殖民统治的多元族群界限与文化认同为代价来塑造超越族群的新加坡国家认同，第二阶段在新加坡国家意识形态这面旗帜下构建多元的新加坡民族文化。虽然新加坡社会的多样性与差异性在总体上得以保存，但各族群传统文化尤其是华人语言文化及华语教育、华人社团组织等均受到一定冲击和压抑。从长远来看，这种多元主义更多是对新加坡社会多元种族、宗教、文化间矛盾的消极应对，无法在短期内超越血统、语言、宗教、习俗、文化差异而形成凝聚全民的"新加坡"国家认同和"新加坡人"民族文化。

# 第二节  文化的主体——民族

不同于传统的民族国家，新加坡国家独立早于民族发展，先独立建国而后开始建立新加坡民族。新加坡民族源于移民，1819年新加坡开埠后至第二次世界大战前移入新加坡的华、印、马来及其他移民构成今天新加坡社会四大族群，其中华人族群占新加坡总人口比例的75%左右，是新加坡多元民族社会的主体。

## 一、新加坡民族与族群

民族(nation)是指通过行政或法律手段，被约束于或联系于特定地域的人群。民族是一个政治概念或行政概念，一般与国家的概念相联系，与国籍(nationality)

具有同等含义。[①]新加坡由于历史上未能形成拥有主权的本土民族，独立前长期为英殖民统治下的移民社会，因而其国家独立早于民族发展，先有国家后有民族。这种先建立国家而后建立民族的情况在世界上极为少见，有别于大多数民族国家。

新加坡民族源于移民，主要由1819年开埠后至第二次世界大战前移入新加坡的华、印、马来及其他移民构成。1965年新加坡独立建国后，上述移民开始在新加坡扎根，以新加坡为家，从"侨居"转向"定居"，在身份认同上逐渐从"移民"向"新加坡人"转变，新加坡社会亦逐渐从移民社会向定居社会转变，进而开始产生本土化的新加坡民族，形成现代新加坡民族国家。

新加坡外来移民的族群构成成分非常复杂，殖民时期人口统计中种族数目有时竟多达2 000多个，故被称为"世界人种博物馆"。[②]建国后新加坡政府基于避繁就简、利于操作的原则，大致沿用英殖民时期做法，从政策上将组成新加坡民族的若干族群简单划分为华人、马来人、印度人以及其他族群四大类，即CMIO模式。虽然这种划分并不符合族群（ethnicity）作为文化人类学概念以文化属性对人群进行划分的标准，而是一种工具性色彩明显、从国家视角出发的行政划分，但其具有加强同质性的有利一面，可使列入同一类的不同分支之间相互认同感大为增强，利于建立和谐稳定的族群间关系及消除建立现代民族国家过程中因文化因素而造成的隔阂；同时，这样的划分，更利于对各族群进行定义、解释和重构，以塑造全新的新加坡民族，因而受到新加坡各界的普遍赞同。今天，新加坡民族由华、印、马来、其他四个族群构成的观念已成为新加坡社会共识。

但也应看到，CMIO模式这种将各族群简单划归为四大族群的政策有其历史局限性。首先，CMIO模式并非按照文化属性对拥有共同文化传统的族群进行划分，而是采用不同的标准进行归类，比如通过华文来构建华人；以伊斯兰教为界限将马来人、爪哇人、武吉士人等甚至部分皈依伊斯兰教的海峡华人划归为马来人；从地域概念出发将来自南亚次大陆的移民统称为印度人；以"中、印、马来三者皆非"为标准将其他族群统一归为"其他族群"。这样的划分是一种静态的历史划分，只是消极应对不同族群之间可能的冲突，而不是积极地促进新的国家意识和国家认同的产生；另一方面，CMIO模式划分方式虽利于政府在行政工作上

---

① 邓辉：《世界文化地理》，北京大学出版社，2012年4月第2版，第149页。
② 梁永佳、阿嘎佐诗：《在种族与国族之间：新加坡多元种族主义政策》，载《西北民族研究》，2013年第2期。

取得高效，但难免以偏概全，忽视所划分四大族群内部其实由不同语言和文化族群构成的事实，因而极大损害了不同族群文化的差异性，割裂了不同族群文化的传承性。以印度人为例，印度人中可以分为泰米尔人、旁遮普人、锡克人等，他们中部分抗拒CMIO这种"错误标签"，不认可官方为印度族群规定的母语泰米尔语，因而缺乏学习动力而宁可转向学习英语，于是越来越多的印度人在家里使用英语进行交谈，并逐步丧失使用自己母族语言的能力。新加坡华人方言群也陷入类似困境，政府认定华语是华人的母语，是传授文化和价值观的语言，也是沟通各方言群的共同语，于是积极提倡华语以取代方言。方言的压抑不仅削弱了家庭文化传承功能，也使老一辈人陷入孤立境地。在家里他们无法和子孙沟通，收音机和电视机里传来的都是陌生的语言；出门时看不懂路牌上的街名，整个人都生活在被遗忘的世界中而逐渐被边缘化了。①

## 二、新加坡主要族群人口增长、特点及比例变化

新加坡虽然在历史上曾是繁盛的定居点与著名国际性商埠，但在狮城王朝覆灭后便一蹶不振，逐渐衰败至海盗丛生的渔港。1819年1月28日英国人莱佛士登陆新加坡岛时，据其随员纽波德（T.J. Newbold）记录，当时天猛公（Temenggong）②有随员150人，此外岛上尚有马来人、华人及土著等。相关考证推断，当时新加坡岛总人口应在1 000人左右。③为满足开发新加坡对劳工的需求，英殖民当局开始大力招徕外来移民，直至第二次世界大战以前，移民涌入一直是新加坡人口增长的最重要来源。第二次世界大战以后，由于外来移民受到严格控制，移民自身的繁衍生息成为新加坡人口增长的最主要因素。

第二次世界大战前主要有三股移民潮进入新加坡，分别是来自中国的北部移民潮，来自印度次大陆的西部移民潮以及来自当时荷属东印度的南部移民潮，加上来自其他国家地区的零星移民，奠定了今日新加坡社会多元民族的属性与CMIO族群格局。由于英殖民当局在占据新加坡后即推行自由贸易和鼓励移民政策，从1819年到1824年短短5年时间，新加坡人口数量已由最初的1 000人左右激增至10 683人。随后在1824年至1849年期间，新加坡人口增长了5倍，达

---

① 李志东：《新加坡国家认同研究（1965—2000）》，北京：中国人民大学出版社，2014年1月第1版，第152页。
② 天猛公为马来人诸苏丹国中的一种高级官职，一般负责国中治安，是苏丹宫廷侍卫、警察和军队统领。18世纪后柔佛王国派遣天猛公常驻新加坡，天猛公成为新加坡的实际统治者，直至莱佛士登陆。
③ ［新加坡］邱新民：《海上丝绸之路的新加坡》，新加坡：胜友书局，1991年8月第1版，第176～182页。

52 891人，这一时期新加坡人口年平均增长率为新加坡人口统计历史的最高水平，此后新加坡人口年均增长率再没有超过这个水准。19世纪后半叶，新加坡人口增长4倍，在1901年达到226 842人。进入20世纪后，新加坡人口增长呈平稳态势，从1901年至1947年增长4倍，达938 144人，其中，在1942年1月到1945年9月日本占领期间，中国和印度次大陆没有任何移民进入新加坡。[①]

从新加坡族群构成整体变化来看，华、印、马来三大族群是殖民时期构成新加坡移民社会的主体，独立建国后成为塑造新加坡民族的基础，这三大族群的人口总数一直占据新加坡人口总数的96%左右，主导着新加坡社会人口构成的变化发展。

从各族群的人口数量与所占比例变化不同特点来看，华人人口增长总体呈现持续平稳态势，长期为新加坡社会的主体族群。虽然在新加坡成为英殖民地后的头二十年内，马来人是当时最主要的族群，例如1824年，马来人为6 431人，占人口总数的60.2%，而华人有3 317人，占人口总数的31.0%；到1830年马来人所占比例降至45.9%，但仍高于华人的39.4%；但是到1836年时，马来人口（12 497人）已被华人（13 749）超过。从此以后，华人始终是新加坡人口构成的主体，所占总人口比例一路攀升，20世纪后一直稳定地保持在75%左右。以华人为主体的多元民族社会成为新加坡的最主要特征。

与华人在新加坡人口总数中所占比例变化趋势相反，马来人比例总体呈持续下降趋势。1824年马来人占人口总数比例60.2%，远高于其他族群，到1836年降至41.7%，1849年已降至32.2%，之后又从1871年的27.6%降至1901年的15.8%。在20世纪，马来人的人口比例降速放缓，到1931年时降至最低，仅为11.7%，但随后又有缓慢回升，1970年升至15.0%，之后基本保持在14%左右的水平。

印度人所占人口比例变化相对而言在大部分时期内均维持稳定态势，其在1824年的比例为7.1%，在1849年达到11.9%的高峰，在1881年降到8.8%，此后始终在8%上下浮动。而作为由各少数种族混合而成的"其他族群"，其人口比例从未超过5%。在殖民时期，"其他族群"主要由欧亚混血人和欧洲人构成，今天则主要由大量外国专业人员及其家庭成员组成，成分十分混杂。

从新加坡各族群内部构成比例及特点来看，以2000年人口普查为例，华人

---

① ［新加坡］苏瑞福：《新加坡人口研究》，薛学了、王艳等译，厦门大学出版社，2009年3月第1版，第10～13页。

数量为2 505 379人，占新加坡人口总数的76.7%，主要由以下几个主要方言群构成：排在首位的是福建人，计1 028 485人，占华人数量的41.1%；其次是潮州人，计526 197人，占21.0%；再次是广东人，计385 630人，占15.4%；排在第四位和第五位的人数非常接近，分别是客家人和海南人，前者为198 435人，占7.9%，后者为167 594人，占5.5%。华人内部不同群体虽然统一使用中文，但其在文化上仍保留各自差异，群体间界限较清晰。

相对华人而言，新加坡马来人作为一个族群，有着更大的同质性。在2000年人口普查中，马来族群数量为453 633人，占新加坡人口总数的13.9%，其中马来人有309 716人，占68.3%；其他较小群体如爪哇人为80 062人，占17.6%；波雅尼人为51 849人，占11.4%。虽然这些少数群体源于印度尼西亚，但他们已经在新加坡生活多个世代，而且因为现实目的被政府统一划为马来人。更重要的是他们尽管有各自方言，但在新加坡他们通常用马来语进行交流，同时他们拥有共同的宗教伊斯兰教，多年来相互自由通婚，已经融为一体。

三大族群中内部构成最混杂的是印度人。同样以2000年人口普查为例，印度人数量为257 791人，占新加坡人口总数的7.9%，其中，泰米尔人为最大群体，有150 184人，占58.3%；较小群体包括马拉雅兰人，21 736人，占8.4%；锡克人，13 188人，占8.8%；印度斯坦人，5 064人，占3.4%。除了方言区别，印度族群不同群体也有着不同的书面语言，在宗教上也明显地分为印度教、伊斯兰教、佛教、基督教和锡克教等。

新加坡政府划设的第四大族群，即人口普查表中的"其他族群"，是从实用主义出发的行政划分，其内部构成之繁杂，基本很难在文化层面找到作为同一族群的共同点。在2000年普查中，"其他族群"有46 406人，仅占新加坡人口总数的1.4%。其中，15 045人是欧亚混血人，占32.4%；7 517人是阿拉伯人，占16.2%；11 067人是高加索人，占25.8%；3 219人是菲律宾人，占3.3%。从祖籍和语言上看，该族群包括荷兰人、法国人、意大利人、德国人以及诸如英国人、美国人、加拿大人、澳大利亚人和新西兰人等说英语的群体和犹太人、阿拉伯人、尼泊尔人、菲律宾人、日本人、泰国人、缅甸人等。[1]

---

[1] ［新加坡］苏瑞福：《新加坡人口研究》，薛学了、王艳等译，厦门大学出版社，2009年3月第1版，第28～32页。

### 三、华人族群

华人是新加坡的第一大族群，是新加坡多元民族社会的主体。新加坡华人主要源于由中国华南闽粤地区南下新加坡拓荒的华人移民及部分由马六甲移入新加坡的海峡华人移民。中国华南闽粤地区华人移民，从籍贯方言上看主要包括来自福建操闽南方言，来自潮州操潮州方言，来自广府、肇庆操粤语，来自嘉应五属、丰顺、大埔操客家话，来自海南操海南方言的五大群体。海峡华人又称土生华人，俗称"峇峇娘惹"，是祖辈由中国华南迁徙至马来半岛，与当地土著妇女通婚，经三四百年发展，吸收了马来语言和生活习惯而形成的一类族群。1819年新加坡开埠后，受英殖民政府推行自由贸易政策吸引，以马六甲漳泉商人为主的海峡华人纷纷南下新加坡。1821年至1830年间，新加坡华人增加主要来自马六甲海峡华人。到1881年新加坡海峡华人已达9 527人，约占当时华人移民的11%。[1]

华人大量移民至新加坡的原因除了殖民当局为开发新加坡而积极推行鼓励移民的政策外，英国通过《南京条约》《北京条约》等迫使清政府废除海禁政策、同意中国移民海外合法化，以及中国国内天灾、人祸、兵燹频发，导致大量华人下南洋冒险寻求生路等亦是重要因素。近代以来，中国南方天灾时有发生，以广东、福建为例，1068年至1911年的843年间，福建发生饥荒800余次；广东台山在1851年到1908年间发生水灾、台风、地震、大旱、瘟疫等共36次。因此，福建"丰年也不足食。乡曲贫民，终岁吃红薯者十室而九"，而广东"土瘠民贫，山多田少，于是男子谋生，各抱四方之志"。1840年鸦片战争后，西方列强加大对中国经济侵略，同时国内阶级矛盾激化，先后爆发太平天国起义、捻军起义等农民运动，在打击清朝政府的同时，也大力破坏了中国尤其中国南部的经济，广大农民贫无立锥之地，与其坐以待毙，不如冒险出海谋求生计，这促使了大量华人下南洋。[2]

在南下新加坡的华人移民中有很大一部分是以契约形式被掠贩至新加坡的，这部分华人因像猪豚一样被买卖、贩运至新加坡，然后像牲畜一样被雇主驱役以"偿还"雇主先替他们支付的路费及其他费用，过着猪狗不如的生活，因而被称为"猪仔"。英国是华人猪仔贸易的始作俑者与操纵者，在这场罪恶的活动中扮

---

① 曾玲：《越洋再建家园——新加坡华人社会文化研究》，南昌：江西高校出版社，2003年8月第1版，第6页。

② 李志东：《新加坡国家认同研究（1965—2000）》，北京：中国人民大学出版社，2014年1月第1版，第18页。

演了最主要、最不光彩的角色，而它最早从事这种肮脏贸易的殖民地新加坡和槟榔屿，则发展成为东南亚地区猪仔贸易的集散地。据不完全统计，从1881年至1930年华人到达海峡殖民地共达830万人次，其中70%是猪仔，50年之中到达海峡殖民地的猪仔近600万人，平均每年达10多万人。这些到达海峡殖民地的猪仔，多在新加坡或槟榔屿登岸，然后被运送至其他各地。[①]

华人移民至新加坡后，除少部分自主经营种植业、采矿业和开办商行、从事建筑业及银行业外，大部分为下层劳工，其中以橡胶园劳工最多，其次是采锡工人、建筑工人等，这部分劳工约占早期新加坡华人人口的83.39%。[②]由于英殖民当局采取间接管辖、分而治之的政策，华人社会实际处于半自治的松散状态。华人或因使用同一方言具有相同习俗的地缘关系、或因彼此宗亲血缘关系、或因处于同一行业的业缘关系而结成帮群，并逐步形成以帮权结构为特征的华人社会。由于各华人帮群力量并不均衡，殖民时期华人帮权结构呈两极性，一极是强大的福建帮，另一极是以广、客两帮为主力的广、客、潮、琼联合阵线。华人帮权社会结构延续了整个殖民时期，甚至到了今天的新加坡华人社会，仍能见到此种帮权形态的深深痕迹。信仰方面，早期华人社会信仰糅杂异常，往往儒释道皆奉，且界限不明，随着新加坡社会发展，尤其是独立建国后，华人信仰逐渐明晰，主要信奉佛教、基督教和道教。

## 四、马来族群

马来人虽在马来半岛定居长达数千年，但并非新加坡的原住民。古代马来人移至新加坡按照其时间的先后和出发点不同，大体可以分为两大部分。一部分是公元前2500年到公元1000年间移入的原始马来人，他们的祖先由东亚大陆移民进入马来半岛，其中居住在马来半岛柔佛南部及新加坡一带的原始马来人被称为"海人"（Orang Laut）。这些海人于七八世纪曾在马来半岛南端建立罗越国，其国土包括今天柔佛与新加坡一带。另一部分是7世纪后由印度尼西亚诸岛移入的所谓开化马来人，他们曾于11至14世纪在新加坡建立淡马锡定居点并最终创立新加坡拉狮城王朝。[③]狮城王朝因外敌入侵而遭覆灭后，新加坡由独立王国沦为它国

---

① 林远辉、张应龙：《新加坡马来西亚华侨史》，广州：广东高等教育出版社，2008年5月第2版，第118页。

② 李志东：《新加坡国家认同研究（1965～2000）》，北京：中国人民大学出版社，2014年1月第1版，第20页。

③ 由东亚大陆最初移民至东南亚的马来人一般称为"原始马来人"，后来到达的称为"开化马来人"或"新马来人"，因带着更为先进的新石器文化而来，在发展程度上要高于原始马来人。

属地，从东南亚乃至东西方重要国际商埠衰退至海盗丛生的渔港，曾经灿烂的古代文化湮没于历史长河中。1819年莱佛士登陆新加坡时，岛上仅有1 000人左右，其中约500人为马来人。[①]

现代新加坡马来族群主要由1819年新加坡开埠后自荷属东印度群岛以及邻近岛屿移入的马来人、爪哇人、武吉士人、波雅尼人、巴厘人、班加人和米南加保人等构成。由于种族、文化上的相似，尤其是拥有共同的伊斯兰教信仰，上述移民可以自由混居和通婚，彼此族群间差别逐渐弱化，被统称为马来族群。马来族群在新加坡开埠初期一直为当地最大族群，直至1936年其地位被华人取代，成为新加坡的第二大族群。

马来契约移民制度的建立早于华人和印度人契约移民，一方面是由于荷属东印度当局较为倾向于契约移民体制，另一方面是由于自荷属东印度移至新加坡的马来移民人数较少，因而受到压榨和虐待就不易引起公众的关注。1887年后荷殖民当局开始禁止技术劳工移往国外，但在一些特殊情况下，比如在爪哇岛和马都拉进行招募，总督可以网开一面，因而这两个地区的马来移民得以继续前往新加坡。1909年荷殖民当局制定《荷属东印度劳工保护条例》，以管理前往新加坡和马来亚半岛的契约移民的流动，并通过规定一定的工作和生活条件来保护工人，这是荷殖民当局官方保护和管理契约移民的首次尝试。至1932年，《荷属东印度劳工保护条例》最终被废除，标志着荷属东印度契约移民的终结。

移民至新加坡的马来族群，更多从事农业，种植椰子、橡胶、胡椒、甘蔗、木薯、水果等农作物，并出海捕鱼，过着相对传统的农渔生活，受外界影响较少。这在很大程度上造成马来族群与其他族群发展的差距，尤其在经济层面，并对建国后马来族群的现代化进程形成制约。

## 五、印度族群

印度族群主要源于新加坡开埠后至第二次世界大战前由印度次大陆移入新加坡的移民。从祖籍国上看，印度族群包括印度人、巴基斯坦人、孟加拉人和斯里兰卡人等；从所操语言上看，分为泰米尔人、马拉雅兰人、锡克人、印度斯坦人等；从宗教信仰上看，包括印度教、佛教、伊斯兰教、基督教、锡克教等群体。

---

① ［新加坡］邱新民：《海上丝绸之路的新加坡》，新加坡：胜友书局，1991年8月第1版，第182页。

由于英国占据新加坡时，印度已沦为英殖民地，因而印度移民得到官方的批准和组织。随着开发新加坡的需要和情况变化，印度人移民新加坡呈现出几种不同的形式。印度移民早期移入新加坡的主要形式是流放罪犯。莱佛士作为副总督曾管辖过的朋古连殖民地一度是英国在海外的一个罪犯流放地，在1824年英国将朋古连归还荷兰后，英国需要新的流放地以代替朋古连，新加坡在各方面均符合条件；另一方面，流放罪犯可为开发新加坡尤其是建设公路、铁路、桥梁、运河、码头和政府建筑等必要基础公共设施提供廉价而充足的劳动力，于是新加坡很快成为海峡殖民地主要罪犯流放中心，英属印度直接将罪犯流放新加坡。1841年新加坡约有1 100名至1 200名印度罪犯，五年后数量增加至1 500人，到1860年约有2 275名印度罪犯在新加坡服役，直至1873年新加坡才停止接收印度罪犯。[①]印度移民的另一种形式是契约移民，虽然这种移民形式在19世纪初就已出现，但直至1872年才合法化，开始被印度政府所制定的法律所管控，并从1884年开始受到新加坡当局的管制和保护。尽管这种契约制度受到法律保护，但是契约移民在选择和更换工作上缺少自由，往往因负债于代理人而持续受到剥削压榨，因而愈发倾向于其他体制，加之公众因反对该体制而引发的骚乱愈演愈烈，致使当局最终于1910年12月取消印度契约移民体制。[②]除了上述两种主要移民形式外，还有部分不受政府任何控制的独立型移民自发前往新加坡，主要从事贸易、信贷等行业及提供会计服务，这一部分独立移民，一度成为印度人移民新加坡的最主要形态。

印度人移民至新加坡后，在当地社会、经济发展中扮演重要角色，其作用主要体现在三个方面：一方面，来自印度的囚犯劳工承担了早期新加坡社会大部分市政基础设施建设任务，扮演了新加坡公共工程主要建设者的角色。殖民地官员布兰德尔（Blundell）指出："印度囚犯劳工理应受到赞扬，因为他们几乎修建了整个（新加坡）岛上的道路……在城镇和乡村的每一座桥梁，所有的运河、海堤、码头等也都是他们建成的。他们的劳动使生活在新加坡的所有人都从中受益……如果雇用自由劳工从事这些工作将会耗费政府很大一笔支出。"；[③]另一方面，部分印度人在印度接受过英殖民教育，因而能熟练运用英语且熟知英殖民政府在印度

---

① 毛大庆、殷智亮:《一口气读懂新加坡》，北京：团结出版社，2011年6月第1版，第64页。
② ［新加坡］苏瑞福:《新加坡人口研究》，薛学了、王艳等译，厦门大学出版社，2009年3月第1版，第60页。
③ 夏玉清、孔慧:《英国殖民统治时期在新加坡的印度人》，载《世界民族》，2011年第3期。

的管理规则，这部分印度人受雇于新加坡殖民当局，在公共服务、商业等部门中担任基层管理职责，扮演着英殖民者随从和伴侣的角色；第三方面，独立型的印度商业移民，在新加坡商业各领域表现突出，尤其是在信贷业上取得较大成功，其所提供的贷款，曾是早期华人、马来人移民取得成功的重要因素之一，为早期新加坡社会发展提供了重要的融资通道。

# 第二章　文化发展沿革

新加坡社会文化发展沿革按其形态演进过程大体可划分为三个时期：古代社会文化（公元前至1819年英国占据新加坡）、近代社会文化（1819年至1959年新加坡实现自治）与现代社会文化（1959年至今）。古代新加坡曾由商船靠泊站发展为国际商埠并进而建立强盛的狮城王朝，但其统治仅维系一个世纪便遭覆灭，所创造的灿烂文化如昙花一现般湮没在历史长河中，未能对近现代新加坡社会产生重要影响；近代沦为英国殖民地后，新加坡形成西方制度与东方人文结合，以英殖民者为主导、华人为主体的多元异质移民社会与文化；独立建国后，东西方文化的碰撞与互动、"新加坡"国家认同与"新加坡人"本土民族文化的塑造与构建成为贯穿现代新加坡社会文化发展演化的脉络。

## 第一节　湮没在历史长河中的古代文化

凭借得天独厚的地缘优势，新加坡自古便是联接东西方海路的重要中继。11世纪以后，新加坡形成繁荣的国际性商埠，商业文明文化蓬勃兴起。13世纪后期，新加坡创建历史上首个也是唯一的封建王朝狮城王朝，达到其古代文明的顶峰。至14世纪末，狮城王朝因外敌入侵而遭覆灭，其所创造的灿烂文化如昙花一现便湮没在历史的长河中。此后数个世纪，新加坡日趋颓败，在东南亚各国主体民族与文化特性逐步形成的关键时期，新加坡社会文化发展进程却陷于停滞，未能形成新加坡本土民族与传统文化，难以对近现代新加坡社会文化形成发展产生重要影响。

### 一、国际商埠形成与商业文化兴起

有关新加坡古代早期的历史记载十分零碎，但透过这些片段，可以对此阶段新加坡社会文化发展形态作一大致勾勒——至少从公元前2世纪中开始，地扼通联欧、亚、非及大洋洲之海路要道的新加坡便已是东西方船舶往来必经之地与重要靠泊站，此后逐步发展为繁盛的国际性商埠，形成相当规模的商业文明与文化。虽然直至13世纪后期狮城王朝建立，新加坡始终附属于周边某一强权势力范围，或为周边某一更大实体组成部分，但这一时期新加坡社会文化的发展为其历史上首个封建王朝狮城王朝的崛起奠定了必要基础。

### （一）从商船靠泊站到国际性商埠

根据《汉书》卷二八下《地理志》八下"粤"字条记载，早在中国进入汉武帝统治之前，即公元前2世纪中以前，扼守马六甲海峡之咽喉的新加坡就已成为东西方船舶往来必经之地与重要靠泊站。《汉书·地理志》的这条记载是中外史籍对中国经东南亚至印度海上航路最早的系统记载，是研究古代中国与印度及东南亚间海上交通贸易极其珍贵的资料，全文照录如下：

自日南障塞、徐闻、合浦船行可五月，有都元国；又船行可四月，有邑卢没国；又船行可二十余日，有堪离国；步行可十余日，有夫甘都卢国。自夫甘都卢国船行可两月余，有黄支国，民俗略与珠崖相类。其州广大，户口多，多异物，自武帝以来皆献见。有译长，属黄门，与应募者俱入海市明珠、璧流离、奇石异物，赍黄金杂缯而往。所至国皆禀食为耦，蛮夷贾船，转送致之。亦利交易，剽杀人。又苦逢风波溺死，不者数年来还。大珠至围两寸以下。平帝元始中，王莽辅政，欲耀威德，厚遗黄支王，令遣使献生犀牛。自黄支船行可八月，到皮宗；船行可二月，到日南、象林界云。黄支之南，有已程不国，汉之译使自此还矣。[1]

虽然中外学者对此文中所提及地名的辨认解释言人人殊，但有几点看法却较为一致。一是汉使的最后目的地为南印度和锡兰（今斯里兰卡），文中黄支国即今天南印度的建支补罗，已程不国即锡兰。二是不管汉使去程时是否横越马来半岛南部，或是经新加坡海峡和马六甲海峡，但其回程时通过马六甲海峡与新加坡海峡却是定论。"自黄支船行可八月，到皮宗"，皮宗[2]即今日新加坡一带，船只可能在马六甲海峡沿岸包括新加坡补充淡水和食物甚至进行贸易。三是在汉代派出使者之前，早已有航海者或商人川行于中国和南印度、锡兰之间的海域上，熟悉航路及沿线物产，"自武帝（公元前140—公元前87年）以来皆献见"。因此，当汉王朝准备遣使前往南印度和锡兰的时候，便有向导者来"应募"。可见，至少在

---

[1] 余定邦、黄重言：《中国古籍中有关新加坡马来西亚资料汇编》，北京：中华书局，2002年12月第1版，第1页。

[2] 皮宗，古地名，一般认为指今日新加坡西面皮散岛，或指新加坡海峡且以新加坡为主，或泛指马来西亚柔佛及新加坡一带，为古代东西方海上交通要地。

汉武帝统治前，即公元前2世纪中以前，马来半岛及新加坡已与中国、印度等发生交通和贸易关系，成为连接中印间海上航路的重要靠泊站。[①]

公元1世纪以后，随着罗马帝国势力的东进及其与东方贸易往来增多，中国—东南亚—南亚海上丝绸之路又向西伸展至地中海沿岸，新加坡在连接东西方海上交通贸易中所发挥的中继作用日趋凸显。2世纪时古希腊地理学家托勒密在其著作《地理志》一书中提及"黄金半岛（Aurea Chensonnesus）"即马来半岛，其南端的"萨巴拉港（Sabara）"为商贸中心，萨巴拉港在托勒密绘制地图上所对应的位置就是今天的新加坡。[②]

3世纪，马来人将新加坡命名为"Pulau Ujong"，意指"（马来半岛）末端的岛屿"，根据音译，三国时期中国称其为"蒲罗中"，东吴孙权所遣使节康泰曾途经此处。[③]据宋《太平御览》卷七九一引吴时康泰表上的《扶南土俗传》记载，蒲罗中"地产瑇瑁、犀、象、珠玑、金银、葛越、桂木"等货品。[④]

进入7世纪，随着造船业与航海技术不断进步，经马六甲海峡往返于中国与印度、阿拉伯国家间的航行时间大幅缩短。汉代船只自雷州半岛出发，抵达南印度黄支国，需要在海上航行12个月，而据贾耽《广州通海夷道》记载，唐代同样路途只需五六十天时间即可完成。就是说，唐代中国到印度的海上交通，其快捷程度六七倍于汉代。航海技术的进步有力促进了中、印、阿拉伯及东南亚间贸易往来，并极大刺激了新加坡等马六甲海峡沿岸商埠及货物集散地文明文化的发展。于7世纪中叶由苏门答腊岛巨港地区兴起的强国室利佛逝，其势力范围迅速扩展至马来半岛北大年以南区域（包括新加坡）以及婆罗洲和西爪哇，并在此后数个世纪控制、垄断着马六甲和巽他海峡两岸地区及海上贸易。室利佛逝与中国唐王朝关系密切，贸易往来频繁，曾多次派遣使者到中国通好，唐王朝也曾册封室利佛逝王为宾义王，授左金吾卫大将军。[⑤]中国往来于印度、阿拉伯的商旅，常常在马来半岛上附庸于室利佛逝的属国境内停靠并进行贸易，甚至有华人因为贸易需要或等候季风而居住下来。《新唐书》中曾提及名为"罗越"的重要国家，

---

① 　林远辉、张应龙：《新加坡马来西亚华侨史》，广州：广东高等教育出版社，2008年5月第2版，第15页。

② 　［新加坡］邱新民：《海上丝绸之路的新加坡》，新加坡：胜友书局，1991年8月第1版，第3页。

③ 　据著名南洋学家许云樵考证，"蒲罗中"为马来语"Pulau Ujong"的对音，意指马来半岛尽头的岛屿新加坡。详见［新加坡］许云樵：《南洋史》（上卷），新加坡：星洲世界书局，1961年8月版，第97页。但亦有部分学者对蒲罗中是否为新加坡古称存疑，详见崔贵强：《"新加坡史上五大悬案"析疑》，载《联合早报》，2014年9月24日。

④ 　［宋］李昉等：《太平御览》，北京：中华书局，1960年2月版，第3 508页。

⑤ 　林远辉、张应龙：《新加坡马来西亚华侨史》，广州：广东高等教育出版社，2008年5月第2版，第20页。

该国位于马来半岛南端，包括今天马来西亚柔佛州和新加坡，由被称为"海人"（Orang Laut）的原始马来人于7、8世纪创建，"罗越"即"Laut"的对音。《新唐书》卷四三下对罗越国地理位置有具体记载，"（陆真腊）其南水真腊。又南至小海，其南罗越国，又南至大海"，"（军突弄山）又五日行至海峡，蕃人谓之质，南北百里，北岸则罗越国，南岸则佛逝国"；卷二二二下则对罗越国海上贸易之兴盛及与唐朝频繁的贸易往来有所描述，"罗越者，北距海五千里，西南哥谷罗。商贾往来所凑集，俗与堕罗钵底同。岁乘舶至广州，州必以闻。"[1]从中可见，彼时马来半岛南端柔佛、新加坡一带已经是一个贸易非常繁盛、"商贾往来所凑集"的地区，每年均有商旅由此赴广州进行贸易，"岁乘舶至广州，州必以闻"。今天在柔佛流域出土的唐代青瓷碎片，正是古时罗越与中国存在密切贸易往来的佐证。

11世纪后，中、印海上贸易继续发展、阿拉伯商人对东南亚贸易日渐增多以及十字军东征引发欧洲对东方奢侈品需求的剧增，推动了东南亚海岛地区整体海上贸易稳定增长。另一方面，南印度注辇王国于1017年和1025年两次远征室利佛逝，打破了这个当时东南亚最强盛的国家对东南亚海上贸易的垄断以及对新加坡等马六甲海峡沿岸港口的控制，室利佛逝国势开始走向衰败。而中、印、阿拉伯国家更广泛介入东南亚海上贸易甚至直接抵达商品产地，特别是中国在进入宋朝以后，解除唐代以来控制民间海外贸易的禁令，允许并鼓励私人出海贸易，中国民间商人普遍积极参与对东南亚海上贸易航运，直接推动了马六甲海峡沿岸港口的蓬勃发展。

上述变化，在客观上为新加坡的崛起创造了条件，这一时期新加坡开始形成稳定而繁荣的港口聚居地，称为"淡马锡（单马锡）"[2]及"龙牙门（凌牙门）"[3]，其作为连接东西方贸易重要国际性商埠的地位得到持续加强，所占东南亚海上贸易比重逐步加大，尤其与中国保持着经常性的贸易往来。宋赵汝适所著《诸蕃志》"三佛齐国"条记载，"三佛齐[4]间于真腊、阇婆之间，管州十有五，在泉[5]之正南，

---

① 余定邦、黄重言：《中国古籍中有关新加坡马来西亚资料汇编》，北京：中华书局，2002年12月第1版，第15～17页。

② 淡马锡是11至13世纪在新加坡兴起的臣属于室利佛逝王朝的定居点，亦有认为可能最早建于8世纪，后臣属于室利佛逝王朝。有关"淡马锡（单马锡）"一名的由来众说纷纭，一说源于马来语tasek或tasik，意为"海上之城"，一说起于梵文tamarasa，意为"黄金"，亦有认为系受圣经中大马士革（damascas）地名的影响，或因马来半岛南部民族Orong Tambus而得名。

③ "龙牙门（凌牙门）"可指岛屿，即新加坡岛，也可指新加坡海峡，或专指新加坡与绝后岛之间的石叻门，即岌巴港（Keppel Harbour）。

④ 宋代所称"三佛齐"，即唐代所谓"室利佛逝"。

⑤ 泉，即中国泉州。

冬月顺风月余方至凌牙门，经商三分之一始入其国。"①可见宋代中国商人由泉州出发赴东南亚贸易已成常态，且往往先在新加坡"经商三分之一"，然后始到三佛齐（即室利佛逝）。同时，随室利佛逝国势日渐衰颓，新加坡开始独立于室利佛逝的政治统治进行自治，并最终于13世纪后期建立新加坡历史上首个也是唯一的封建王朝——新加坡拉（singapura）狮城王朝。

### （二）外源性商业文化勃兴

从公元前后至13世纪后期狮城王朝创建，新加坡由东西方商船靠泊站逐步发展为连接中、印、阿拉伯及欧洲间海上贸易的国际性商埠。开展海上贸易所需要的管理维系及所带来的财富利益，对新加坡对外交往的扩大和外来文化的传入、经济发展和财富积累以及人口聚居地形成和地方首领权力的集中，起到关键性推动作用，从而刺激新加坡港口商业文明和文化的兴起，为新加坡历史上首个封建王朝狮城王朝的崛起奠定必要基础。新加坡及马六甲海峡两岸等海上贸易较为兴盛的地区，正是东南亚古代早期文明文化较早兴起和发展的地区。

公元3世纪时，新加坡称"蒲罗中"，据宋《太平御览》卷七九一《扶南土俗传》载，蒲罗中"人皆有尾，长五六寸，其俗食人"、"其地产璁瑁、犀、象、珠玑、金银、葛越、桂木。人皆蛮夷，重译乃通也"。②可见彼时新加坡虽为连接中西海路重要商港，出产璁瑁、珠玑等特产，且可通过翻译与外界沟通，但文明程度较为落后，"人皆蛮夷，其俗食人"。至11世纪到13世纪期间，新加坡已形成繁荣稳定的港口聚居地与较高程度的商业文明，在中国、东南亚乃至欧洲文字记录中多处可见时称"淡马锡（单马锡）"及"龙牙门（凌牙门）"的新加坡港有关记载，包括《诸蕃志》、《岛夷志略》、《爪哇史颂》、《东方志》、《马来纪年》、《郑和海图》等，说明新加坡在这一时期已跻身东南亚著名国际商埠之列并具备一定国际知名度。13世纪时马可·波罗曾到访新加坡，对当地蓬勃发展的商业文化如此描述：新加坡"居民自有国王，并其特别语言。其城大而美，商业繁盛。有种种香料，此外一切食粮皆饶。"③

新加坡基于海上贸易而蓬勃兴起的商业文化，主要在外部世界尤其是中国和印度文化的影响下发展起来，明显呈现外源性的特点。著名南洋学家许云樵甚至

---

① 余定邦、黄重言：《中国古籍中有关新加坡马来西亚资料汇编》，北京：中华书局，2002年12月第1版，第29页。
② ［宋］李昉等：《太平御览》，北京：中华书局，1960年2月版，第3 508页。
③ ［法］沙海昂注：《马可波罗行纪》，冯承钧译，北京：中华书局，2004年1月第1版，第651页。

认为，"南洋初无文化之可言，有之自中印两大文化主流之传入始。"①中国对新加坡社会文化的影响主要体现在人种、经济等层面，而在意识形态尤其是宗教层面，新加坡则主要受到印度文化的影响。

在人种层面，古代早期新加坡主要居民为马来人，按照移居新加坡时间先后和出发点不同，大体可以分为两大部分。一部分是公元前2500年到公元1000年间移入的原始马来人，他们的祖先由东亚大陆移民进入马来半岛，其中居住在马来半岛柔佛南部及新加坡一带的原始马来人被称为"海人"（Orang Laut），这些海人于七八世纪曾在马来半岛南端建立罗越国，其国土包括今天柔佛与新加坡一带。另一部分是7世纪后由印度尼西亚诸岛移入的所谓开化马来人，他们曾于11至14世纪在新加坡建立淡马锡定居点并最终创立新加坡拉狮城王朝。②根据进一步研究和考古发现，上述马来人主要来自中国华南，且以东南沿海为主。③

在经济层面，与中、印两国的海上贸易成为新加坡赖以生存并发展壮大的基本条件。新加坡通过同中、印两国贸易，获得大量的中、印两国的产品，利于促进当地社会文明发展并强化同中、印文化交流。

由于地处马来半岛末端，靠近东南亚大陆与中国，新加坡与中国海上贸易联系更加紧密。几个世纪以来在新加坡出土的各项文物，是新加坡曾与中国保持频繁贸易往来的实物佐证，如1821年2月3日约翰·克劳福德（John Crawfard，英殖民时期新加坡第二任驻扎官）在新加坡岛挖掘到的宋钱，包括乾德（967年）、真宗（998—1021年）、仁宗（1023—1063年）、神宗（1068—1085年）等时期铜钱，以及部分青瓷碎片；再如1989年11月在新加坡国会大厦发掘所获300余件文物，为13至14世纪间来自中国的瓷、陶、铜钱、饰物等，并发现了煮饭的木炭。④这些文物的出土，从一个侧面客观呈现新加坡作为国际商埠与中国保持经常性贸易往来的繁荣景象。

此时期到新加坡贸易的中国商人，部分就在新加坡居住下来，成为传播中华文化的民间使者。清颜斯综所著《南洋蠡测》记载，"南洋之间有万里石塘，俗名万里长沙，向无人居。塘之西为白石口，附近有一埠，四面皆山，一峡通进，平

---

① ［新加坡］许云樵：《南洋史》（上卷），新加坡：星洲世界书局，1961年8月版，第214页。
② 由东亚大陆最初移民至东南亚的马来人一般称为"原始马来人"，后来到达的称为"开化马来人"或"新马来人"，因带着更为先进的新石器文化而来，在发展程度上要高于原始马来人。
③ ［新加坡］邱新民：《海上丝绸之路的新加坡》，新加坡：胜友书局，1991年8月第1版，第223页。
④ ［新加坡］邱新民：《海上丝绸之路的新加坡》，新加坡：胜友书局，1991年8月第1版，第10页。

原旷野。颇有土人，并无酋长。产胡椒、沙藤。有唐人坟墓，碑记梁朝年号及宋代咸淳。或云此暹罗极东边境，十余年前，英吉利据此岛，名之曰星忌利坡，召募开垦。近闻已聚唐人杂番数万。"①颜斯综此文写于19世纪30年代，距英殖民者1819年强占新加坡有10多年，文中的星忌利坡即为新加坡（singapore）的异译。文中的梁朝是中国五代的后梁，统治时间为907—922年。咸淳则是南宋度宗的年号，时间为1265—1274年。《南洋蠡测》一文并没有说明碑中所记的"梁朝年号及宋代咸淳"是死者生卒还是后人立碑的时间，也没有说明唐人的坟墓有多少。但是有一点似可肯定，就是在907—1274年的360多年间，已经有不少的中国人居住在新加坡了。也就是说，至少从10世纪初起，新加坡即已经有了华侨，这些居住在新加坡的华侨，有的死后就葬在那里。②

在意识形态层面，古代早期包括新加坡在内整个马来半岛主要受到印度宗教婆罗门教—印度教和佛教的影响，直至15世纪以后转向伊斯兰教文化。公元最初几个世纪马来半岛先后出现的狼牙修、赤土、丹丹、盘盘等各据一方的邦国，普遍受到印度文化尤其是婆罗门教和佛教的影响。甚至"马来亚"③这个名称，也是源于印度，为梵文，意为"山"，最早见于公元前4世纪印度的《大史颂》。④

8世纪以后，随着兴起于苏门答腊的室利佛逝势力范围扩至马来半岛、西爪哇和西加里曼丹并控制马六甲海峡进而垄断东南亚海上贸易，新加坡长期臣属于室利佛逝统治之下，直至新加坡拉狮城王朝建立。室利佛逝在经济和文化上的突出特点是海上贸易发达，佛教兴盛，并因而成为当时东南亚国际贸易中心与重要佛教中心。臣属室利佛逝势力范围的新加坡，在宗教上必然更多受到佛教之影响。

13世纪后期新加坡创建历史上首个封建王朝，称"新加坡拉"（singapura），为梵语，意即狮城。据马来史诗《马来纪年》记载，来自室利佛逝巨港的王子圣尼罗郁多摩乘船登陆淡马锡后，"看见一只野兽，奔驰甚疾，极为俊美。它的身体赤色，头是黑的，胸是白的，十分敏捷而强壮有力"，随从告知为狮子。圣尼罗郁多摩王子认为这是吉兆，遂在淡马锡建国并以"新加坡拉"即狮城命名。⑤事实上，整个新加坡甚至是马来半岛历史上从未出现过关于狮子存在的记录，以狮城命名应与佛教有关。著名南洋学家许云樵在其译注《马来纪年》（增订本）中指出，

① 余定邦、黄重言：《中国古籍中有关新加坡马来西亚资料汇编》，北京：中华书局，2002年12月第1版，第224页。

② 林远辉、张应龙：《新加坡马来西亚华侨史》，广州：广东高等教育出版社，2008年5月第2版，第28页。

③ 马来亚是马来西亚联邦西部土地即位于马来半岛的部分的旧称。

④ ［新加坡］许云樵：《马来亚史》（上），新加坡青年书局，1961年9月版，第2页。

⑤ ［新加坡］许云樵：《马来纪年》（增订本），新加坡青年书局，1966年8月港初版，第87页。

马来民族在建立马六甲王国之前都信奉佛教或湿婆佛教，在苏门答腊岛所建古国末罗瑜和室利佛逝都是佛教国，印度色彩非常浓厚。淡马锡称为狮城与佛教有关，南洋其他海岛如锡兰、宋卡、僧祗城等之称为狮子国或狮城也莫不如此。[①]13世纪后期新加坡以狮城为名创建王朝，从侧面说明当时佛教已传入新加坡并具有相当影响力。

## 二、狮城王朝：新加坡古代文明的顶峰

狮城王朝是新加坡历史上首个也是唯一的封建王朝，新加坡在这一时期达到其古代文明的顶峰。经济上，新加坡发展为东南亚及东西方最重要的国际性贸易商埠；政治上，狮城王朝建立起较为完整的封建统治机制与社会阶层；军事上，新加坡由室利佛逝附庸崛起为堪与地区强权相抗衡的新兴王国；宗教上，狮城王朝以佛教为主要信仰；在建筑、制造尤其是造船业上，新加坡在狮城王朝时期也达到相当高度。但由于狮城王朝的统治仅维系一个世纪便宣告灭亡，其所创造的灿烂文化昙花一现，未对近现代新加坡社会文化的形成发展产生重要影响。

### （一）狮城王朝崛起的历史背景

狮城王朝的创立，是古代新加坡社会长期以往发展演进积淀的结果，更深层面的原因则是11世纪以后新加坡所处外部环境向利于其崛起一面发展所致。新加坡凭借得天独厚的地缘优势，自古便成为连接东西方海上贸易的天然中继，但形成繁荣而稳定的港口聚居地并进而建国立朝，则是在11世纪以后。这一阶段外部环境主要在以下几个方面发生变化，为新加坡拉狮城王朝建立创造客观条件。

首先是东南亚海上贸易总体形势在这一时期持续繁荣。中国、印度与东南亚间贸易往来继续发展，阿拉伯商人对东南亚贸易日益增多，以及十字军东征引起欧洲对东方奢侈品需求的剧增，从根本上促进了东南亚海岛地区整体海上贸易的稳定增长。

其次是8世纪以后长期控制、垄断着马六甲和巽他海峡两岸地区及海上贸易的强国室利佛逝开始走向衰败，客观上为新加坡在经济和政治上崛起留出空间。11世纪初，南印度的注辇王国于1017年和1025年两度远征室利佛逝，迫使室利佛逝承认其宗主权并放弃对东南亚海上贸易的垄断，室利佛逝此后国势逐渐衰

---

① ［新加坡］许云樵：《马来纪年》（增订本），新加坡青年书局，1966年8月港初版，第289页。

退，一蹶不振。而中、印、阿拉伯国家更广泛介入东南亚贸易甚至直接到达商品产地进行贸易，则使得室利佛逝对东南亚海上贸易的控制进一步瓦解。新加坡在区域海上贸易中所占比重日趋加大，并开始独立于室利佛逝政治统治而进行自治。

特别是中国在进入宋、元时代后海运贸易政策的根本性改变，为新加坡一跃成为当时东南亚重要国际性商埠并进而建立狮城王朝，发挥极为关键的推动作用。在中国唐朝时期（618—907年），政府控制海运经济，禁止民间私营海运与贸易，来自宫廷的贸易船只大多以室利佛逝的巨港为停靠港口，据此与印度、阿拉伯及东南亚商船开展贸易。进入宋朝（960—1279年），中国政府开始允许并鼓励民间海外贸易与航运，并常设市舶司专职监管海外贸易。而代宋而立的元王朝（1271—1368年）则基本沿袭宋朝市舶制度，允许民间出海航运贸易。宋元时期中国政府海运贸易政策的转变，系统地解放了中国的海运经济，大量中国民间商人积极参与东南亚海上贸易。而新加坡凭借马来半岛丰富的自然资源和比邻中国的地缘优势逐渐成为中国最重要的低货值产品来源地，其在东南亚海运经济中的重要性日趋上升。如果说唐朝中国海运贸易政策在一定程度上推动室利佛逝发展为东南亚商贸中心进而崛起为东南亚当时最强大的国家，那么宋元时代中国海运政策的根本性转变，则是促成新加坡崛起及狮城王朝创立的重要助力。

### （二）昙花一现的灿烂文化

关于狮城王朝创立的年代无确凿史据可考，但其于1391年因强敌入侵而遭覆灭却是定论。据马来史诗《马来纪年》记载，狮城王朝传五世，于14世纪末亡，五世王共统治123年。据此推断，狮城王朝创始时间大约在13世纪70年代。开国君主为室利佛逝王子圣尼罗郁多摩，其以"巧遇狮子"之祥瑞而开国建朝，故以梵语"新加坡拉（singapura）"意即狮城命名王朝，帝号室利帝利槃那（Sri Tribuana），意为吉祥三界王。五世国王死后均葬在新加坡河北岸的福康宁山（Fort Canning Hill），现存于山之东麓的古墓为1389年被弑的第五世王伊斯干达沙之墓，1970年新加坡政府对其重修。新加坡学者吴振强于1969年10月13日在《石叻周报》刊文《十五世纪前的新加坡》，就狮城王朝世系及年代考释修订如下：

一世 室利帝利槃那 Sri Tribuana 1269—1317年

二世 室利皮克拉马 Paduka Sri Vicrama Vira 1317—1332年

三世 室利拉纳维柯玛 Sri Rama Vicrama 1332—1345年

四世 室利波兜迦 Paduka Sri Maharaja 1345—1357年

五世 伊斯干达沙 Raja Secander Shah 1357—1389年（被拜里米苏拉弑杀）

Parameswara 拜里米苏拉 马六甲王朝一世

1389—1391年 在新加坡

1391—1413年 在马六甲①

　　狮城王朝建立之时，正值曾为东南亚最强大王国并垄断东南亚海上贸易数个世纪的室利佛逝日渐势微之际，而发祥于爪哇岛的满者伯夷与湄南河流域的暹罗素可泰等新近崛起的地区强国，欲控制马六甲航线及沿岸港口商埠以争夺海上贸易控制权，由南北两个方向对狮城王朝形成夹击之势，扼守马六甲海峡咽喉的新加坡成为满者伯夷与暹罗入侵的对象和逐鹿的舞台。1344年暹罗素可泰王朝出兵南下攻打新加坡，攻城月余不下后无功而返。1360年至1365年间，满者伯夷派军北上入侵新加坡，在狮城王朝军民勇敢抵抗下大败而归。1377年，满者伯夷再度入侵新加坡，由于实力悬殊，加之狮城王朝内部出现叛变，满者伯夷军队最终攻入城内并将其洗劫一空。满者伯夷军队返回爪哇后，暹罗军队趁机南下，轻易将新加坡占为属地，狮城王朝第五世王伊斯干达沙沦为暹罗的傀儡。1389年，室利佛逝王子拜里米苏拉因不满向满者伯夷朝贡，被满者伯夷军队赶出室利佛逝，室利佛逝王朝灭亡。拜里米苏拉率3千部属逃到新加坡，篡杀伊斯干达沙而自立为王。1391年，暹罗再度出兵南下，兴师问罪，拜里米苏拉无力抵御，乘船逃跑。暹罗大军将新加坡夷为平地，狮城王朝至此宣告覆灭。出逃的拜里米苏拉流亡至马六甲，于1400年（也有人认为是1402年或1403年）建立强大的马六甲王国。马六甲随后迅速崛起，取代新加坡地位，成为新的国际贸易港。②

　　狮城王朝是新加坡古代史上首个也是唯一的封建王朝，其在文化上的突出特点主要体现在两个方面。一方面，这一时期新加坡在经济、政治、军事等各个层面均达到其历史顶峰，创造出辉煌灿烂的古代文化；另一方面，狮城王朝的统治仅持续一个世纪便遭覆灭，其所创造的灿烂文化只是昙花一现，对近现代新加坡社会文化发展形成未产生深远影响。

　　狮城王朝时期，在历经数个世纪的积淀后，新加坡已由最初的商船靠泊站发展为东南亚及东西方最重要的国际性贸易商埠。正如马来史诗《马来纪年》所述：

①　［新加坡］邱新民：《海上丝绸之路的新加坡》，新加坡：胜友书局，1991年8月第1版，第140页。

②　厦门大学南洋研究所：《新加坡简史》，北京：商务印书馆，1978年5月第1版，第10页。

"信诃补罗（即新加坡拉）是一个大国，从各方来的商贾不可胜数。它的口岸，人口极为稠密。"[①] 当时经由新加坡转口贸易的货物，包括来自阿拉伯和印度的纺织品和珍贵物品，由中国运去的赤金、青缎、花布、瓷器、铁鼎，以及东南亚地区汇集而来的香料、胡椒、玳瑁等。[②] 近年来在新加坡先后出土的中国宋元时期制钱、青花瓷、龙泉瓷、德化瓷，满者伯夷风格的金饰等，是新加坡曾为国际性贸易商埠的物证。

在政治结构和社会组织方面，狮城王朝建立起封建专制王权，形成较为完整的统治机构与社会阶层。五世国王均享有至高无上的权力，掌控狮城军事力量与对外贸易。国王以下的重要官职设有首相、左相、财政大臣、各部大臣、各部缙绅、武官、太监、内官、勇士等。[③] 社会主要阶层包括贵族、商人、农民、奴隶（家庭奴隶）等。

在军事实力上，狮城王朝时期新加坡由室利佛逝附庸崛起为堪与地区强权相抗衡的新兴王国。虽地小民寡，并面临满者伯夷与暹罗南北夹击之势，但新加坡军民凭借坚固的城防与繁盛的商贸经济基础，在短短一个世纪内数次击败更为强大的满者伯夷与暹罗军队的入侵。1344年暹罗素可泰军队南下入侵新加坡，据汪大渊《岛夷治略》记叙，"（暹罗）近年以七十余艘来侵单马锡（即新加坡），攻打城池，一月不下。……遂掠昔里而归。"[④] 马来史诗《马来纪年》则对1360年至1365年间满者伯夷军队北上攻打新加坡有专门记载，"（满者伯夷军队）共有帆船一百艘，大木船、独木舟等不计其数。麻喏巴歇（即满者伯夷）国王封一名大将为统帅，率领全军向僧伽补罗（即新加坡拉）进发。……爪哇未能击败僧伽补罗，于是爪哇人撤回麻喏巴歇。"[⑤] 直至1377年满者伯夷再度发兵攻打新加坡，因狮城内部出现叛乱，狮城城池方被攻破。当时新加坡的城池，建立在新加坡河的北岸与福康宁山之间的平原，四周有城垣，东濒海，西及南面有河道和沼泽地为天然屏障，北有山岗为蔽，地居险要，城池坚固，利于防守。1819年英国占据新加坡时，仍可见狮城王朝时期遗留下的城基、城壕、砖头、石块，以及一堵底部宽16英尺、高8至9英尺的土墙，从海岸处顺着勿拉士巴沙溪（Bras Basah stream）一直延伸到

---

① ［新加坡］许云樵：《马来纪年》（增订本），新加坡青年书局，1966年8月港初版，第88页。

② 厦门大学南洋研究所：《新加坡简史》，北京：商务印书馆，1978年5月第1版，第8页。

③ ［新加坡］邱新民：《海上丝绸之路的新加坡》，新加坡：胜友书局，1991年8月第1版，第138页。

④ ［元］汪大渊：《岛夷治略》，亚马逊中文在线，2012年。

⑤ 罗杰、傅聪聪等：《〈马来纪年〉翻译与研究》，北京大学出版社，2013年7月第1版，第23页。

福康宁山。①

　　宗教方面，迄今未有确凿史料可供稽考狮城王朝时期新加坡宗教信仰，但凭借关联史实从不同侧面推断，可印证此时期新加坡普遍信奉佛教。一方面，新加坡在创建狮城王朝之前，曾长期为室利佛逝附庸，即使在建立狮城王朝后，仍与室利佛逝有着千丝万缕的联系——狮城王朝开国君主为来自室利佛逝巨港的王子，弑杀狮城王朝末代君主并篡夺其王位的拜里米苏拉亦来自室利佛逝王室。室利佛逝文化上的突出特点是佛教兴盛，为当时东南亚重要佛教中心。长期臣属室利佛逝势力范围的新加坡，在宗教上不能不受其影响；其次，狮城王朝以"巧遇狮子"之祥瑞而建国，但事实上整个新加坡乃至马来半岛历史上从未出现过关于狮子存在的记录，以"新加坡拉"即"狮城"命名应与佛教有关，是为彰显统治者之神圣及执政合法性，与东南亚其他受印度文化熏陶之古国，如锡兰、宋卡、僧祇城等称狮子国或狮城不谋而合，这也从侧面说明佛教已入传当时的新加坡并具有重要影响力；三是狮城王朝五代国王均以梵语命名帝号，如室利（Sri，意为"吉祥"）、摩诃（Maha，意为"大"）、罗阇（Raja，意为"王"）等，可见佛教为狮城王朝社会主要信仰，至少是统治阶层主要信仰；最后一点，就马来半岛而言，其由佛教、印度教文化转向伊斯兰教文化的进程始于15世纪初马六甲王国建立。《东南亚史》作者霍尔指出，在15世纪初马六甲王国崛起并成为伊斯兰教中心之前，没有多少资料足资证明伊斯兰教曾传播到马来半岛。②综上所述，佛教应是狮城王朝时期新加坡的主流宗教。但与地缘宗教环境相结合，从发展的角度来看，处在马六甲两岸由佛教、印度教文化向伊斯兰教文化转型节点的狮城王朝，其末期应有伊斯兰教的零星影响。

　　在建筑和制造技艺上，狮城王朝也达到相当水平。根据近年考古发现，狮城王朝不仅建有坚固的城防工事，且具备一定手工业制造能力。1988年对福康宁山东麓伊斯干达沙古墓发掘时，在附近发现玻璃厂、木炭、铜钱、用具等。③相对突出的是其造船业，据马来史诗《马来纪年》记载，狮城王朝国王拥有一支二三百艘的武装船队，以管辖港口和海峡航线的过往船只，并已能造出长达15噚（1噚为6英尺）称为毕朗（Pilang）的八橹船。④

① ［英］康斯坦丝·玛丽·藤布尔：《新加坡史》，欧阳敏译，上海：东方出版中心，2013年8月第1版，第1页。
② ［英］D.G.E.霍尔：《东南亚史》（上下册），中山大学东南亚历史研究所译，北京：商务印书馆，1982年10月第1版，第260页。
③ ［新加坡］邱新民：《海上丝绸之路的新加坡》，新加坡：胜友书局，1991年8月第1版，第12页。
④ ［新加坡］许云樵：《马来纪年》（增订本），新加坡青年书局，1966年8月港初版，第98页。

狮城王朝在各方面所达到的高度无疑是新加坡古代文化的巅峰，但遗憾的是，其统治只为新加坡带来一个世纪的繁荣便宣告灭亡，此后数个世纪，新加坡日渐颓败，湮没在历史的长河中。正是由于狮城王朝统治的短暂，其所创造的灿烂文化仅为昙花一现，未对近现代新加坡社会文化发展形成构成重要影响，以致现在对新加坡历史文化的研究多以1819年英国占据新加坡为起点。

导致狮城王朝走向衰败的直接原因是满者伯夷和暹罗等强敌的轮番入侵，而深层次的原因则是外部环境开始向不利于其发展一面变化所致。14世纪后，西亚奥斯曼帝国急速扩张致使欧洲陷入旷日持久的征战，在很大程度上削减了西方对中国的丝绸、瓷器及东南亚物产的需求，而中国在进入明朝统治后，为防倭患实施海禁，中国民间海上贸易市场受到遏制，往来于中国与东南亚各国港口间的船只数量锐减，全球海洋贸易受到重大影响，进入较为低迷的一段时期。更为关键的是，发祥于新加坡的马六甲王朝在建国之初即与明朝建立紧密朝贡关系，并籍此成为中国与印度、阿拉伯国家及欧洲进行贸易活动的官方的中转商港与货物集散地。此举在很大程度上推动马六甲取代新加坡迅速成为新的国际性贸易中心，并致使新加坡在此后数个世纪一蹶不振。

### （三）狮城王朝的历史定位与文化意义

虽然狮城王朝对新加坡的统治仅持续1个多世纪，未对近现代新加坡社会文化形成产生深远影响，但将其置于更大的时空维度去审视，狮城王朝具有重要的历史文化意义。首先，狮城王朝是新加坡历史上首个也是唯一的封建王朝，曾创造灿烂的古代文化。新加坡首次成为文化意义上的整体，形成独立的新加坡文化区域概念，始于狮城王朝。今日的新加坡之所以称"新加坡"及"狮城"，源于14世纪的新加坡拉狮城王朝。其二，就马来半岛而言，狮城王朝是马六甲王朝的前身，发祥于新加坡拉的马六甲王国历史上首次完成马来半岛南部一统，结束了长期以往马来半岛南部的分散局面，奠定马来亚的格局。马来亚幅员虽不广阔，但地形构造却将其分割为块。囿于山脉阻隔，交通不便，风气闭塞，古代马来亚历来是割据称雄者的乐园与小国交替的温床。公元初以来，马来半岛中南部曾出现都元、皮宗、拘利、蒲罗中、盘盘、狼牙修、丹丹、赤土、罗越等古国，直至15世纪初马六甲王国建立，马来半岛南部才形成独立、统一的强大政权。最后，从整个马来世界文化区域的范围来看，狮城王朝起着衔接室利佛逝与马六甲这两个先后控制马六甲海峡两岸地区及海上贸易的强大王国的作用，并处于马六甲两岸由佛教、印度教文化向伊斯兰教文化转型的节点，是马来世界文化演变发展进程不可或缺的重要一环。

## 三、中断的历史进程：未能形成本土民族文化

14世纪末狮城王朝灭亡后，新加坡一蹶不振日渐颓败，继它而起的马六甲不仅发展为强盛的国际性贸易港口，而且成为这一地区的宗教、政治和文化中心，新加坡则由独立王国沦为马六甲及之后的柔佛—廖内—林加王国的附属地，其国际商埠地位也被新兴的马六甲港口所替代。

近年在新加坡河河口以及加冷（kallang）出土的一系列做工较粗陋的瓷器碎片以及其他一些简单的生活用具表明，狮城王朝繁盛的定居点于14世纪末期荒废之后，新加坡作为日常生活用品的交易口岸和小得多的定居点又存续了很长时间，但其在马来世界的政治事务中变得越来越微不足道。在马六甲王国统治时期，新加坡是一位地位较高的属臣的驻地，为王国提供战船。1511年葡萄牙人占领马六甲后，马来的海军元帅（laksamana）逃至新加坡，后来苏丹在柔佛河边重建新都，并在新加坡派驻一名港务总管（shahbandar）——葡萄牙人曼努埃尔·德埃雷迪亚（Manuel d' Eredia）于1604年绘制的地图上就标明了这片辖区。[①] 此后新加坡一带海域成为柔佛王朝与葡萄牙人、亚齐人三角战争的战场之一。1699年，柔佛王朝内部发生政变，首相母干室利拉玛（Meget Sri Rama）买通王妃刺杀苏丹马哈茂德（Mahmud），并自立为王，派天猛公（Temenggong）[②] 驻守新加坡。由于这场政变实际上切断了柔佛苏丹国与室利佛逝—新加坡拉—马六甲王室世系最后的血脉联系，使其失去赖以宣称自身合法性的神圣世系传统，许多属国不再效忠，纷纷宣布独立，柔佛苏丹国陷入内乱，天猛公成为新加坡实际的统治者并在新加坡河边建立定居点。至1819年1月28日莱佛士登陆新加坡时，新加坡岛上共有约1 000人，包括天猛公的随从150人和种植甘蜜的华人约100人，其余为马来人和土著，主要靠在丛林中采集、打渔、与过往船只易物以及充当海盗谋生。[③]

在航运贸易方面，随着马六甲兴起为东南亚乃至世界性商业中心，新加坡的地位日趋边缘化。岜巴港航线这条曾经勾连起马六甲海峡和中国南海的主要航

---

① ［英］康斯坦丝·玛丽·藤布尔：《新加坡史》，欧阳敏译，上海：东方出版中心，2013年8月第1版，第6页。

② 天猛公为马来人诸苏丹国中的一种高级官职，一般负责国中治安，是苏丹宫廷侍卫、警察和军队统领。

③ 1819年1月28日莱佛士登陆新加坡时，其随员纽波德（T.J.Newbold）记录当时天猛公随员150人，此外岛上尚有马来人、华人及土著。据相关考证，总人口应在1 000人左右。参见［新加坡］邱新民：《海上丝绸之路的新加坡》，新加坡：胜友书局，1991年8月第1版，第182页。

线，逐渐被弃用。16世纪末开始，来往商船多选择圣淘沙岛以南航线，甚至选择更为曲折的穿越廖内—林加群岛后取道民丹岛、雷磅岛和格朗岛南面的航线。到19世纪初，西方人已经遗忘了岌巴港航线的存在，他们开始把新加坡岛北岸与柔佛海岸之间的地不佬海峡（Tebrau Strait，即柔佛海峡）称为"新加坡旧日的海峡"、"第一批欧洲航海家们知道的唯一一条航线"。1819年莱佛士登陆新加坡时，新加坡海峡一带已沦为海盗猖獗的海域，1810年时一艘英国军舰就是在这里抢回了一艘被海盗打劫的欧洲船只。①

　　11世纪前后至19世纪，是东南亚各国社会文化形成发展的关键时期。在这一时期，东南亚各国进入封建社会发展阶段，主体民族开始形成，本土文化的基本框架得以奠定，并最终形成各具特色的传统民族文化。新加坡虽于13世纪后期创建强盛的狮城王朝并创造灿烂文明文化，但狮城王朝的统治如昙花一现，仅为新加坡带来一个世纪的繁荣便宣告灭亡。此后数个世纪新加坡一蹶不振，由独立王国沦为它国属地，从东南亚乃至东西方重要国际商埠衰退至海盗丛生的渔港，其社会文化发展进程基本陷于停滞，因而历史上未能形成新加坡主体民族与本土传统文化，直接导致今日新加坡之先建立国家而后建立民族、国家独立早于民族发展的特殊情况。

# 第二节　英殖民统治下的近代新加坡：
## 多元异质华人主体移民文化

　　1819年英国占据新加坡并将其辟为商埠，揭开了新加坡历史新的一页。凭借得天独厚的地缘优势以及英国的自由港政策，新加坡由海盗丛生的渔港再度迅速崛起为东南亚最重要的国际性贸易港口，开埠仅两年其贸易额就超过英国已经营36年的槟榔屿，至20世纪初新加坡已是世界第七大港口，有"远东货仓"之称。在英殖民当局的大力招徕下，华人、马来人、印度人等移民大量涌入新加坡，开埠5年新加坡人口数量已由最初的1 000人左右增至1万余人，至19世纪中叶已超过5万人，形成相当规模的多种族移民社会。其中，华人移民人口增长率一直保持高位，1836年超过马来人成为人口最多的族群，19世纪中叶所占新加坡人口总

---

① ［英］康斯坦丝·玛丽·藤布尔：《新加坡史》，欧阳敏译，上海：东方出版中心，2013年8月第1版，第9～10页。

数比例超过50%，20世纪后一直稳定保持在75%左右，长期为新加坡多元民族移民社会的主体族群。

主导近代新加坡社会文化形成发展的核心因素主要有三个：一是英殖民统治及其植入新加坡的英式西方基本制度；二是移民尤其是华人移民及其带入的外来文化；三是转口贸易成为近代新加坡社会的经济基础。在这三个因素的共同作用下，新加坡形成西方制度与东方人文相结合，以英殖民者为主导、华人为主体的多元异质移民社会与文化，并因而呈现三个突出特点：一是近代新加坡文化是一种植入式的文化。其湮没在历史长河中的古代文化未对近代新加坡产生重要影响，新加坡近代文化主要由英殖民者和外来移民移入；二是多元异质。转口贸易发达与移民涌入形成多元社会文化，而殖民当局间接管辖与分而治之以及移民社会特性，造成社会高度分裂、文化缺乏融合；三是华人成为社会主体。随华人移民占新加坡总人口比例持续上升，华人成为近现代新加坡社会主体族群，华人传统文化成为新加坡近现代文化主要内容。

## 一、西方基本制度与外来移民文化的植入

不同于东南亚大部分国家，近代新加坡从一开始就是一个移民社会。1819年英国占据新加坡并将这个仅有1 000人的荒蛮渔港辟为商埠后，源源不断涌入的外来移民构成新加坡社会主体。可以说，近代新加坡的历史，正是移民社会从小到大、从简单到复杂的发展史。

囿于狮城王朝灭亡后社会文化发展进程几近停滞，新加坡历史上未能形成拥有主权的本土民族，曾经灿烂的古代文化亦未能对其近代社会文化产生重要影响。完全建立在移民社会基础上的近代新加坡，其文化主要由殖民当局与外来移民从外部移入，是一种植入式的文化——在制度方面，新加坡主要受到西方尤其是英国的影响，而在人文方面则更多受到东方文化特别是中国文化的影响。

英殖民当局作为近代新加坡的统治者，掌握着新加坡的经济命脉和行政大权，其统治对近现代新加坡社会文化的形成发展产生重要导向和推动作用。英殖民者取得新加坡后，将英国式的西方基本政治经济制度全盘植入新加坡，实行自由主义，强调商业自由与秩序，推广英式法律、行政管理制度以及市政建设方案，为近代新加坡社会发展制定制度框架。

在教育方面，英殖民当局积极推行英式教育，早在1823年就创建以英语教

学的小学，后改称莱佛士小学，并在1903年将其升级为完全中学。制定教育法，规定由政府向英语学校提供资助。设立女王奖学金，选送华人子弟到英国深造，以控制华人族群日益扩大的中文教育影响，培养在文化上和感情上亲近英国的本土精英。

由于英殖民者主要将新加坡视为其向东方扩张的战略支点，注重的是新加坡的地缘战略位置而非其本身，正如莱佛士在1819年6月所说："我们的目标不是领土而是贸易；（要建立）一个商业中心，一个我们可以赖以在环境许可的范围内扩展政治影响力的支点"①，因而殖民当局对新加坡的统治相对宽松，主要采取实现其商业和政治目标所需最小层次控制的策略，并不过多干预各移民族群的内部生活。生活在新加坡的英国人所占社会总人口比例一直不高，直至第一次世界大战前，除了在军队里的官兵，在新加坡的英国人包括英格兰人、苏格兰人和爱尔兰人，一共4 000多人。②

在这样的背景下，除上述制度、法律及教育等方面，西方文化在其他层面移入新加坡较为有限。例如在宗教层面，尽管在1819年新加坡开埠的同年10月，伦敦会便向新加坡派驻其历史上首位基督教传教士，并创办新加坡第一所教会学校，此后罗马天主教、美国新教也相继派出传教士赴新加坡传教，但在整个殖民时期，基督教在新加坡的传播并未取得实质性进展，至独立建国前基督徒占新加坡总人口比例最高仅在2%～3%之间。

外来移民及随其传入的各自民族文化，则更多在人文层面对新加坡产生影响，是构建新加坡近代社会文化的另一主要来源。从1819年开埠至第二次世界大战前，移民涌入一直是新加坡人口增长的最重要原因，期间主要有三股移民潮进入新加坡，分别是来自中国的北部移民潮、来自印度次大陆的西部移民潮与来自当时荷属东印度的南部移民潮，以及来自其他国家地区的零星移民。上述移民奠定了近现代新加坡社会以华人、马来人、印度人三大族群及其他族群移民为主体的基本结构。同时，这些移居新加坡的华人、马来人、印度人及其他移民将各自民族文化传统移入新加坡，构成新加坡社会多元文化形成发展的基础。

---

① ［英］康斯坦丝·玛丽·藤布尔：《新加坡史》，欧阳敏译，上海：东方出版中心，2013年8月第1版，第30页。
② 贺圣达：《东南亚文化发展史》，昆明：云南人民出版社，2011年1月第2版，第367页。

## 二、多元异质的社会文化

多元化与异质化是近代新加坡社会文化发展演变所呈现的最突出特性。这一时期，新加坡社会在族群、语言、宗教、习俗各个层面形成纷繁复杂的多元格局，同时，这种多元的社会文化又呈现高度分化、缺乏融合的异质属性。

### （一）多元社会文化形成发展

由于奉行自由贸易并积极鼓励移民进入，英殖民统治下的新加坡在1819年开埠后较短时期即形成相当规模的多元移民社会。此后随更多移民不断涌入这片弹丸之地，新加坡多元社会日趋复杂。高度多元化成为近代新加坡最鲜明的特征，其社会文化各个层面均呈现多元态势。

在族群构成上，新加坡外来移民成分非常复杂。虽然殖民政府将其划分为华人族群、马来族群、印度族群及其他族群，但这只是一种利于行政管理的笼统划分，这四大族群内部实际上由持不同语言和文化的族群构成。华人族群主要由福建人、潮州人、广府人、客家人、海南人及海峡华人构成。马来族群包括马来人、爪哇人、武吉士人、波雅尼人、巴厘人、班加人和米南加保人等。印度族群构成更为繁复，有泰米尔人、旁遮普人、孟加拉人、巴基斯坦人、信德人、泰卢固人、帕坦人、僧伽罗人、遮拉人等。其他族群则包括除华、马来、印三大族群外的所有其他移民，单就西方人而言，当时在新加坡的就有美国人、奥地利人、比利时人、波西米亚人、英国人、保加利亚人、丹麦人、荷兰人、芬兰人、法国人、希腊人、匈牙利人、意大利人、摩尔达维亚人、挪威人、波兰人、葡萄牙人、罗马尼亚人、俄国人、西班牙人、瑞典人、瑞士人和土耳其人。[①]新加坡种族数目之多，在殖民政府人口统计中有时竟多达2 000多个，故被称为"世界人种博物馆"。[②]

语言上，新加坡移民社会存在的语言据说多达54种，各族群内部所操方言更是不计其数。[③]华人族群主要操闽南话、潮州话、粤语、客家话、海南话等方言。马来族群在马来语外，还使用爪哇语、布吉语、米南加保语、巴塔克语、巽他语、波亚尼语、班加语及巨港方言、吉打方言、丁加奴方言等马来语方言。印度族群所使用语言包括泰米尔语、马拉雅拉姆语、泰卢固语、旁遮普语、印地语和古吉拉特语等。

---

① 贺圣达：《东南亚文化发展史》，昆明：云南人民出版社，2011年1月第2版，第356页。
② 梁永佳、阿嘎佐诗：《在种族与国族之间：新加坡多元种族主义政策》，载《西北民族研究》，2013年第2期。
③ 贺圣达：《东南亚文化发展史》，昆明：云南人民出版社，2011年1月第2版，第356页。

宗教信仰方面，世界各大宗教在新加坡均有信奉者。除佛教、道教、基督教、伊斯兰教、印度教外，犹太教、拜火教、耆那教、锡克教、巴哈伊教等也建有自己的组织，年轻的天理教以及华人新创的"儒释道"三教合一与"儒释道耶回"五教合一的宗教也在新加坡产生一定影响。此外，尤其在华人社会还广泛存在祖先崇拜、神灵信仰、巫术兆卜以及各类禁忌等民间信仰。新加坡也因而被称为"世界宗教的大观园"。

在风尚习俗、文学艺术及生活习惯上，各族群均较完整地保持各自文化传统，形成异彩纷呈、纷繁复杂的文化景观。1853年5月，俄国著名作家冈察洛夫随俄国战舰"巴拉达曼"号到访新加坡，留下了这样的文字，"华人住宅区较为富裕，有成排的两层楼房，底层开设店铺或作坊，上层住人，并且装有百叶窗"，"马来人的住房一律用竹竿搭成，覆以椰叶，是一种四面通风的笼子……房下立有防潮和防虫的支柱"，"印度人住的是土房"，"而欧洲人则住在沿海滨大道的精致漂亮的寓所里，那儿还有西方风格豪华的旅馆，旅馆里设备齐全，在餐厅内还可以自由饮用葡萄酒和淡色啤酒"。[①] 冈察洛夫的描述是新加坡的多元移民社会风貌的生动反映。

## （二）社会分化与文化异质

与多元化相伴相生的是近代新加坡社会文化的高度异质性。殖民当局施行间接管辖与分而治之以及移民社会自身局限，造成新加坡社会高度分化、文化缺乏融合。

对于英殖民者而言，新加坡的重要性在于其地缘战略地位而非其本身，占据新加坡主要具有两方面意义：一是地缘战略意义，控制新加坡可进而控制马六甲海峡，以扼守这条通联印度洋和太平洋的战略要道，并据此扩大其东南亚政治影响力；二是经济战略意义，将新加坡辟为沟通英国和东方殖民地的中转站，便于英加大对其东方殖民地的经济掠夺。除此之外，英国在新加坡没有更多的利益。因而英殖民当局对新加坡主要采取实现其利益目标所需的最小层次控制的策略，在当地各族群中指定专人充当头人，称"甲必丹"（Captain），通过甲必丹实现对各族群的间接管辖。同时，为便于管理及防范各族群联合起来对其殖民统治进行反抗，英殖民当局还实行分而治之策略，命令居民按不同种族分区居住。华人大

---

① 贺圣达：《东南亚文化发展史》，昆明：云南人民出版社，2011年1月第2版，第355页。

量集中于牛车水地区，印度人大量集中于实龙岗路地区，马来人大量集中于新加坡东部的吉兰士乃和莱士路地区，各族群之间界限分明、分化严重。英殖民者间接管辖、分而治之的统治政策，导致新加坡逐渐形成高度分裂、缺乏融合的多元异质社会。这种殖民统治遗留下的种族隔离格局，一直影响到今天新加坡社会文化的各个层面。[①]

造成新加坡社会文化高度分化的另一个重要因素是移民社会自身的局限性。无论是华人、马来人、印度人还是其他族群移民，他们移居至新加坡只为谋生，有利则留，无利便走，文化认同和国家认同指向各自母国，对新加坡这片土地缺乏眷念和归属感，难以完全融入当地社会生活。

新加坡社会文化的高度分化与缺乏融合首先体现在华、马来、印及其他四大族群间关系上。各族群划区而居，保持各自文化特性，彼此间泾渭分明，相互间缺乏交流与融合，种族猜疑和不信任非常严重，矛盾和争执时有发生，一些事端被放大后往往引起族群之间的冲突和对抗，甚至是暴力事件。虽然各族群间交集互动亦频繁发生，但这更多是一种经济、政治层面的共生，而非文化层面的融合。纵观整个殖民时期新加坡族群关系，隔离与分化是其主题。各族群汇聚在如此狭小的一片土地上，却没有形成"民族的大熔炉"，反而成为一个纷繁复杂、高度分化的的多元异质社会。一位19世纪到过新加坡的拜访者爱德华（Edward）就曾惊奇地发现，"每个不同的种族都形成自己不同的社区，并且完整地保存了他们的传统，就好像他们根本就不是由外地迁徙而来，倒像是本地土生土长发展起来的"。新加坡在爱德华做出如此评价100年后，依然被描绘成"一个没有归属感的地方"，在这儿没有任何文化看起来是"本土的"，所有的都是舶来品。[②]

华、印、马来及其他四大族群内部亦呈现高度分化、文化异质的局面。在华人族群内部，由于不同社群的存在，内部的分化和异质特性从华人社会构建初期即已存在。开埠初期，新加坡华人即形成海峡华人与中国华南地区闽粤移民两个社群，而中国闽粤移民内部又因所操方言及风俗习惯不同，形成来自福建漳泉为主操闽南方言的"福建帮"，来自潮州操潮州方言的"潮帮"，来自广府、肇庆操粤语的"广帮"，来自嘉应五属、丰顺、大埔操客家话的"客帮"，来自海南操海南方言的"海南帮"五大群体。

① 李志东：《新加坡国家认同研究（1965—2000）》，北京：中国人民大学出版社，2014年1月第1版，第27页。
② 李志东：《新加坡国家认同研究（1965—2000）》，北京：中国人民大学出版社，2014年1月第1版，第28页。

海峡华人又称土生华人，俗称峇峇娘惹（男称峇峇，女称娘惹），是祖辈由中国华南迁徙至马来半岛，与当地土著妇女通婚，经三四百年发展，吸收了马来语言和生活习惯而形成的一类族群。由于海峡华人长期居于南洋，其中华文化传统相对淡薄，成为英殖民当局出于分化、控制华人社会目的而重点笼络的对象。尤其在1877年清朝设立新加坡领事馆后，中英两国政府在新加坡展开争夺华人向心力与文化认同的角力，进一步导致中国移民社群与海峡华人移民社群的对立。清政府以组织文化学会、推动华文教育、支持当地维护中国传统与文化活动以及敕封华侨官爵、吸引鼓励华侨回国投资、设立中华商务总会（新加坡中华总商会前身）等方式，来争取包括海峡华人和中国移民在内的华侨对中国文化和清王朝的认同。而英殖民政府亦于1877年设立华民政务司，加强对华人管理，重点笼络海峡华人，以发展英文教育、设立女皇奖学金、颁布荣誉头衔和帝国勋章、给予政府工作机会等方式，培养了一批海峡华人领袖。19世纪70年代以来清政府与英殖民政府对华人移民向心力和文化认同的争夺，不仅造成19世纪末华人社会的分裂，也肇下了第二次世界大战后新加坡华人华文源流和英文源流两社群对立的始端。①

另一方面，在英殖民当局的间接管辖与分而治之下，新加坡华人移民社会实际处于松散的半自治状态。华人移民必须在新的环境中整合认同、构建社团和组织，方能维持华人社会的运作。华人移民以使用同一方言具有相同习俗、彼此宗亲血缘关系以及从事同一行业而结成帮群，而各帮群又以地缘、血缘及业缘关系维系内部团结并界定与其他社群关系，帮权结构成为新加坡华人移民社会贯穿始终的重要特征。帮群派系林立，以及帮群间为争夺各自政治、经济利益或相互合作、或相互冲突的互动，使新加坡华人社会高度分裂的异质属性愈发强化。

马来、印度移民族群内部亦呈现高度的分化与异质。印度移民在种族、方言、宗教信仰构成上极为混杂，其社会因而支离破碎，缺乏凝聚力。马来移民社会因拥有共同的宗教伊斯兰教，相互自由通婚，故具有更高的同质性，但其支系繁多，爪哇人、武吉士人、波雅尼人、巴厘人、班加人和米南加保人等均保留各自传统风俗和文化特性。在社会组织方面，马来族群受到华人族群的影响，逐渐成立会党和私会党等社团组织。即使在华人会党和私会党遭到英国殖民政府的打压被渐次肃清之后，马来族群中的会党活动仍然十分兴盛。新加坡小坡一带所居住的马

---

① 曾玲：《越洋再建家园——新加坡华人社会文化研究》，南昌：江西高校出版社，2003年8月第1版，第8页。

来人向分两党，一是在甘公加薄及芒古鲁等处居住的红旗党，一是在爪哇街和打铁街附近等处居住的白旗党。此两党素不相能，屡次殴斗。[①]

## 三、华人传统文化在新加坡

新加坡虽是纷繁复杂的多元民族社会，但华人自1836年人口数量超越马来人后，便一直是新加坡第一大族群，占新加坡人口总数比例长期保持在75%左右。可以说，新加坡的多元民族社会，是以华人为主体的多元民族社会。华人作为新加坡移民社会的主体族群，其带入的中华传统文化及近代中国文化，对新加坡近现代社会文化形成发展产生深远影响。

华人传统文化在新加坡殖民社会的发展大致经历三个时期。第一时期是从1819年新加坡开埠到19世纪末，传统中国文化植入新加坡并得到发展，主要包括民间信仰、佛教和儒家学说，民间信仰影响相对更为普遍。第二时期是19世纪末至20世纪初，儒家文化在新加坡华人社会占据主导地位。第三时期是20世纪后，随着孙中山为首的中国资产阶级革命派影响日益扩大，近代思想文化成为新加坡华人社会文化主流；五四运动后，新加坡又深受中国新文化运动的影响。[②]

### （一）华人民间信仰与佛教的移入及发展

华人宗教信仰主要呈现内容糅杂、界限不明的特点，既有佛教、道教及基督教、伊斯兰教等制度型宗教，亦有属民间信仰范畴的数目庞大的神灵崇拜和祭祀礼俗，除少数制度型宗教纯正信仰者外，一般华人既礼佛又拜神且祭祀祖先。早期进入新加坡的华人移民，面对异国他乡陌生而变幻莫测的自然与人文环境，渴望通过祭拜源于故土的神灵与祖先以获得精神上的慰藉。另一方面，脱离了祖籍地社会文化脉络的华人移民，在新加坡松散的半自治移民社会环境里，必须建立自己的社团和组织，方能维持华人社会的运作，而基于地缘认同的神灵信仰与基于血缘认同的祖先崇拜正是聚合、构建华人社会的天然媒介——祀奉本土神灵的庙宇与祭祀祖先的坟山成为社群华人交流互动的最早公共场所，并由此推动帮权社团组织的建立发展，而大部分帮权组织亦将办事机构设在各自庙宇或坟山内，民间信仰与帮权相结合，成为构建新加坡华人社会的重要组织形式。随华人移民而传入新加坡的神灵祭祀和祖先崇拜等民间信仰，因而落地生根并蓬勃发展。

---

① 汪鲸：《适彼乐土：历史人类学视野下的新加坡华人族群》，广州：广东人民出版社，2013年8月第1版，第188页。
② 贺圣达：《东南亚文化发展史》，昆明：云南人民出版社，2011年1月第2版，第356~357页。

新加坡华人所祭拜的神灵数量众多，神格神性复杂，绝大多数来自祖籍地，既包含闽粤两地共同信奉的神祇，如妈祖、大伯公、观音、关帝、注生娘娘、财帛星君、红孩儿、二郎神等，也包括各方言群体所特有的神明，如福建人信仰的带有地方色彩的清水祖师、广泽尊王、圣侯恩主、开漳圣王、清元真君和大使爷等；潮人信仰的地方神祇玄天上帝、黄大仙和龙母等；海南人信仰的水尾圣娘以及广府、肇庆人祀奉的医灵、玄坛诸神等。[①]由于受新加坡多元宗教环境影响，华人还将部分异族神灵如印度人的神灵象神和马来人的神灵拿督公纳入本族神灵体系加以祭拜。

新加坡华人祖先崇拜虽然源于中国本土，但受当地社会文化条件制约，亦有所变化发展，呈现新的形态。最突出的是，新加坡华人对"祖先"概念的认知不再局限于彼此实有血缘关系，而向非血缘非同姓的关系扩大，在此基础上形成对两类祖先——家族祖先和所谓社群祖先的崇拜形态。这种祖先崇拜向非血缘关系的泛化，可进一步强化祖先崇拜对华人社会内部团结与文化认同的构建力度，是华人民间信仰为适应新加坡新的社会文化环境所做出的主动调整。

至19世纪末期，随华人社会规模日渐扩大，民间信仰已难满足华人社会需要，具有更完善组织与专职教职人员的佛教应运而生。1898年由中国前往东南亚弘法的贤慧等诸禅师在新加坡创建第一座佛寺——莲山双林寺，标志着佛教正式入传近代新加坡。此后，佛教逐步发展为新加坡华人的主要宗教与新加坡信徒人数最多的宗教。

### （二）儒家文化的影响及发展

华人传统文化对新加坡社会影响最大的当属儒家文化。尽管早期移民新加坡的华人大多没有受过系统的儒家教育，但其所持伦理道德、生活习俗不同程度带有传统的儒家精神和色彩。19世纪80年代后，新加坡华人传统文化发展进入第二个时期，其特点是清廷驻新加坡领事和当地一些华人开始自觉地发扬以儒家文化为主的中国传统文化，使新加坡华人文化的发展有了明确的导向。[②]1881年，左秉隆（1850—1924年）出任中国驻新加坡领事（1881—1890年），他重视儒家教育和思想灌输，创立"会贤社"以作为宣传儒家思想的中心场所，并在任内发起兴学运动，在短短不到10年时间里，新加坡就出现毓兰书室、乐英书室、培兰

---

① 汪鲸：《适彼叻土：历史人类学视野下的新加坡华人族群》，广州：广东人民出版社，2013年8月第1版，第68页。

② 贺圣达：《东南亚文化发展史》，昆明：云南人民出版社，2011年1月第2版，第358页。

书室、养正书室、进修义学等众多的书院义塾。也是在1881年，新加坡还出现了东南亚首份华文日报《叻报》，聘请颇有中国旧学根底的安徽士子叶季允（1859—1921年）为主笔，发表多篇文章向华人灌输传统的伦理道德观念，促进了儒家文化影响在新加坡的扩大。

1894年中国在甲午战争中失败，前所未有的丧权辱国，空前地刺激了中国的士大夫，维新风潮席卷全国，并对新加坡华人社会产生直接影响。包括康有为在内的多名尊孔的维新派人士到新加坡活动，直接推动了19世纪末20世纪初新加坡华人社会儒学运动的兴起。在这股思潮的影响下，新加坡富商之子、士人邱菽园与著名侨领林文庆等人一起创建孔庙学堂组织，以传播儒家文化为己任。邱菽园根据新加坡华人教育实际，编写《浅易千字文》、《新出千字文》等含儒学精义而又浅显易懂的童蒙读本。而林文庆亦著有《孔教大纲》、《儒家伦理的基础》、《儒家孝道的成法》等书。

虽然儒家文化因新加坡华人社会的不断成长而影响渐盛，但在新加坡这样一个英殖民统治下的商业社会，终究缺乏促其进一步发扬光大的良好社会环境，因此，它的影响和主要发展，在于教育和伦理方面，难以得到政治、制度、学术等方面的支持和支撑，没有也不可能出现较为全面的兴盛和发展。[①]

### （三）近代中国文化的影响

进入20世纪后，新加坡华人社会大量接收和吸收中国近代文化影响。以孙中山为代表的资产阶级革命派将新加坡作为东南亚活动中心之一，于1906年成立同盟会新加坡分会，加强资产阶级革命思想和理论宣传力度，新加坡华人社会反殖反封建意识由此觉醒。在文学艺术方面，新加坡华人主要受到五四新文化运动的影响。

1919年10月《新国民日报》及其副刊《新国民杂志》创刊，开始发表具有反封建新思想的白话文学作品，标志着新加坡新文学的开端。1927年以后，新加坡新文学进入蓬勃发展时期。从1927年至1931年短短5年间，新加坡便出现多达20余种新文学刊物，如《荒岛》、《洪荒》、《瀑布》、《椰林》、《流量》、《新航路》等。到30年代后期至1942年日本入侵新加坡前，经过近20年发展积淀的新加坡新文学出现新的高潮，呈现空前繁荣的局面。大批中国国内文化名人如徐悲鸿、张大

① 贺圣达：《东南亚文化发展史》，昆明：云南人民出版社，2011年1月第2版，第361页。

千、胡愈之、郁达夫、巴人、杨骚、陈残云等南下新加坡，为新加坡华文文学发展注入新的文化动力，而中国抗日战争的全面爆发亦激发了新加坡文艺界的巨大热情，这一时期经常发表文学作品的有一百三四十人，铁抗、叶尼、陈南、张楚琨等的建树尤为突出。[①]

新加坡近代华文教育亦在20世纪后蓬勃兴起。此前新加坡华人教育基本属于传统私塾教育，以传播传统中国文化为己任。进入20世纪后，受中国教育制度变革和维新派及资产阶级革命派影响，新加坡新式教育开始兴起。从1905年养正学校和崇正学校创办，到1919年陈嘉庚创办南洋华侨中学，至1929年新加坡已有新式学校204间，学生1.4万余人，而到1938年又增至学校329间，学生2.8万多人。[②]新式学校在学制、课程与课本方面大体参考中国国内同类同级学校，在保持一定传统文化内容的同时更多转向近代科学文化知识，并增设英文课程，以适应新加坡社会的需要。新加坡华人学校由过去以传统中华文化为主转向以近代文化为主，对新加坡近代文化的形成发展发挥积极作用。

# 第三节　独立建国至今：构建现代新加坡本土民族文化

第二次世界大战以后，新加坡社会掀起反殖民与争取独立的浪潮。经与英殖民当局反复斗争，新加坡于1959年取得自治邦地位，1963年9月通过加入马来西亚联合邦而摆脱英国长达100多年的殖民统治，两年后脱离马来西亚于1965年8月9日宣布独立。同时，第二次世界大战后新加坡社会本土意识普遍增强，各族群身份认同开始由指向各自母国转向新加坡。1965年新加坡独立建国，标志着新加坡社会由移民社会转向定居社会，并开始走向本土化。

英殖民统治遗留下的高度多元又分化严重的社会特性、风云变幻的外部环境以及新加坡现代化进程等诸多历史、现实因素交织在一起，深刻影响着独立建国后新加坡社会文化发展。西方文化与东方文化尤其是儒家文化的碰撞与互动贯穿这一过程并在不同时期呈现不同侧重，先后经历全盘西化、集中推行儒家文化及塑造以儒家思想为核心的"共同价值观"三个时期。

由于历史上未能形成主体民族与传统文化，新加坡国家独立早于民族发展，

① 贺圣达：《东南亚文化发展史》，昆明：云南人民出版社，2011年1月第2版，第363页。
② 林远辉、张应龙：《新加坡马来西亚华侨史》，广州：广东高等教育出版社，2008年5月第2版，第529页。

先建立国家而后建立民族。围绕塑造新加坡国家认同、构建新加坡本土民族文化而展开的多元主义实践，是贯穿这一时期新加坡社会文化发展的另一条主线。新加坡多元主义推行呈现"先破后立"阶段划分，"去除多元化"多元主义阶段以破坏各族群界限及文化认同为代价来塑造新加坡国家认同；"构建多元化"多元主义阶段在国家认同的旗帜下构建跨族群的多元的新加坡本土民族文化。

## 一、从移民社会到定居社会

第二次世界大战结束到1965年新加坡独立建国，是新加坡社会文化发展进程的重要转型期。在这一时期，新加坡社会的本土意识普遍增强，各移民族群的身份认同开始由指向各自祖籍地转向新加坡这片侨居地，新加坡社会由移民社会逐渐向定居社会转型。

第二次世界大战以前，新加坡社会是长期置于英殖民统治下的移民社会。英当局间接管辖与分而治之政策及移民之特性，导致近代新加坡社会高度分化、缺乏凝聚，各族群对新加坡这块土地并无眷念，其身份认同和国家忠诚多指向各自母国。第二次世界大战期间，新加坡一度沦为日本殖民地。英国的迅速溃败、日本人的残暴统治，使得新加坡各族群民众观念发生巨大变化——他们第一次意识到英国并非战无不胜，黄种的日本人的得势使英国人显得"靠不住和缺乏勇气"，并进而产生寻找自己政治归属和身份认同的强烈愿望。[①]第二次世界大战后，新加坡社会尤其是华人社会掀起反殖民与争取独立自主的浪潮，为争夺自身合法政治权益而与妄图恢复对新加坡殖民统治的英当局展开积极斗争，本土意识和观念逐步树立。

对于占新加坡人口绝大多数的华人而言，20世纪40年代末至50年代初中国政局的变化，也是促使其本土意识增强、身份认同由祖籍地转向新加坡的另一重要因素。1949年中华人民共和国成立，宣告中华民族复兴新时代的到来，饱受民族灾难之痛的东南亚华人为之欢欣鼓舞。然而20世纪中叶的冷战格局，以及新加坡尚作为英殖民地的政治现实，迫使华人在半自觉半被动的无奈之下，切断与祖籍地社会血肉相连的脐带。1955年万隆会议中国政府宣布不承认双重国籍，以及鼓励海外华人融入当地社会的政策，更促使新加坡华人从50年代开始以新加坡为家，从侨居转向定居，身份认同由华侨转向华人。

---

① 李志东:《新加坡国家认同研究（1965—2000）》，北京：中国人民大学出版社，2014年1月第1版，第42页。

经过与英殖民当局长期反复的斗争,新加坡于1959年获得自治邦地位,1963年9月通过加入马来西亚联合邦而摆脱英国长达100多年的殖民统治,两年后脱离马来西亚,于1965年8月9日宣布独立。新加坡共和国的诞生,让长期侨居新加坡的各族群移民第一次有了定居下来的充分理由,新加坡社会亦由移民社会转向定居社会,并进一步走向本土化。

## 二、文化取向:西方文化与儒家文化的碰撞与互动

英殖民统治给新加坡留下的遗产是新加坡社会高度多元与分化严重的特性。各外来民族在殖民时期均对新加坡社会产生或大或小的影响,但彼此分化严重、缺乏融合。从制度层面看,对新加坡产生影响的主要是作为统治者的英当局及其植入的西方文化,从人文方面看,对新加坡产生影响的则主要是构成移民社会主体的华人、马来人、印度人及其所移入的东方文化尤其是中国传统文化。独立建国后,这种东西方文化的碰撞与互动依然是贯穿新加坡社会文化发展进程始终的主题。对于新生的新加坡而言,以何种文化取向去推动社会各领域的发展事关全局,而文化取向的选择与调整,同时又受新加坡历史、现实及外部环境变化的制约。独立建国至今,新加坡在不同阶段呈现不同的文化取向,主要经历了三个时期。

### (一)独立建国至20世纪80年代初期的全盘西化

独立伊始,新加坡面临的是经济百废待兴,社会高度分化,种族矛盾错综复杂的混乱局面。外部环境上,第二次世界大战后冷战的世界格局,以及作为世界上唯一以华人为主体、但又地处马来西亚和印度尼西亚包围下的"马来海洋中的华人岛屿",使得新加坡要极力避免背负"第三中国"的嫌疑和与马来伊斯兰世界的种族矛盾。受制于以上历史、现实因素和地缘政治的局限,新加坡在建国之初即做出全盘西化的危机生存战略选择。[①]简单地讲,就是政治上积极向西方靠拢,推行西方基本制度建国的同时,强调精英治国,加强执政党建设;经济上利用自身地缘优势和殖民统治时期遗留下的转口贸易经济,推行外贸驱动型工业化,积极引进西方科学技术和管理经验;文化上,淡化和抑制占人口绝大多数的华人传统文化,以西方文化为价值取向。

---

① 李志东:《新加坡国家认同研究(1965—2000)》,北京:中国人民大学出版社,2014年1月第1版,第48页。

体现在具体的文化政策上，主要是强调英语和英语教育的重要性，直接破坏华语教育的自主性与华人文化的一致性。[①]一方面，加强在行政、商业、资讯及社会各方面对英语的运用，推行以英语为教育媒介语、母语为第二语言的双语教育，使英语成为新加坡社会实际上的通用语言；另一方面，沿用殖民时期政府只给国家控制的学校提供基金的政策，使排斥政府控制的学校不能获得政府资助。同时，政府建立公立华语学校，使希望子女接受华语教育的父母，不能送其子女到华人创办的学校，并用标准化大纲代替华人教育的传统因素，以新加坡各族群文化的综合性描述和讨论来代替华人传统文化专题。此外，政府采取多项措施，取代源于殖民时期的华人帮群社团所发挥的社会功能，使华人社会失去宣扬和传承中华传统文化的重要阵地。

这一阶段，西方文化成为新加坡社会的主要价值取向，尤其在意识形态层面，西方基本制度处于绝对统治地位；而以华语为载体的儒家文化却在很大程度上受到削弱，甚至是打压。但即便如此，儒家文化对以华人为主体的新加坡社会依然有着不可忽视的深层影响。儒家对知识与智能的重视，强调"自强不息"、"厚德载物"的进取精神，无疑对新加坡现代化进程发挥积极推动作用，而遵循传统儒家政治文化理念的华人对"仁慈的家长式政府"天然的认同心理，则为新加坡威权主义政治体制建立提供了很好的土壤。[②]

### （二）20世纪80年代集中推行儒家文化

建国初期的全盘西化，在促成新加坡经济腾飞的同时，也为新加坡社会带来诸多负面效应。正如李光耀在一次接见中国考察团时所说，技术发展本身带来的直接变化和由于使用技术带来的文化上的变化是两回事。随着西方文化的引进，西方文化和价值观的影响，迅速引起了新加坡"文化上的变化"。这种变化有积极的一面，也使新加坡同样逐渐出现了发展型危机的某些征兆。[③]新加坡社会开始出现年轻人严重西化、种族和宗教偏狭兴起、少数种族政治分离感显现等倾向，过去曾支撑并引导新加坡社会的亚洲传统道德、义务和社会观念在逐步消失，取而代之的是个人主义、自由主义和颓废文化，传统的三代同堂家庭逐步解体，犯罪和吸毒现象增加，犯罪率居高不下，自私功利主义严重，改信基督教者增

---

① 陈祖洲：《从多元文化到综合文化——兼论儒家文化与新加坡经济现代化的关系》，载《南京大学学报（哲学·人文科学·社会科学）》，2004年第6期。

② 李志东：《新加坡国家认同研究（1965—2000）》，北京：中国人民大学出版社，2014年1月第1版，第51页。

③ 李一平、周宁：《新加坡研究》，北京：国际文化出版公司，1996年8月第1版，第171页。

多。① 上述社会问题引发新加坡政府对过度强调西方意识形态与价值观念的反思与担忧，并进而转向东方传统价值观念尤其是儒家文化，以求取得平衡，抵御西方文化所带来的消极影响。同时，20世纪80年代以来中国的改革开放和迅速崛起以及与东南亚各国陆续重建正常外交、经贸关系，消除了新加坡诸多疑虑，为其文化取向转向儒家文化铺平道路。

这一时期新加坡主要通过开展"讲华语"运动、在中学强制实行儒学等宗教教育、加强儒学研究等方式来集中推行儒家文化，并在1990年颁布新的华语教育政策，通过提升华语教育比重及水平来弘扬以华语为载体的儒家文化。但受到种种因素的限制，新加坡社会集中推行儒家文化的时间并不长。一方面，新加坡推行儒家文化的目的是以其改变文化和政治发展方向，使之趋向"传统的"价值观，以抵御"西方化的腐蚀影响"，是一种将儒家伦理政治化的做法，但这在高度依赖对外贸易尤其是对西方贸易的新加坡社会难以实现；另一方面，这一时期新加坡将西方价值观视为"坏的"，亚洲价值观视为"好的"，将新加坡社会中出现的所有不良现象都归结为西化的影响，引起在新加坡居住的西方人士以及一些受过西方高等教育人士的不满。同时政府极力提倡儒家伦理的做法，使儒家伦理似乎成了英语之外的另一个精英科目，引起其他族群特别是马来人的不满；第三，新加坡开展儒家文化等宗教教育以抵御资本主义侵蚀作用，但最终导致宗教热情增长，这有违政府初衷。同时政府也担心在马来西亚和中东伊斯兰主义复兴的情况下，继续进行宗教教育会导致马来民族主义的再度兴起。最后，儒家伦理本身也有阻碍现代化发展的因素。②

总的来看，20世纪80年代儒家文化在新加坡社会得到较大程度发展，而西方文化则相对受到削弱。但这更大程度上是对前一时期全盘西化导致诸多社会问题的再调整，集中推行儒家文化恰恰是对儒家文化缺失的一种反应。

**（三）20世纪90年代后塑造以儒家思想为核心的"共同价值观"**

20世纪80年代末，在经历两个阶段文化取向调整后，新加坡开始寻求创建更符合新加坡社会现实、能够体现新加坡国家意识并利于进一步培养新加坡民族认同的价值观念，"共同价值观"应运而生。1991年1月15日，新加坡国会通过政

---

① 新加坡基督徒占总人口比例在独立前为2%～3%，在1980年增至9.9%，1990年为12.5%，2000年为14.6%，2010年则达到18.3%，在所有宗教派别中增幅最大。参见［新加坡］苏瑞福：《新加坡人口研究》，薛学了、王艳等译，厦门大学出版社，2009年3月第1版，第44页；新加坡统计局官网：http://www.singstat.gov.sg。

② 陈祖洲：《从多元文化到综合文化——兼论儒家文化与新加坡经济现代化的关系》，载《南京大学学报（哲学·人文科学·社会科学）》，2004年第6期。

府提出的"共同价值观",其内容包括:国家至上、社会优先;家庭为根,社会为本;关怀扶持,尊重个人;求同存异,协商共识;种族和谐,宗教宽容。①

"共同价值观"提倡的五种精神是新加坡政府在继承儒家思想核心价值观念的基础上,融合其他各族文化的基本精神,并吸收西方文化的内容而形成的,被视为新加坡主要族群和宗教团体"共有"、"共享"的价值观。"共同价值观"的提出在一定程度上利于新加坡国家意识形态的建立和民族认同的形成,但其是政府运用国家权威制定颁行的,而非新加坡各族文化相互碰撞融合的结果,从目前情况看,还不能完全称之为成功。

从"共同价值观"的提出及推行可以看到,这一时期新加坡文化取向已趋向一种综合东西方及各民族文化的价值取向,这也是前两个阶段文化发展的必然结果。在新加坡这个地缘关系和种族关系比较复杂的国度里,单方面推行某一种族的文化是很难行得通的。推行"共有"、"共享"的价值观,实际上就是推行一种综合的文化,而不是某种单一的文化,这既是对前两个阶段文化发展的反思,也是新加坡的现实要求使然。新加坡现代化进程所取得的成就,首先是西方资本主义方式直接输入的结果,在这当中儒家文化的若干传统因子起到协调和适应的作用,使资本主义在移植到新加坡后,发展出比西方形态资本主义更具增长动力的东方形态资本主义。② 新加坡社会文化的发展演进,既需要推动适度的西化,也需要对某些西方文化的因素进行过滤扬弃;离不开东方传统文化及意识形态的支撑,亦需要对其进行批判改造。西方文化与儒家思想为代表的东方文化间的碰撞与互动未来仍将是新加坡社会文化发展的主题。

## 三、多元主义:去除多元化与构建多元化

新加坡本土民族文化的构建,是贯穿新加坡独立建国后社会文化发展进程的另一条主线。不同于传统的民族国家,新加坡由于在历史上未能形成主体民族与传统文化,直接导致今日之先建立国家而后建立民族、国家独立早于民族发展的特殊情况。面对脱胎于殖民统治的分化严重、充满隔阂的多元族群多元文化社会现实,如何塑造"新加坡"国家意识,构建"新加坡人"民族文化,是新生的新加坡首要解决的重大历史问题。

---

① 徐凌云:《儒家伦理思想视角下的新加坡共同价值观及其启示》,载《枣庄学院学报》,2012年8月第4期。
② 陈祖洲:《从多元文化到综合文化——兼论儒家文化与新加坡经济现代化的关系》,载《南京大学学报(哲学·人文科学·社会科学)》,2004年第6期。

一般认为，在文化多元和种族分层的社会基础上强化、凝聚认同并进而融合产生新的民族文化，可以通过同化或者整合的方式达成。同化是指具有支配地位的民族文化将处于被支配地位的民族文化内在化，处于被支配地位的民族文化相应消失，形成仅有占支配地位民族文化的同质社会。由于历史和现实的因素，新加坡作为"马来世界中以英语为主的华人社会"，不可能也无法以同化方式达成新加坡民族文化的构建。整合是指两个或两个以上文化融合在一起，产生新的文化，在这一过程中，各种种族认同和界限逐步消退，新的跨种族的国家认同与民族文化相应形成。相比较而言，以整合方式塑造构建新加坡国家意识与民族文化显然更符合其历史与现实条件。整合的途径包括结构整合与文化整合，前者强调建立联结各种族的共享机制，并以合理完善的机制凝聚人心，形成向心力；后者以客观存在的血缘连带及主观认定的族裔身份，或者共有的历史传统、习俗规范及无数的集体记忆，强化彼此认同，形成归属感。长期为殖民统治下移民社会的新加坡，种族成分复杂，族群间认同处于赤贫，亦无共同的文化传统和历史记忆，故以结构整合为主、文化整合为辅，构建新加坡民族与文化。在具体的政策上，主要是推行多元主义。

新加坡政府在建国之初即确定多元主义政策并将其写入宪法。新加坡多元主义的基本内容可以概括为4M原则、CMIO模式与"新加坡人"概念。4M原则指多元民族（Multiracialism）、多元语言（Multilanguage）、多元文化（Multiculture）和多元宗教（Multireligion）；CMIO模式指新加坡社会是由华人（Chinese）、马来人（Malay）、印度人（Indian）和其他族群（Others）四大族群组成的总和；"新加坡人"概念即各族群在保持各自特点的基础上求同存异，组成一个复合民族"新加坡人"，共同建设"新加坡人的新加坡"。

在政策实践上，新加坡政府主要从政治、经济、教育、宗教、社会福利、外交等多个层面具体推行多元主义，主要包括：（1）强调各族群在政治上一律平等，并适当照顾少数民族和少数宗教集团的利益；（2）做大"经济蛋糕"，努力为各族群提供均等参与经济建设和享受经济成果的机会；（3）推行双语教育，重视英语使用，并平等对待各族群母语；（4）实施组屋种族融合政策，通过组屋分配制度打破族群隔离居住状态，促使不同族群混合居住以加强族群间沟通；（5）坚持政教分离，提倡宗教宽容，以法律手段维护宗教间和谐；（6）采取灵活、务实的外交政策，处理好与马来西亚、印尼等邻国以及与中国、印度等关系，避免因外交亲疏引发国内种族矛盾。

新加坡以塑造国家意识、构建新的民族文化为最终目标的多元主义，实际上是一种"先破后立"的政策实践。第一阶段以破坏源于殖民统治的多元族群界限与文化认同为代价来塑造超越族群的新加坡国家认同，是"去除多元化"的多元主义；第二阶段是在新加坡国家意识形态这面旗帜下构建多元的新加坡民族文化，是"构建多元化"的多元主义。两阶段的多元主义内涵不同，但在逻辑上环扣相连。

独立建国至20世纪80年代为"去除多元化"多元主义阶段。新加坡以淡化、抑制国内各族群尤其是占人口绝大多数的华人族群的文化认同与种族认同为代价来构建新加坡人的国家认同。人民行动党的政纲明确规定，不采用同化策略即不形成以华人为主的普遍认同，而是采取"求同存异"的策略，使不同的种族团体在政治上互相调整，保持自己的种族和宗教认同，同时忠于国家和社会的广泛利益。[①]这一阶段，华人语言文化及华语教育、华人社团组织均受到极大冲击，华人种族和文化特征的压抑造成年轻一代新加坡华人对种族和中华文化认同淡漠。20世纪80年代以后进入"构建多元化"多元主义阶段。新加坡通过出口为导向的工业化实现经济腾飞，社会日趋富强，这极大提升了国民对新加坡的国家认同感与民族自尊心、自信心。新加坡多元主义侧重点转向"新加坡人"多元民族文化的塑造，支持鼓励各族群在进一步强化新加坡国家认同的基础上保留和发展各自文化与传统。

## 四、新加坡本土民族文化构建面临的挑战

构建新加坡本土民族与本土文化，是现代新加坡社会文化发展进程的核心内容。新加坡基于历史与现实因素考虑，在强调新加坡社会多元族群多元文化现实的前提下，以多元主义整合多元文化，进而推动"新加坡人"民族文化的构建，这是一种务实的政治选择。

从短期看，这种策略收效明显，主要体现在两个方面。一是多元主义在很大程度上缓和了建国初期新加坡错综复杂的种族、宗教矛盾，极大改善了殖民时期分而治之造成的社会分化，有助于形成包容、和谐的社会氛围。相互宽容、和

---

① 陈祖洲：《从多元文化到综合文化——兼论儒家文化与新加坡经济现代化的关系》，载《南京大学学报（哲学·人文科学·社会科学）》，2004年第6期。

谐相处是新加坡独立后族群关系的基本事实。二是"新加坡人"观念已深入人心。正如曾任新加坡第三任总统的蒂凡那在《行动报》创刊25周年之时撰文指出:"20年以前,如果人家问起我们,我们将回答说是华人、马来人、印度人或欧亚混籍人。但在今天,如果人家问我们——特别是年轻人问同样的问题,必将异口同声地答道:'我们是新加坡人。'"①

但从长远看,新加坡本土民族文化的构建仍面临诸多挑战。

一是新加坡社会现有对国家的认同感与民族自信心,更多与新加坡现代化发展关系密切,在某种程度上,可以说这种国家认同和民族自豪感是构建在新加坡现代化发展成就尤其是经济成就上的。一旦新加坡经济发展速度减慢,新加坡社会对国家的认同及民族自信将面临危机。

二是多元主义以CMIO模式将新加坡社会各个族群简单划归为华人、马来人、印度人及其他四大族群的政策有其历史局限性。由于CMIO模式并非按照文化属性对拥有共同文化传统的族群进行划分,而是一种工具性色彩明显、从国家视角出发的静态的历史划分,故只是消极应对不同族群之间可能的冲突,难以积极促进国家意识与新的民族文化产生;另一方面,CMIO模式忽视了所划分四大族群内部其实由不同语言和文化族群构成的事实,因而极大损害了不同族群文化的差异性,割裂了不同族群文化的传承性。

三是现阶段新加坡本土民族文化构建的主导因素是国家,新加坡威权主义国家在其间扮演第一推动力的角色。威权主义体制下,国家可调用前所未有的力量推行文化整合,推动本土民族文化构建,但随着新加坡国家权力的无限发展乃至泛滥,从而导致国家威权危机的出现,将反而降低社会对国家的认同,迟滞本土民族文化形成。

最关键的是,新加坡社会多元族群界限与文化认同的逐步消退,"新加坡人"本土民族与文化的渐次生成,实难在短期内实现,可能需要上百年的文化积淀才能完成,如同历史上葡萄牙文化、美洲文化和非洲文化经几世纪冲突与融合最终产生巴西民族文化一样。新加坡多元主义的实践更像是一副嵌入政治议程的"蓝图",它把新加坡本土民族文化构建的远景带入新加坡社会,从而唤起国民的"新加坡"意识与"新加坡人"精神。

---

① 覃敏健、黄骏:《多元文化互动与新加坡的"和谐社会"建设》,载《世界民族》,2009年第6期。

　　引用康斯坦丝·玛丽·藤布尔在其所著《新加坡史》中的一段话作为本章结尾——到底新加坡是会成为一种新型民族国家的原型，或者这个"人工的"、"不自然的"和"意外的"国家将毁于人类的缺点和时间的流逝，渐渐褪色成残败的"东方威尼斯"，只有时间才能给出答案。①

---

① ［英］康斯坦丝·玛丽·藤布尔：《新加坡史》，欧阳敏译，上海：东方出版中心，2013年8月第1版，第25页。

# 第三章　物质文化习俗

物质文化习俗主要指与衣食住行等基本物质生活相关的行为和习惯，以及体现其间的传统观念和思想，包括饮食、服饰、民居等多个方面文化习俗。新加坡是多元民族多元宗教社会，其物质文化习俗多元荟萃又交集互动，形成异彩纷呈的多元景观，并衍生出汇融中国、马来及西方元素的娘惹特色文化。新加坡是地处热带的新兴国际都市，其物质文化习俗既呈现热带地域风情，又体现时代发展风貌，更是新加坡社会从近代英殖民统治到现代独立建国所发生巨大变迁的缩影。

## 第一节　饮食文化

新加坡素以美食天堂闻名，饮食文化呈现多元性、融合性、地域性与国际性特征。华、印、马来各族群传统菜系及世界各地风味佳肴齐汇于此，造就异彩纷呈的多元饮食文化格局。各族群饮食文化相互影响、彼此借鉴，衍生出融汇多种饮食元素的本土特色菜肴，兼具中国菜与马来菜之特色的娘惹菜是其中典型代表。受炎热潮湿的气候条件影响，新加坡饮食文化形成以饮消暑、以食解暑的鲜明地域特征。随着新加坡国际化程度不断加深，新加坡饮食亦开始走向世界，成为最能展现现代新加坡特色的文化符号。

### 一、新加坡饮食的多元性

多元汇集是新加坡饮食文化的基本特性，这种特性实际上是新加坡多元民族多元宗教社会文化在饮食中的集中反映。新加坡饮食的多元性具体体现在三个层面：一是菜系多元汇集。在新加坡，不仅有中国菜、马来菜、印度菜这三大族群各自的代表风味，还兼具法国、意大利、西班牙等欧式餐饮以及来自日本、韩国、泰国、越南乃至俄罗斯、蒙古的美食佳肴，堪称美食者的天堂。二是餐饮场所多元汇聚。新加坡不仅各色餐厅遍地开花，还设有众多汇聚新加坡所有代表性美食的小贩中心（Hawker Center or Food Certer）以及组屋区咖啡店（Kopitiam）。三是饮食习俗多元并存。华、印、马来各族移民迁入新加坡的同时，也将各自饮食习俗移入新加坡。而英殖民者长达一百多年的统治，也使新加坡社会饮食习惯等受到西方文化影响。

**（一）各族菜系多元汇集**

华、印、马来三大族群人口总数长期占据新加坡人口总数绝大多数，是构成新加坡社会的主体族群，其所带入各自民族特色菜系经与新加坡当地人文地理环境相结合，成为新加坡多元饮食的主体与代表。此外，世界其他地区美食也多在新加坡占据一席之地。

1. 新加坡化的中国菜

中国菜是新加坡最受欢迎、种类最丰富的菜系。由于新加坡华人主要源于中国华南沿海地区，故新加坡中国菜多呈闽粤琼地区特色。近年川菜等其它中国菜系亦传入新加坡，这主要是随中国大陆赴新留学和交流增多而新近引进的。各色中国菜在传入新加坡后与当地多元环境结合，在保留传统风味的同时，吸收当地饮食文化元素，逐渐形成具有新加坡本土特色的中式菜肴。虽然这些菜肴还保留着原来的名称和传统的配方，仍冠以中国各大菜系之名，但实际上已经成为新加坡的代表佳肴。无论是用料珍奇的粤菜，还是咸酸鲜美的闽菜，抑或原汁原味的海南菜与酥软香浓的客家菜，当然还有麻辣刺激的四川菜，在新加坡都不乏忠实的拥趸。

有"国菜"美誉的海南鸡饭是新加坡特色中餐的典型代表。这道菜源自中国海南岛文昌市，却在新加坡发扬光大，并受到东南亚各国的广泛欢迎。近年来在许多明星艺人的大力宣传下，特别是新加坡与香港合拍的同名电影《海南鸡饭》在第二十五届香港电影金像奖颁奖典礼上大放异彩后，海南鸡饭一跃成为新加坡国家级的美食代表，被新加坡航空公司作为本土特色餐饮选为机上供餐。新加坡旅游局官网将其誉为新加坡的"国菜"，旅游局形象大使、歌星孙燕姿在推荐新加坡美食时首选推荐海南鸡饭。

海南鸡饭原为海南人祭祖酬神时的贡品，文昌人称之为"饭珍"。最正统的海南鸡饭，须以海南岛文昌鸡做的白斩鸡，搭配鸡油鸡汤煮的海南传统饭团。由于文昌鸡难觅，新加坡海南鸡饭用料不再那么考究，常以同样肉质鲜嫩的三黄鸡代替，但烹调程序仍比一般料理繁琐。首先把连皮大蒜和生姜经油炸后与生葱和马来半岛独有的香料班兰叶一起塞进鸡肚子中，然后将鸡外皮抹盐后放入煮滚的热水中反复烫煮、过冷水，直至九分熟时捞出，冲凉后再放入冰水中浸泡，以使肉质更细嫩，鸡皮完整而有弹性。将烫煮鸡后水上浮着的鸡油捞出沥干后爆香葱、蒜，放入米略为翻炒，再倒入一些底汤炖煮成米饭。剩下的底汤加入高丽菜和冬菜一起煮成配汤。把煮好的米饭盛盘，白斩鸡均匀切块摆在饭上，配上酱油和现做的姜蓉、蒜末、辣椒酱三小碟作料，一份鲜香油亮的海南鸡饭就制作完成。

海南鸡饭作为新加坡"国菜"随处可尝，最负盛名的饭店有：里峇峇利路（River Valley Road）的文东记（Boon Tong Kee），普威斯街（Purvis Street）的逸群海南鸡饭（Yet Con），克罗士街上段（Upper Cross Street）芳林大厦熟食中心（Hong Lim Market & Food Centre）的龙记鸡饭（Long Kee Chicken Rice），乌节路文华酒店的Chatterbox餐厅，麦士威路小贩中心（Maxwell Food Centre）的天天海南鸡饭（Tian Tian Hainanese Chicken Rice），诺维娜镇（Novena Ville）的威南记海南鸡饭（Wee Nam Kee）等。

以清淡柔和及善于推陈出新闻名的粤菜是新加坡最受欢迎的中国菜。粤菜烹饪注重创意，从简单家常的云吞面到精心烹制的上汤鱼翅或脆皮乳猪，食材搭配和烹制方法不拘常规。尤其是广式点心，以其用料精博、品种繁多、造型别致、制作精细、色彩缤纷、咸甜兼备，同时又糅合西式糕点的食品原料和制作技巧，因而成为新加坡点菜率最高的小吃。不仅专营粤菜的餐馆，其他饭店也会在午餐时推出花样繁多的广式点心以吸引食客。其中，云吞面、水晶虾饺、干蒸烧卖、叉烧包、蛋挞等尤受新加坡社会民众喜爱。

云吞面堪称饮食界的混搭经典。面条和云吞这两种主食互为配菜，一锅煮来，双料俱全，阴阳和谐，相得益彰，蕴含着中华传统的饮食文化观念。传统云吞面可分为干、汤两种，最早传入新加坡的云吞面以汤面居多，后为贴近当地人口味及气候条件，改以干捞云吞面为主，体现了新加坡独特的饮食文化习俗。云吞面的主要浇头是叉烧，以瘦中带肥、炭香多汁者为上品。雪白的青花瓷盘中，白里透红的小云吞，色泽鹅黄的鸡蛋面，衬以红汪汪的叉烧和绿油油的青菜，在饱口福之前就先饱了眼福。调以番茄酱、辣椒酱和芝麻油趁热吃来，面条弹性十足，云吞皮薄馅满，令人满口生津、百吃不厌。

干湿两种云吞面在新加坡各处小贩中心都有售卖，著名的云吞面旺铺有：恭锡路（Keong Saik Road）的冯记咖啡店（Foong Kee Coffee Shop），劳明达小贩中心（Lavender Food Centre）的国记云吞（Kok Kee Wanton Mee），武吉知马小贩中心（Bukit Timah Food Centre）的幸福云吞（Happy Wanton Noodle），以及主营港式云吞的高档私家餐馆如翡翠小厨（Crystal Jade Kitchen）和御宝广东菜（Imperial Treasure Cantonese Cuisine）等。

口味清淡的潮州菜在新加坡也颇受欢迎，其中最为普及的是炒粿条。粿条即河粉，是潮州人对这种扁平米粉的叫法，而它的马来语名称"Char Kway Teow"其实就是对"炒粿条"的音译。炒粿条最早由底层华人作为夜宵小吃在夜间叫卖以补贴家用，后以其实惠美味很快风靡新加坡，几经演变，成为现代新加坡随处可见的国民小吃。

炒粿条的制作方法经过新加坡人的融合与创新，花样种类越来越多。不仅加入更多调料与配菜，包括生抽或老抽、峇拉煎（belachan，又称马拉盏）、罗望子汁、豆芽、韭菜、腊肠以及虾肉或鸟蛤等，且炒制方法越来越注重健康，添加更多蔬菜并减少用油量。由于炒粿条所需食材随手可得，烹制相对简单又美味实惠，因而新加坡各餐饮场所尤其小贩中心普遍供应炒粿条，其中最著名的店铺有：联邦大道小贩中心（Commonwealth Avenue Coo ked Food Centre）的 Hai Kee Teochew Char Kway Teow；克罗士街上段（Upper Cross Street）芳林大厦小贩中心（Hong Lim Market & Food Centre）的欧南园炒粿条（Outram Park）；锡安路小贩中心（Zion Road Food Centre）的17号档炒粿条；麦士威路小贩中心（Maxwell Road Hawker Centre）的公主露台咖啡厅（Princess Terrace Café）等。

客家菜因为油厚盐重，在喜好清淡的新加坡人中远不如粤菜和潮州菜那么受欢迎，加上食材原料受限，菜式花样也不像粤菜那样经常推陈出新，导致部分客家菜在新加坡甚至面临逐渐消失的危险。受到新加坡民众普遍欢迎的客家菜主要是酿豆腐、咸鱼肉饼、梅菜扣肉等，其中尤以酿豆腐最为闻名。

酿豆腐源于客家传统菜肴，但传入新加坡后却演变出崭新的面貌。传统客家酿豆腐主要原料包括豆腐、肉末和鱼滑等。做法是先用研钵把宝刀鱼或青花鱼捣捶成鱼滑，把猪肉捣制成肉蓉，与香菇、红菜头等其他配菜一起搅拌均匀，加上调味料一起填入切成适当大小方块的豆腐中，然后放入油锅煎熟，最后把少许酱油用水煮开后撒上葱花、姜末一起淋在豆腐上便可食用。如今客家人在新加坡就地取材，酿豆腐的馅料也越来越丰富，番茄、辣椒、羊角豆、苦瓜、蘑菇、茄子等都可作为配料一起塞入豆腐内，因此这道菜肴也被称为"夹馅豆腐"。此外，烹煮方式也有不同，新加坡客家酿豆腐可经滚水烫熟后搭配黄豆汤或加入甜酱、辣酱，用于佐饭或者面食。

新加坡品尝酿豆腐的知名餐馆有：樟宜路（Changi Road）的金山客家餐厅（Goldhill Hakka Restaurant）；丹戎巴葛市场及熟食中心（Tanjong Pagar Market and Food Centre）的荣欣熟食（Rong Xin Cooked Food）等。

2. 配料独特的马来菜

新加坡马来菜主要包括传统马来菜式以及来自印度尼西亚苏门答腊和爪哇的特色菜肴。马来菜的知名之处在于其种类繁多、香气四溢的调料和香料，包括班兰叶、柠檬叶、香草、葱、大蒜、生姜、高良姜、咖喱叶、姜黄、虾酱以及辣椒等。此外，马来菜在烹调时还喜欢用辣椒和虾熬制的辛辣味峇拉煎，印尼独有的以虾膏、蒜头、椰奶及椰糖等秘制而成的甜辣味花生酱等酱料。同亚洲其他热带、亚热带地区菜系一样，马来菜也大量使用咖喱作为调料。所不同的是，马来人喜欢用椰汁来调和辛辣的咖喱饭菜，还经常用新鲜的椰子碎肉装饰饼食以及其它甜点，因此甜而不辣成为马来菜独树一帜的风格。

椰浆饭（Nasi Lemak）是新加坡最常见的马来美食。所谓椰浆饭，是指配以椰浆和班兰叶蒸煮而成的白米饭，必要时，也可加入其他的香料如黄姜与香茅，以增加香味。椰浆饭通常根据个人喜好搭配炸鸡翅、香肠、炸豆腐及其他蔬菜，并加入参巴辣椒酱（Sambal）、炸鱼干和花生一起搅拌食用。椰浆饭在新加坡受欢迎程度已完全超越族群限制，不少卖椰浆饭的店面为华人经营。起源于印尼巴东[①]的马来菜饭是另一道颇受欢迎的马来美食。这种菜饭以蒸白米饭配上各种肉类和蔬菜制成，食用方式类似于亲友相聚时的小型自助餐，食客可挑选自己喜爱的菜饭搭配，以独特的干热法烹饪，制成后香气四溢。

马来风味的凉拌菜不仅味道可口，名字也有寓意。比如罗惹（Rojak），马来语意为"大杂烩"，是一种水果和蔬菜混合的凉拌菜。新加坡人常把新加坡戏称为Rojak，寓意新加坡多元族群混合而居又各自相对独立。Gado Gado是一种以生鲜蔬菜为主，辅以炸豆腐块、水煮鸡蛋片、炸虾片、炸土豆片、米糕和苦果片等熟食，最后浇上甜辣味的花生酱食用的凉拌菜。其名Gado Gado意为"混合"，华人根据发音称为"加多加多"，有越来越旺的美好寓意。

---

① 巴东（Padang）是位于苏门答腊西海岸的一座城市。

此外，马来风味的烤肉串——沙爹（Satay）、辣焖牛肉（Rendang）等，都是在新加坡颇受欢迎的马来菜佳肴。

### 3. 南北分明的印度菜

新加坡印度菜大致分为北印度与南印度两个菜系，分别体现各自地域与文化特点，调料香料与烹饪手法也各有不同。北印度菜通常以印度烤饼（Naan）搭配各式酸奶菜、咖喱菜、扁豆和甜点；而南印度菜则有各式口味的印度抛饼（Roti pratas）、印度薄饼（Dosai）及加内馅的方形印度煎饼（Murtabak），搭配椰浆咖喱杂菜和海鲜等。北印度菜大多配以各种风味调料和香料，比如豆蔻、丁香、茴香、胡荽和辣椒，通常以酸奶烹制；而南印度菜习惯使用椰汁来调合辣菜。此外，印度清真菜也深受新加坡人喜爱，包括印度馅饼（加了羊肉、鸡肉、沙丁鱼、蔬菜等内馅的煎饼）、印度罗惹以及黄姜饭（Nasi briyani，辅以辣鸡肉或羊肉的炒米饭）等。

新加坡南北印度菜虽都有面饼，但风格差异巨大，制作流程及所需设备也有不同。北印度烤饼以面粉和印度酥油揉成面团，发酵后做成手掌大小面饼，放入传统的烘炉内烘烤三到五分钟后即可出炉，非常有嚼劲，可以搭配奶酪和大蒜等食用。

南印度抛饼的制作过程则堪称艺术。抛饼师傅先把用酥油和面粉揉成的面团在案板上揉捏拍打，以增加其松软和弹性，然后揪成同等大小的面团，灵活地在空中反复搓揉抛甩，直至将面团甩成薄薄的一大片面饼，最后摊放在加了酥油预热的铁板上煎至酥脆金黄，也可配以不同口味的馅料。制作抛饼时只见面饼在空中不断翻飞，因此又被称作"印度飞饼"。抛饼在印度通常搭配木豆或咖喱食用，但在传至新加坡后又创新出无数种搭配吃法，如榴莲、冰淇淋、奶酪、巧克力、香蕉等。

尽管新加坡印度菜南北分明，但有一道菜却突破了南北差异，在新加坡各印度餐馆均可见到，这就是香辣扑鼻的咖喱鱼头。严格地说，咖喱鱼头并不是真正的印度菜，而是新加坡印度人的独特创新，是当地印度、中国、马来饮食文化相互交融的美食结晶。咖喱鱼头的发明者是新加坡的马拉亚利人（Malayalee，来自南印度喀拉拉邦的印度族裔）[1]，

图3-1 印度抛饼

---

[1] 《咖喱鱼头》，新加坡旅游局官网。http://www.yoursingapore.com/content/traveller/zh/browse/dining/signature-dishes/fish-head-curry.html

食材用料是红鲷鱼的鱼头，这种取材颇具中国菜风格，而主味调料是东南亚人最爱的咖喱，马来当地酸味调料罗望子的加入，则为这道非比寻常的菜肴画上点睛之笔。这道菜原本只做给爱吃鱼头的华人吃，渐渐地马来人和印度人也开始爱上这道菜肴，再经过多年的改良，最后连从不吃鱼头的英国人也成为这道菜的俘虏。新加坡华人除了搭配米饭外，喜欢用松软的小圆面包蘸食汤汁，类似中国的名菜鱼头泡饼。面食的甜味可以中和咖喱的辛辣，因此不太能吃辣的人也可以享受这道美味。印度人则通常搭配米饭、帕帕丹①和印度泡菜一起食用。鲜嫩弹滑的鱼肉、酸辣可口的汤汁、香辣扑鼻的咖喱，再配上印度著名的翠鸟啤酒，各种美食元素的组合增加了菜品的魅力，使咖喱鱼头声名远播。

咖喱鱼头是位于市中心麦卡南街（McCullum Street）的 Ocean Fish Head Curry 餐馆的招牌菜。小印度区的阿波罗蕉叶（Banana Leaf Apolo）和跑马路（Race Course Road）的 Muthu's Curry 餐馆，也是品尝这道佳肴的好地方。

### （二）饮食场所多元汇聚

正如新加坡国庆旅游执行委员会出版的《我们新加坡人》中一个14岁新加坡中学生所说："论事实，护照上标明了我们的国籍；论口味，我们对美食的爱好造就了新加坡。"②崇尚美食已成为新加坡人鲜明的特征，品尝美食甚至称得上是新加坡全民性的休闲活动。在新加坡这个美食天堂，各式餐饮场所遍地开花。不仅有专营中餐、马来餐、印度餐、西餐及日餐、泰餐等的特色餐厅，还有数不清的兼营各色美食的饭店、美食广场、咖啡馆、快餐店等。其中最具新加坡多元特色的是汇聚所有新加坡代表性美食的小贩中心以及咖啡店（Kopitiam）等。

#### 1. "国民食堂"——小贩中心

新加坡最具特色、人气最旺的餐饮场所，当数遍布全岛各地的小贩中心。新加坡小贩中心是由政府兴建的饮食摊贩集中地，类似于中国的户外大排档，主要售卖各色风味熟食和饮品。

图3-2　小贩中心

---

① 帕帕丹（Pappadams），一种用扁豆制成的薄饼，酥脆可口，是印度人的主要副食。
② ［新加坡］玛丽恩·布拉沃·贝辛：《文化震撼之旅新加坡》，赵菁译，北京：旅游教育出版社，2008年1月第1版，第45页。

据不完全统计，新加坡目前已开设160个小贩中心[1]。在小贩中心，可以品尝到所有新加坡代表性美食，从中式的海南鸡饭、炒粿条、云吞面、肉骨茶，马来式的椰浆饭、沙爹、罗惹，印度式的抛饼、煎饼、炒饭，到各式甜品饮品以及其他亚洲国家料理等，应有尽有、一应俱全。只需逛一次小贩中心，便可领略新加坡美食概貌，且日夜开放、物美价廉，堪称新加坡"国民食堂"。

新加坡建国之初，卖熟食的小贩在街头巷尾随意游走，造成交通堵塞不畅，卫生脏乱不堪。20世纪70年代，新加坡政府致力于打造花园城市目标，将街头无证摊贩集中到政府统一建造的备有输水管、下水道和垃圾处理系统的小贩中心，并逐步在住宅区、商业办公区和景区周围规划推广小贩中心。政府以优惠措施吸引和鼓励街边小贩入驻，将原市场价600新元的摊位费以仅仅200新元左右价格出租，并长期施行这一优惠政策，直至90年代后转以优惠价格招标和售卖部分摊位，并允许业主转让承租权。在政府推动下，80年代以后基本所有熟食小贩都获得安置，摊位总数达到近5万家[2]，小贩中心也由此成为新加坡人不可或缺的生活场所。

由于早期小贩中心卫生状况比较恶劣，新加坡政府专门设立监管机构加强管理，规定熟食小贩必须符合规定的卫生标准才能领牌营业，同时为入驻摊贩组织安排基本卫生知识和操作培训，使卫生环境逐步得到改善。90年代后期新加坡政府开始升级改建部分设于商场内部的小贩中心，为其加装空调，营造更加凉爽宜人的用餐环境。进入21世纪以后，新加坡环境发展部斥资4.2亿新元实施十年翻新计划，对设施陈旧的小贩中心进行翻新，提高其食品卫生水平，为习惯在外吃饭的新加坡人提供更加舒适安心的用餐环境。

现在漫步新加坡街头，极少见到流动商贩。新加坡政府施行类似小贩中心式的引导疏通政策，以及根据区域划分严格控制又有限开放的行政管理，在保证新加坡市容市貌与流动贩卖有序进行的同时，并未影响民众生活的方便。遍地开花的小贩中心，创造了新加坡经济与社会和谐的发展奇迹，为世界各国城市管理提供了可供借鉴的成功范例，并成为各国游客体验新加坡多元饮食文化的必选之地。

2. 新加坡特色咖啡店——Kopitiam

"Kopitiam"是闽南话"咖啡店"的对音，是一种结合传统早餐店和咖啡店风

---

[1] 《160个小贩中心成新加坡景点》，南网（南方日报官方网站），2013年9月12日。http://epaper.nfdaily.cn/html/2013-09/12/content_7225404.htm

[2] 邓芳岩：《学习新加坡小贩中心经验模式》，载《金陵瞭望》，2010年第35期。

格的新加坡特色餐饮场所。与现代的咖啡店不同，Kopitiam咖啡店主要分布在组屋区附近以及郊外的工业区或商业区，由几个小摊贩或店铺组成，装修风格类似，专售传统早餐和饮料，店里多余的空间则出租给其他摊主售卖各类传统料理。Kopitiam咖啡店通常从早晨营业到傍晚，出售的新加坡传统早餐包括咖椰土司、奶油土司、半熟水煮蛋、奶茶和咖啡等。在非早餐时间则出售新加坡人常吃的海南鸡饭、肉骨茶、酿豆腐、印度煎饼等。

Kopitiam咖啡店在新加坡人生活中有不可替代的地位。来自附近组屋不同族群居民常三三俩俩汇聚在这里同台用餐，相互交流信息、联络感情。不时传出闽南话或者其他方言的寒暄，以及店内音响播放着的台湾20世纪80年代闽南语老歌，让Kopitiam咖啡店成为西化、现代的新加坡社会一道别样风景，给人犹如回到故乡小镇一般的乡土亲切感。

### （三）饮食习俗多元并存

受各自历史与传统影响，虽然生活于新加坡的同一片水土，但华人、马来人、印度人等各族群在饮食习俗上仍保持各自特色，并且相互尊重、相互包容。

#### 1. 好讨口彩的华人饮食习俗

对于华人来说，"不忘本"是对其品性的一种褒扬和赞誉。新加坡华人的先辈背井离乡下南洋，故乡的味道成为他们记忆深处永远的牵绊。为了不忘本，他们几百年如一日地固守着家乡的用餐习俗。

春节年夜饭是华人一年之中最重视的一顿饭，席上一道道饱含深意的吉祥菜名，充分反映出华人爱"讨口彩"的传统饮食习惯。在新加坡，春节期间亲戚朋友见面除互致"新年好"外，还会问"捞了没有？"，其实就是问有没有吃"捞鱼生"这道菜。因为汉语中的"鱼"谐音为"余"，所以鱼是过年席上必不可少的一道菜，寓意家里"年年有余"。"鱼生"是一道由生鱼片加上白萝卜、青萝卜、胡萝卜、灯笼椒、芫菁以及腌红姜等组成的开胃菜，色彩缤纷、内涵丰富，一般作为年夜饭的头道菜端上桌。女主人把装在红纸包里的花生末、芝麻粒等调料撒在鱼生上，全家人一起用筷子把各种食材搅拌均匀，然后一边夹着这些菜高高挑起，一边大声说："捞起！捞起！捞个风生水起！"，以召唤来年的财气和运气。"捞起"的谐音是"捞喜"，捞得越高，预示来年越能兴旺发达、喜事连连。还有一道必不可少的年夜饭菜肴是红烧猪蹄，老辈华人把它命名为"横财就手"，意思是吃了这道菜立马就会发财，因此倍受经商人家欢迎。[1]用油炸糯米和红糖做成的大盆

---

[1] 梁子庚口述，雷顺莉采访、整理：《[新加坡]"你捞了没有？"》，载《南都周刊》，2013年第5期。

年糕也是很受欢迎的甜品，饱含着人们对生活甜蜜和事业高升的美好愿望。

新加坡华人一般以米饭为主食，无论是在像"海天楼"这样的高档餐厅还是在小贩中心就餐，米饭都是菜单上的首推主食。大部分中餐馆同时也供应面条，制作方式繁多，口味各有千秋。各种包子和点心也较受欢迎，但中国北方人爱吃的馒头在新加坡却没有多大市场。

新加坡华人习惯用筷子吃饭，喝汤或粥的时候可用勺子。在外就餐时，一般饭店都会在上菜时提供公用筷子或勺子。使用公筷夹菜时注意不要触碰到自己的餐具及里面的食物，夹完菜后要及时放回原位。用餐完毕后，把筷子横放在碗盘上以示用餐完毕。晚辈或下级一般要待长辈或上级先用完餐再离席。有事需暂时离席的话，不能把筷子插在碗里，而应轻放在筷托上。华人以食为天，在用筷时也有诸多讲究，忌讳"疑筷"、"脏筷"、"指筷"、"抢筷"、"刺筷"、"横筷"、"噬筷"、"泪筷"、"别筷"、"供筷"、"拉筷"、"粘筷"、"连筷"、"斜筷"、"分筷"、"敲筷"等用筷行为。不小心把筷子掉到地下则被称为"落地惊神"，与西餐礼仪中打翻胡椒粉瓶一样都属于失礼的举止。不过善良好客的华人根据"落"与"乐"在中国南方方言中发音相近的特点，巧妙地把筷子落在地下说成吉利话"筷落"（与"快乐"同音），不仅化解客人的尴尬，还讨了好口彩，体现出华人幽默而睿智的一面。

2. 严格的马来人伊斯兰饮食习俗

新加坡马来人主要信奉伊斯兰教，恪守严格的伊斯兰教规，不吃猪肉，不喝酒。吃饭时不用餐刀，因为刀子对于他们来说是武器，不能摆上饭桌，叉子和汤勺则可以使用。马来人的餐桌上通常会有一碟食盐作为调料，象征着宾主间的友谊像盐一样有滋有味、深厚长久。马来人像印度人一样习惯用右手取食，就餐时马来男子盘腿而坐，妇女则屈膝跪坐，先用餐具将食物盛到盘子里，然后用手指取一点菜放在米饭上，将菜和饭捏成球状用大拇指送进嘴里。要注意最好用右手指尖捏食饭菜，如果用整个手掌抓取食物会被视为举止粗鲁。就餐前一定要先洗净双手，就餐完毕后服务员会送上湿毛巾或者端来一小碗柠檬水用于净手。

虽然新加坡穆斯林人口占人口总数不足15%[①]，但新加坡平等包容的多元宗教政策同样照顾到他们的需求，为他们量身打造"Halal"（中文称为"清真"）饮

---

① 根据新加坡2010年人口普查数据显示，新加坡穆斯林为457 435人，占15岁及以上常住人口的14.7%。数据来源：新加坡统计局官网：www.singstat.gov.sg。

食标准。新加坡"Halal"标记由成立于1968年的新加坡伊斯兰宗教委员会[①]每年认证颁发，以方便新加坡穆斯林随时随地享用符合伊斯兰教饮食规范的饮食。新加坡到处可见"Halal"认证标记，不仅一般的摊贩、餐饮店和食品店，就连麦当劳、肯德基、必胜客以及法国的德利法兰新等一些国际快餐连锁店都纷纷贴出"Halal"标记，以示其烹煮过程和食材选用，均符合严格的伊斯兰教饮食规范。

3. 原生态的印度饮食习俗

新加坡的印度人大多数是素食主义者，以各式口味的面饼和炒饭为主食。有些印度餐馆将主食、蔬菜、泡菜和调味酱放在天然的香蕉叶上供食客拌食进餐，这种原生态的就餐方式不会对环境造成白色污染，又省却店家刷洗的麻烦，既环保又方便，深受环保意识强的新加坡人喜爱。印度族群中印度教徒不吃牛肉，伊斯兰教徒不吃猪肉，一般食用鸡肉、羊肉。印度人习惯用手吃饭，只使用右手，因为在印度文化里，左手专门处理不洁之事。通常以食指、中指和拇指的指尖抓饭，然后手指朝上，将饭放在食指和中指之间，以拇指指背推送入口。虽然印度人以"Finger licking good!"（好吃到舔手指）来形容食物的美味令人回味无穷，但是在现实生活中，如果进餐时舔吮手指会被视作表现粗鲁。

## 二、新加坡饮食的融合性

各族群传统饮食在新加坡社会落地生根并发扬光大的同时，相互间影响和借鉴亦随之发生，进而形成融汇多种饮食元素的本土特色菜肴。其中，兼具中国菜与马来菜两家之特色的娘惹菜是新加坡饮食多元融合的典型。

娘惹菜由海峡华人创造，在新加坡社会极受欢迎，以致新加坡人常说，"来新加坡但不体验独特的娘惹菜，就不算真正来过新加坡"。所谓海峡华人，即土生华人，是祖辈由中国华南迁徙至马来半岛，与当地土著妇女通婚，经三四百年发展，吸收了马来语言和生活习惯而形成的一类族群。海峡华人中男性俗称"峇峇"（Baba），女性俗称"娘惹"（Nyonya）——这是对拥有重要社会地位的妇女表示尊称的旧马来语。海峡华人多是成功的富商，他们从故土带来的中华传统文化与当地马来文化交汇互动，衍生出独特的"峇峇娘惹文化"。峇峇娘惹家庭仍然传

---

① 新加坡伊斯兰宗教委员会（Majlis Ugama Islam Singapura，简称MUIS），是新加坡负责处理穆斯林事务的最高伊斯兰权威机构。作为新加坡唯一的halal认证管理单位，MUIS负责给相关的食品、服务或活动颁发halal证书，并确保所有得到认证的工厂都能在企业清真培训、运输、生产、加工、储存、销售和食品展示方面严格遵守穆斯林法律。

承着中国传统"男主外，女主内"的思想。娘惹少女如同中国古代的大家闺秀一样足不出户，在家跟着长辈娘惹学习女红和厨艺，因此都是烹饪能手。在新加坡著名电视连续剧《小娘惹》中，能否用椰浆、木薯粉和玉米粉为原料做出地道的娘惹糕点，是挑选儿媳妇的重要标准，剧中有句台词常被引用："一个连糕点都做不好的娘惹，怎么能当个好媳妇呢"。据说，长辈娘惹仅凭聆听新媳妇准备香料的研磨声，就能判断出其厨艺高低。凭借代代相传的饮食智慧，娘惹们一方面承续中国传统烹饪技法，一方面借鉴马来香料的多元搭配，并吸收部分印度及西方饮食元素，创造出自成一体的菜系——娘惹菜，堪称中华饮食文化和马来饮食文化等融合的结晶。

娘惹菜用料复杂，做法考究，可烹制出多样集香浓、酸甜、微辣于一体的蒸菜、炖菜和咖喱菜，是新加坡最特别、最精致的菜系之一，可谓一饮一啄饱蘸苦辣酸甜。娘惹菜所用香料和调料主要有薄荷叶、咖喱叶、峇拉煎、楠姜、黄姜、黄姜粉、芫荽粉、亚参膏、红葱头、八角、肉桂、红辣椒、石古仔、酸柑、虾米干、香茅、兰花、班兰叶、黑果等。其中，辣椒、虾酱和椰奶是烹调娘惹菜的重要原料。比如娘惹菜代表菜肴叻沙（laksa），就是用米粉、椰奶和香茅等香料加入海鲜或鸡肉一起烹煮出的浓汤。椰奶的浓香，辣椒酱的辛辣，海鲜的鲜味，组合出叻沙无可比拟的口感，深受新加坡人的喜爱。受多元文化环境影响，这道美食在烹调风格上也体现出细微的地区差异。马来西亚槟城的"亚三叻沙"（Assam Laksa）大量使用罗望子和菠萝等酸味原料，类似近邻泰国菜的酸辣口味；而新加坡的椰浆叻沙（Laksa lemak）则使用奶香浓郁的椰汁，调制出更为清淡的甜辣口味，这主要是受印尼菜的影响。

其他招牌娘惹菜包括：用香蕉叶包裹鱼肉，调以椰奶、辣椒酱、良姜（Galangal）和香草烹制而成的窝打（Otak-otak）；将鸡肉和黑果同丰富的酱料一起烹制而成的黑果鸡（Ayam buah keluak）；将鸭子和西红柿、青椒、咸菜、腌酸梅混合一起慢炖而成的咸菜鸭汤（Itek tim）等。富含甜味椰汁的粘稠糕点（Kueh）则是娘惹甜食的代表作。新加坡知名的娘惹餐厅，大都注重娘惹文化氛围的整体营造，从室内的布置陈设，到餐桌上的食具用品，处处均散发娘惹风情的独特气息。

### 三、新加坡饮食的地域性

新加坡地处热带，气候炎热多雨，年均气温在24℃～32℃之间。受长夏无冬的湿热环境影响，新加坡饮食文化尤其注重以饮消暑，各色饮品种类繁多、琳琅满目。各主要菜系也与新加坡气候条件相结合，衍生出肉骨茶等呈现本土风情特色的养生菜肴。

### （一）种类繁多的清凉饮品

新加坡常见的消暑饮品除各族移民带来的特色饮料外，还包括本土化的各式解暑冰品。饮用清凉饮品，成为新加坡人对抗酷热的重要方式。

#### 1. 新加坡式红豆冰

20世纪五六十年代，新加坡盛行的清凉甜点主要是一种将碎冰做成球状、浇上彩色糖浆后直接用手食用的冰球。当时的大街小巷随处可见小贩推着手推车沿街售卖这种冰球，而现在这种冰球已经被配料丰富的红豆冰所取代。新加坡式红豆冰（Ice Kachang）有些类似于台湾的八宝冰，可以根据个人喜好做出不同的搭配，制作顺序基本相同：首先在碗或者高脚杯底部铺上各种口味的果冻和红豆（这也是红豆冰得名的原因）、玉米粒、棕榈籽、粉粿、什锦水果粒，然后铺上厚厚一层刨得细细的刨冰，再淋上色泽诱人的糖浆和炼乳，最后还可以加上个冰淇淋球。如果想要口感更丰富一些，上面还可以放上巧克力或榴莲。堆得像小山一样的红豆冰里充满了各种美味的宝藏，每一勺挖下都有着缤纷的色彩和不同的味道，使品尝过程充满乐趣，宛如一次视觉和味觉的双重盛宴。

#### 2. 解暑保健的中国凉茶

凉茶是中国南方颇为盛行的传统消暑保健佳品。新加坡华人将源于中国的凉茶配方与现代工艺结合，制成方便携带的罐装中国凉茶饮料，成为新加坡代表性饮品，畅销整个东南亚。新加坡各小贩中心以及路旁的便利商店，均有各式罐装中国凉茶出售。比较常见的有佳佳凉茶、白花蛇草水、燕窝水、枇杷蜜、马蹄水、清热水等。

#### 3. 拉昔和珍多冰

拉昔（Lassi）是印度酸奶，在新加坡的小印度区有各式口味的拉昔，包括原味拉昔、加了盐的咸拉昔以及加了其他水果口味的调味拉昔。其中最受人们喜爱的是芒果拉昔，浓郁的果香和拉昔的酸味融合在一起，酸酸凉凉的口感让人暑热全消。除了小印度，一般商店和餐厅也供应拉昔。

珍多冰（Cendol），又称"浆罗"、"煎律"，本是印度尼西亚爪哇地区的传统甜点，现已经成为东南亚美食代表，在新加坡被赋予更多的美食元素，成为新加坡街边摊贩、小贩中心和美食广场最热门的饮品。新加坡珍多冰的基本配料有绿豆粉条、蜜红豆、奶油玉米、棕榈糖以及香兰调味料，还可以在上面加上刨冰和新鲜椰奶，口感香甜爽口又带有层次感。近年新加坡还流行在珍多冰上添加香草冰激淋，甚至浇上榴莲浆，充分体现新加坡人乐于挑战新鲜口味的美食精神。

### （二）虎牌啤酒与新加坡司令

受多元宗教社会环境制约，新加坡的酒文化不算发达，但啤酒尤其是新鲜酿造的生啤以及鸡尾酒等冰镇混合饮品在气候炎热的新加坡却深受大众喜爱，近年随国际名厨纷纷赴新加坡开设餐馆，葡萄酒也逐渐在新加坡流行开来。

新加坡河畔克拉码头（Clarke Quay）各色充满异国情调的酒馆和半开放式酒吧是品尝啤酒

图3-3　虎牌啤酒

的最佳场所。这里不仅提供各品牌罐装啤酒，河畔的小型啤酒工厂还源源不断酿造着爽口的鲜酿生啤。新加坡亚太酿酒厂创立于1932年的虎牌啤酒是新加坡本土啤酒的代表品牌，以其上乘品质和绝佳口味赢得40多项国际奖项和荣誉，在全球8个国家设立生产厂，远销欧美、澳洲和中东等地60多个国家。[1]2008年，亚太酿酒厂在虎牌啤酒创立75周年之际建立"Tiger LIVE"博物馆，占地14,000平方英尺，分成八个功能区讲述虎牌啤酒75年来的故事。博物馆采用尖端艺术级影音科技，让游客全方位身临其境并亲身体验酿酒过程，经历难忘的新加坡啤酒文化之旅。

莱佛士酒店长廊酒吧（Long Bar）华裔调酒师严崇文（Ngiam Tong Boon）于1915年发明的鸡尾酒——新加坡司令（Singapore Sling）是新加坡本土酒业另一标志性代表。这款鸡尾酒英文名字中的"Sling"一词，其实指一种美国传统混合饮料，由烈酒（Spirits）、水和糖冲调而成，幽默的新加坡人按谐音把它翻译成"司令"，并被人们所普遍接受。新加坡司令堪称做法最繁复的鸡尾酒，最早配方成分包括杜松子酒、橘味白酒、樱桃白兰地、本笃甜酒、法国廊酒、菠萝汁、石榴汁和柠檬汁等，色泽鲜艳，口感酸甜，掺杂果味的酒香饮来回味无穷。目前配方据说经严崇文侄子改良而成，新加坡其它酒吧也纷纷推出不同口味的改款，如浮

---

① 《虎牌啤酒》，百度百科，2014年3月8日。http://baike.baidu.com/view/904018.htm

尔顿1号（One Fullerton）的OverEasy在新加坡司令中加入安古斯图拉树皮，位于滨海艺术中心（Esplanade）的Orgo则加入鲜榨菠萝、酸橙和石榴汁。新加坡司令问世后迅速风靡全岛，被视为新加坡国饮，现在新加坡各商场、超市和店铺均有瓶装出售。克拉码头的"新加坡司令精品店"专营新加坡司令系列饮料及其它附属产品。新加坡航空公司所有航线的所有等级舱位都免费提供该款鸡尾酒。

### （三）中西结合的茶文化

茶源于中国，经丝绸之路、茶马古道、草原茶路、海上茶路等商路走向世界，因其清苦回甘的独特口味和益寿延年的保健效果，受到世界各族人民喜爱，并逐渐与各地历史文化相结合，演变出异彩纷呈的茶文化。新加坡是一个多元文化社会，茶在新加坡也同样具有多元性。各族群特色茶饮方式与艺术交相辉映，展现出新加坡丰富多采的文化生活情趣。

#### 1. 中国茶

茶是新加坡华人餐饮最基本的饮品，在酒楼餐馆里用餐一般都提供免费热茶，没有特意准备的茶水单，对茶叶的品质也没有专门要求。近年来随新移民不断增加特别是华人移民的增多，中国茶文化对餐饮业的影响日趋显著，许多著名酒店、餐馆都开始吸纳茶的元素，为传统餐饮业注入新的生机活力。香格里拉酒店的中餐馆"香宫"在2007年翻新后，便以普洱、寿眉、水仙、银针、龙井、雨花等中国名茶给私人厢房命名，并根据不同茶类的特点配置专属茶具、茶杯及泡茶方式。港丽酒店的金牡丹中餐馆专门推出以茶为食材的特色料理，在茶香弥漫间带来餐饮新体验。丽星邮轮"处女星"号全面翻新后，特别开设茶吧和茶艺活动时段，由身穿中式服装的茶艺师向游客展示冲茶、泡茶艺术，成为新加坡第一家海上茶艺馆。一些有条件的酒店甚至与茶行合作，配制专属品牌的高品质茶叶，如富丽敦酒店的"Fullerton Express Tea"和洲际酒店的"满福苑五行茶"。一些银行和大型企业也经常配合特定主题定制专属茶叶。[①]随着时代发展和生活水平提高，新加坡人茶饮品味不断提升，逐渐培养出更高层次的茶文化。

#### 2. 下午茶

受殖民时期英国统治者影响，新加坡人也有喝下午茶的习俗，不过新加坡式下午茶与英式下午茶有明显区别。在英国喝下午茶是以茶为主，佐以一些曲奇饼

---

① 《餐饮业与消费者对品茶比以前讲究》，联合早报网，2013年6月30日。http://www.zaobao.com/consumer/food/story20130630-222277

干和小三明治。而新加坡人喝下午茶更多注重的是"吃"而不是"喝"，对茶品的好坏不太在意。许多观光饭店的下午茶，甚至有些五星级酒店的下午茶，也只是用茶包泡的大壶茶来待客。但配茶的吃食却很丰富，从传统的西式糕点、三明治到披萨、炸鸡，从印度式煎蛋饼到中国广式点心，应有尽有，花样繁多，这也体现了新加坡特有的多元文化演变。

3. 拉茶

新加坡的印度人或马来人摊位所贩卖的奶茶因其独特的泡茶技艺而得名"拉茶"（Streched Tea），也称"长茶"。泡茶师傅把冲泡好的红茶与牛奶或炼乳[1]倒进一个罐子里，然后一只手拿着盛满奶茶的罐子，隔空倒进另一只手拿着的大空杯子里，两只手间的距离约有一米，如此来回7次。技术娴熟的师傅两手翻飞，空气中弥漫着奶茶的香气，茶水却没有丝毫外溢，令人赞叹不已。茶客一边捧着盛满拉茶的大杯子品茶，一边欣赏茶艺师精彩的拉茶表演，得到视觉味觉嗅觉的多重享受。[2]拉茶的饮法多样：热的、冷的、加炼乳或者不加炼乳、加糖或者不加糖等等。新加坡的星巴克和香啡缤等著名咖啡店也供应拉茶，足见其受欢迎程度之广。新加坡每年还组织拉茶比赛，各地供应拉茶的商家汇聚一堂，观看最佳拉茶师的竞赛表演。

**（四）热带特色养生菜肴**

地处热带湿热环境的新加坡，除注重以饮消暑外，同样注重以食养生，在各族传统饮食基础上，结合本地气候条件发展出肉骨茶、辣椒螃蟹等具有祛暑保健功能的特色菜肴。

新加坡著名药膳"肉骨茶"（Bak-Kut-The）的历史最早可追溯到19世纪，据说由中国华南闽粤劳工下南洋时带入。这些华人劳工因为知识水平不高，只能以劳力换取薪酬，比如当三轮车夫、在码头做苦力或采挖锡米等。为了维持高强度的体力劳作和抵御湿热气候所带来的病痛，他们把闽南及潮汕一带的中药茶饮加以改良，使用当地出产的胡椒加上当归、川芎、肉桂、甘草等常见药材配成茶包，每天凌晨与猪肉猪排一起炖煮，配上白米饭或油条，来补充体力以应对一天繁重劳动。在吃完米饭肉汤之后，习惯喝一盅潮州功夫茶以解暑并去除油腻，后来就慢慢演变为肉骨汤、米饭和功夫茶同时享用的肉骨茶。

---

① 新加坡人喜欢在长茶中加入本土的名牌产品康乃馨牌炼乳。
② 《浅谈新加坡的饮茶文化》，中国普洱茶网，2011年3月27日。http://www.puercn.com/puerchawh/puerchamw/1409.html

肉骨茶起初只是草根平民的饮食，在新加坡的大排档和小菜馆里流行。随着时代发展，人们对肉骨茶祛湿、补气、旺血的中药功效有了进一步认识，于是肉骨茶开始受到各阶层人民喜爱，肉骨茶汤中的药材配料也不断得以丰富。到20世纪70年代，肉骨茶已成为各住宅区小贩中心和各档餐馆的必备菜品，在卫生方面也制定了专业的标准。如今，肉骨茶已成为新加坡饮食文化的标志性菜肴，是品尝新加坡特色早餐或夜宵的首选。超市里的肉骨茶方便面和肉骨茶汤包，也是游客必购的新加坡特产纪念品。

根据配料的不同，新加坡肉骨茶又分为福建式肉骨茶和潮州式肉骨茶。喜欢咸香口味的福建人用大量药材加上老抽酱油熬制肉骨，因而福建式肉骨茶汤色较深，药香扑鼻。而潮州式肉骨茶汤色清而味鲜美，加入了胡椒祛湿提鲜，更合新加坡人的口味。肉骨茶可与米饭或面包搭配享用，也常常加入油条搭配，还可根据不同的口味蘸食蒜蓉、树椒油和辣椒丝等调料。肉骨茶配茶的学问也很多，首先茶叶要讲究，通常搭配福建产的乌龙茶，如水仙、铁观音等知名品种；其次茶具要讲究，常用精巧的陶瓷茶壶和小盅饮茶；再次过程要讲究，要用新鲜烧开的水，而且头遍冲水要倒掉，称为"洗茶"，第二遍冲的茶水才可饮用。

新加坡最有名的肉骨茶饭店，当数潮州人黄锡海经营的黄亚细肉骨茶餐室，在餐室墙上可以看到马英九、李昌钰、任贤齐、林峰等政界和演艺界明星到此用餐的照片。其他值得推荐的还有松发肉骨茶、发起人肉骨茶餐馆和新兴瓦煲肉骨茶等。

辣椒螃蟹是新加坡另一道国宝级本土特色菜肴，其味道酸甜中带有辛辣，且保持蟹肉汁水鲜嫩，具有消暑排毒的功效，受到新加坡本地民众和各国游客追捧。辣椒螃蟹以斯里兰卡进口的硬壳蟹为原料，加以辣椒及其他香料翻炒后焖煮，最后打入鸡蛋和柠檬汁，调制出浓稠的橘红色酱汁，搭配白米饭或用面包蘸裹进食。此外，以黑胡椒炒或烤制螃蟹的做法，在新加坡也很受欢迎。

## 四、新加坡饮食的国际性

近年来，随着新加坡国际化程度不断加深，新加坡美食也开始走向世界，成为最能代表新加坡多元社会的文化符号。新加坡因其社会多元而汇集中、印、马来及世界各地美食元素，成为可遍尝各国风味的美食天堂，并不断吸引越来越多的国际饮食界精英来新发展。同时新加坡政府不断推出各类美食活动，积极向世界推荐多姿多彩又富有本土特色的新加坡饮食文化。

## （一）新加坡美食节

自1994年首次成功举办后，一年一度的新加坡美食节（Singapore Food Festival）便成为新加坡最具规模和影响力的美食盛会。美食节不仅吸引大量新加坡民众，来自世界各地的美食爱好者也齐聚狮城，品味新加坡多元、开放、包容又独具特色的饮食文化。2013年新加坡美食节曾创下354 000人参与的新纪录。[①]

新加坡美食节在每年的6、7月举办，也有提前到3、4月举办的先例，一般为时10天到1个月。参加美食节的餐饮企业会推出美食狂欢会、品尝会以及各种优惠和促销活动。国际知名大厨还会举办厨艺研习班和各种展示活动，加强烹饪艺术推广和交流。美食节的活动场所不仅局限于城内和历史文化区，在新加坡全国各地都会举办各种丰富多彩的小型美食活动。乌节路、滨海湾、牛车水、小印度等九大区域集中展示各系特色菜品，使当地居民和游客不必四处奔波，就能品尝到新加坡华人、马来人、印度人以及峇峇娘惹传统美食。在民族文化区的传统餐馆进餐，还可以体验到新加坡主要族群的美食传统是如何与新加坡不断发展的历史紧密相连的。新加坡美食节不仅是一次美食嘉年华，更是一场饮食文化的饕餮盛宴，吸引本地居民和海外游客零距离感受新加坡蓬勃发展的饮食文化。

## （二）世界名厨峰会

世界名厨峰会（World Gourmet Summit）由彼得克尼普控股私人有限公司（Peter Knipp Holdings Pte Ltd）主办，新加坡旅游局协办，通常在新加坡的高档酒店进行，比如东方君悦大酒店（Grand Hyatt）的"mezza9"餐厅、富丽敦酒店（Fullerton Hotel）的"The Lighthouse"餐厅和新加坡瑞吉酒店（St Regis Singapore）的"Brasserie Les Saveurs"餐厅等，名厨名店相得益彰，品味高雅不凡，被《悉尼先驱晨报》誉为"世界上六个最好的美食事件之一"。[②]

这项一年一度的世界顶级美食盛会通常为期10天，邀请世界大师级厨师和酿酒家专程飞赴新加坡，与本地各大酒店名厨精诚合作，呈献丰富多彩、令人赞叹的美食体验活动。世界各地美食爱好者不仅有机会品尝到梦想中的几乎所有世界美食精品，还可以与仰慕已久的名厨近距离互动，充分感受大师魅力。高端餐

---

① 《新加坡美食节》，新加坡旅游局官网。http://www.yoursingapore.com/content/traveller/zh/browse/whats-on/festivals-and-events/singapore-food-festival.html

② 世界名厨峰会官网。http://www.worldgourmetsummit.com/wgs2014/main.php

馆（如法式餐馆St. Pierre、意式餐馆Il lido和中式餐馆Jade）举办的系列名厨掌勺晚宴，美食家们可以品尝到国际知名烹饪艺术大师制作的世界级美食精品。而由米其林星级厨师主持的近距离和私人烹饪研讨会、讲习班或午餐会，美食爱好者们则有机会学习如何选用优质原料烹制诱人菜肴。美酒爱好者也不会失望。来自波尔多、勃艮第、托斯卡纳、宝物隆、西班牙和澳大利亚等美酒产地的葡萄酒生产商也应邀来到新加坡，举办垂直品酒会，把最珍贵的佳酿展示于众，并为名厨掌勺的特别晚宴提供专门的葡萄酒搭配。

### （三）美食之旅"猎食行"

"猎食行"（Makansutra Food Safari Tour）[①]是新加坡专门为游客设计的当地饮食文化专项体验项目，发起者司徒国辉（K.F Seetoh）为新加坡著名美食节目主持人，曾被《纽约时报》和美国有线电视新闻网誉为"美食指南行家"，所编辑的《美食面面观》（Makansutra）每年更新一次，专门推荐最好的亚洲美食、文化和生活方式。"猎食行"通常由司徒国辉带队并沿途讲解美食见闻，美食行程一般为三到四站，每站均是《美食面面观》通过中立公众投票方式评选出的人气最高的本土特色餐饮店铺，确保食客在最短的时间内能尝遍最地道最美味的新加坡本土小吃。2010年，"猎食行"被美国旅游点评网站ShermansTravel评选为"顶级十佳美食行"（Top 10 Culinary Tours）[②]。

# 第二节　服饰文化

新加坡是地处热带的国际化都市，新加坡人穿着强调清爽舒适又注重仪表仪容。随着现代化进程加速与民族融合加深，新加坡各族群日常衣着日趋同化，同时又保留各自民族服饰传统。兼具华人和马来人服饰特色的娘惹装，体现着新加坡服饰文化兼容并蓄的本土特色。

## 一、舒适体面的现代服饰

新加坡靠近赤道，属热带海洋性气候，常年湿热多雨，新加坡人日常衣着打

---

① 《久负盛名的路边摊》，新加坡旅游局官网。http://www.yoursingapore.com/content/traveller/zh/browse/dining/famous-food-trails.html

② "About Makansutra"，Makansutra官网。http://www.makansutra.com/about.aspx

扮首重清爽舒适。同时，新加坡又是一个曾经历百年殖民历史的国际化都市，西方文化对新加坡社会有着深刻影响，在正式场合和商务活动中，新加坡人常选择西服或者职业套装。虽然新加坡为多元宗教多元民族社会，但各民族传统服饰一般多在特殊节庆仪式或休闲时穿着，大部分马来人、印度人尤其是年轻人，服饰日益趋同于现代风格，很多马来年轻女性甚至不再使用头巾。①

舒适至上又注重仪表，是新加坡现代社会基本的衣着哲学。短袖衬衫、T恤、休闲裤、裙装和夹趾拖鞋是最受青睐的日常衣着；外套有时也派得上用场，比如在较冷的空调房里或是雨后乍凉的天气，但再厚些的衣服就无用武之地。尽管穿着以清爽舒适至上，但新加坡人对仪表仪容非常重视，在炎热的户外基本看不到赤膊的男人和衣着暴露的女子。不论年龄大小，大多衣冠整洁，面目清爽，干净利落，言谈举止温和有礼，展现出新加坡人良好的文明习惯和社会风尚。相对而言，新加坡对男性仪表的要求更加严格。20世纪70年代由于担心年轻人学习西方嬉皮士的颓废作风，时任总理李光耀要求公务员一律剪短发，并公开宣称政府歧视留长发的市民，②甚至一度禁止长发蓄须、穿牛仔服和拖鞋的男士入境。现在虽然不再明令反对男子蓄长发，但在一些公共场所以及工厂、企业的入口处，常竖有写着"长发男子不受欢迎"的标语牌。新加坡国内少数蓄长发的年轻人，往往被淹没在指责的目光中"寸步难行"，甚至在排队购物、付款等场合遭到冷遇。③

受百年英国殖民统治及现代化进程影响，新加坡人在正式场合及商务活动中习惯着西装。政府对职员的穿着要求较严格，在工作时间不准穿奇装异服。④在一些正式庆典和隆重场合，规定职员须穿着正式西装或民族礼服，女士穿套裙或长裙。学生日常着校服，男生一般穿衬衫西裤，女生多穿套裙，颜色搭配活泼动感，有些民族学校的校服还保留着本族的传统特色。此外，各行业也有自己的职业装。如商店有店服，工厂有厂服。男律师出庭时穿长袖衫和黑长裤，女律师穿白长衫和黑裙子。

---

① 但敏：《新加坡人这样过生活》，北京：旅游教育出版社，2011年5月第1版，第61页。

② 《李光耀：政府若不介入人民私生活 新加坡不会有今天》，《环球人物周刊》，凤凰网卫视，2011年6月13日。http://phtv.ifeng.com/program/hqrwzk/detail_2011_06/13/6975063_0.shtml?_from_ralated

③ 梁亮：《新加坡：让文化公共化、主体化》，人民网转载自《学习时报》，2010年11月1日。http://theory.people.com.cn/GB/13098059.html

④ 孔庆山：《新加坡社会文化与投资环境》，广州：世界图书出版公司，2012年11月第1版，第108页。

## 二、特色鲜明的民族服饰

不同于马来西亚等对衣着打扮有严格要求的穆斯林主体国家，新加坡社会的服饰文化氛围相对开放、自由。不戴头巾、穿着时尚的年轻马来女孩在新加坡街头随处可见，而在工作场合，不同宗教和族群在服饰上没有很大差异。这种服饰上的趋同在某种程度上反映了新加坡社会的现代化与国际化进程以及各族群文化间的交融。不过传统并未被丢弃，新加坡街头各具特色的民族服饰依然凸显着新加坡社会文化的多元属性。

马来族群信奉伊斯兰教，遵循穆斯林的服饰禁忌，服装保守，几乎遮住全身，特点为宽、松、大。最著名的是男女都穿的"纱笼"（Sarong），实际上就是一幅长三四米、宽1.5～2米的布，有的把两端缝在一起，有的则干脆不缝。纱笼的穿法很多，可围在腰间当半身裙，也可披在全身做长裙，充分考验穿着者的创造力、想象力和审美眼光。男装纱笼分为长短两种款式。长款纱笼又称为"卡因"，单色不带花纹，多为棉布、丝绸、亚麻、化纤等材质，宽松舒适，搭配称为"巴汝"（Baju）的上衣，为马来男子平时穿着。短款纱笼称为"宋阁"（Songket），多为格子图案，长及膝盖，用金线或银线手工织就，华丽贵重，一般作为礼服穿着，平时极少穿戴，有的往往只在举行婚礼的时候租用一套宋阁。[①] 在一般性社交场合，马来男士常穿一种称为"巴迪衫"的蜡染花布长袖衬衫，质地薄爽，下面配一条长裤，既美观又实用。而在重要庆典、节日聚会、婚礼仪式等隆重场合，马来男子会穿上最正式的全套传统礼服：头戴称为"宋谷"（Songkok）的圆形无檐帽，上着无领长袖、宽松及臀的马来上衣，腰系宋阁短纱笼，下穿与上衣配套的阔腿长裤，脚穿皮鞋。

一身"巴汝古龙"（Baju kurung）加上一条单色薄纱头巾（又称盖头），是无论什么场合都最为妥当的传统马来女装搭配。"巴汝古龙"又译为"锢笼装"，这个名称恰如其分地体现出该服装的特点——上衣为一件长到膝盖甚至小腿的长袖无领套头长袍，没有腰身剪裁，反而从肩部开始更加宽大；下穿一条垂到脚面的长裙，腰侧留出四到五条褶皱，以方便走路也不易裹腿显出腿型。为了防止行动时露出小腿，更保守的女性还会在裙子里再穿一条衬裤。而年轻一代的马来女性越来越敢于打破传统的禁锢，服装也由宽松肥大的套头式锢笼装改良为略显身段的

---

① 康敏：《马来人的服饰》，载《东南亚研究》，2006年第2期。

对襟式"哥芭雅"(Kebaya)，散发出青春活力与时代气息。而无论是铜笼装还是哥芭雅，一条能把满头秀发一丝不苟全部包裹起来的单色头巾是必不可少的。由于传统服饰宽松肥大，遮手绊脚不方便工作，所以马来人只有在探亲访友、上清真寺或传统节日时才穿纱笼，平日上班工作还是穿着西装或休闲服。

图3-4　人体彩绘

印度人在衣着方面保留着更为鲜明的民族特色，除在工作场合身着现代服装外，在家中、休闲或参加社会活动时，多喜欢穿着印度传统服装。男人通常是一袭白袍配长裤，有时扎一根白腰带；女人则喜欢穿颜色鲜艳的"纱丽"(Sari)，搭配黑色的头巾，显得美丽又端庄。纱丽一般长约5.5米、宽约1米，款式多样，色彩缤纷。穿之前先贴身套一件露脐短上衣和一条内裙，然后把纱丽从下往上穿着，最后斜披过一边肩膀垂在身后，走起路来摇曳生姿。商店的纱丽一般是不让试穿的，可在购买时索取穿戴说明书。印度人还喜欢在身上涂些彩绘，颜料采用天然药草制作的散沫花(Henna)染剂。信奉印度教的妇女会在结婚当天由丈夫用朱砂粉在妻子额头按上一个圆点，称为"吉祥痣"，表示祈神保佑这个妇女和她丈夫。点吉祥痣不仅为了美观，而且有其寓意：一是表示已婚；二是表示丈夫健在；三是表示神佑家庭平安吉祥。因此除寡妇之外，丈夫健在的印度妇女每天都点吉祥痣。而未婚女性可在额头眉间点个黑色的圆点。据说是因为年轻女性若受到太多的赞美，会引来妒恨招致霉祸，而点了黑点后便可逢凶化吉。不过，随着时代的变迁，年轻一代的印度女性不再墨守成规，开始根据身上的服装颜色来搭配不同颜色的吉祥痣。此外，印度人酷爱金饰，女性尤其喜爱金手镯，常常成打地戴在胳膊上。印度族群聚集的"小印度"还有一些卖花饰的摊位，印度男士常常会在下班途中买些花饰回家送给妻子。妻子头上的花饰越多，臂上所佩戴的金手镯越多，代表着丈夫对妻子的情意越深。[①]

## 三、别具一格的娘惹服饰

新加坡华人主要由海峡华人（俗称峇峇娘惹，男性称峇峇，女性称娘惹）和

_____

① 《新加坡印度族的传统女性》，光明网，2000年3月22日。http://www.gmw.cn/01ds/2000-03/22/GB/2000%5E292%5E0%5EDS2315.htm

中国华南闽粤移民两大类组成。海峡华人是南洋华人移民先驱，与19世纪后移民高潮中迁来的中国南部移民有较大差异。他们主要接受英文教育，在18、19世纪时大多充当洋行、银行和贸易行的买办。在与欧洲商人和殖民政府官员的交往中，峇峇的着装逐渐西化。既穿对襟立领疙瘩祥的华服或者长衫马褂，着中式裤，戴小圆帽，留长辫，同时又在一定的场合和时机西服革履，剪掉辫发的时间也比中国略早。而中国华人移民的服饰在早期大多保留中国传统风格，有地位的男人穿着对襟长袍，做苦力的穷人则穿着方便干活的土布短裤或者干脆打赤膊，妇女偏爱穿旗袍。但后来随新加坡社会经济飞速发展，这部分移民服饰趋于现代化和实用化，传统服饰元素淡化。而峇峇娘惹家族多为富商或权贵，偏好精美服饰和珠宝，其服饰文化在保留华人和马来人传统特色的同时，融合西式元素，反映海峡华人在新加坡社会地位的历史变迁。

全套娘惹传统服饰包括哥芭雅上衣、马来风格印染纱笼、洛可可风格绣花镶珠拖鞋（Kasot manek）及中国传统吉祥图案金银胸针等饰物，充分展现其融合多民族服饰文化的特点。其中，哥芭雅吸收马来、华服、西方现代服装元素，在马来传统服装的基础上，运用中国传统的手绣和镂空法，加以西洋风格的衬肩和低胸设计，再以从西印度群岛传来的蕾丝花边缀饰在长衫上，摒弃马来服饰的宽肥，合体剪裁，凸显娘惹们的曼妙身段。娘惹服装的颜色既有中国传统的大红大紫，又有马来民族的吉祥色土耳其绿，花样多为中国传统的花鸟鱼虫和龙凤呈祥等寓意美好的图案，显得华贵大气。

娘惹的身上离不开首饰，项链上镶着珠宝，耳坠垂在耳边，胸前的扣牌用金银围裹珍珠宝石，花纹首选华人的凤凰、牡丹和喜气八仙等传统吉祥图案，工艺精致。

珠子缝缀的拖鞋是娘惹服饰文化中的一朵奇葩。娘惹女孩自小便学习刺绣、串珠等手工艺，平日利用余暇制作枕头套、床罩、珠鞋等物品，结婚时就将这些制成品作为嫁妆。其中饰珠鞋以细如发丝的针线把微如米粒的彩色小珠在鞋面上绣成图案，往往要用上千粒珠子，花两三个月的时间完成，需要极好的女红和耐心。娘惹新娘通常会多准备几双饰珠鞋，在婚礼当天送给公婆及新郎当作礼物，也成为夫家品鉴新妇女红水平的明证。婚礼过后，精致美丽的饰珠鞋就成为已婚娘惹的日常便鞋。

值得一提的是，新加坡航空公司空姐身上穿的制服就是娘惹女装，脚上穿的是娘惹女孩做的嵌珠拖鞋。新加坡人已经把娘惹服装视为本国的传统服装，旅游形象大使著名歌星孙燕姿也曾在电视节目中穿着娘惹服做过专题介绍。娘惹服装源自马来人与华人的文化交融，体现新加坡对多元族群多元文化的包容，并展现新加坡服饰文化兼容并蓄的典型特色。

# 第三节　民居文化

从殖民时期的莱佛士店屋到独立建国后的政府组屋，新加坡民居形态的演变不仅体现着时代的变迁与新加坡人居住理念的改弦易张，更是从殖民时期当局分而治之政策下的族群分区而居，到独立后新政府推行民族融合下的族群比邻而居的时代缩影。建国以来，新加坡政府通过施行组屋政策已基本实现全社会"居者有其屋"，同时加强对传统民居及社区的保护与开发，使其成为新加坡观光旅游日趋凸显的商业资源。

## 一、分区而居与莱佛士店屋

英殖民时期新加坡民居形态主要呈现两个特点。一是英殖民者分而治之政策形成各族群分区而居格局。二是商住结合的莱佛士店屋（Shophouse Rafflesia）是这一时期新加坡民居的主要形式。

### （一）分而治之与分区而居

英国在占据新加坡后，为便于管理及防范各族群联合起来对其殖民统治进行反抗，主要施行分而治之的策略，命令各族群移民按种族划分分区居住。具体规划上，除将所有具有商业价值的土地保留和分配作商业用途外，划设福康宁山及其周围核心地段为欧洲人社区，而南北两侧则作为亚洲各族群社区，所有社区由一个贯通南北的道路系统连通。按照这一思路，1822年殖民政府城市建设委员会具体划分不同族群的聚居区域：欧洲区位于福康宁山东面今美芝路一带；阿拉伯人区分布于苏丹王宫西北部，与欧洲人为邻；华人区位于新加坡河的西南部，介于直落亚逸与珍珠山间，即今牛车水一带；马来人大量集中于新加坡东部的吉兰士乃和莱士路地区；印度人则大量集中于今天的实龙岗路地区。

此外，英殖民当局还对占移民人口绝大多数的华人社群进行进一步的居住划分。莱佛士在发给市区重建委员会关于华人甘榜[①]的指示中特别指出，"要把华人

---

① 甘榜是马来文Kampong的音译，意为"村庄"。

的甘榜建立在适当的基础上，就必须注意到这个特殊族群的地缘性和其他特性，某一个省份的人比别一省的人较常争吵，而不同省份的人之间，又经常发生不断的争执和争吵"。按照他的建议，华人区又根据不同的方言群依次划分为较小的居住地。例如，福建人被分配到直落亚逸与厦门街，潮州人被安置在靠近新加坡河畔，而广府人则奉令住在牛车水一带。①

英殖民当局的分而治之，致使新加坡社会高度分化、缺乏融合，各族群界限分明、分区而居。1853年5月作为俄国"巴拉达曼"号战舰随航秘书到访新加坡的俄国作家冈察洛夫，曾如此描述当地多元民族社会风貌："全岛欧洲人共400名，中国人4万，印度人、马来人和其他亚洲部族近2万"，"华人住宅区较为富裕，有成排的两层楼房，底层开设店铺或作坊，上层住人，并且装有百叶窗。""马来人的住房一律用竹竿搭成，覆以椰叶，是一种四面透风的笼子……房下立有防潮和防虫的支柱。""印度人住的是土房。""欧洲人则住在沿海滨大道的精致漂亮的寓所里，那儿还有西方风格豪华的旅馆，馆内设备齐全，在餐厅内可以自由饮用葡萄酒和淡色啤酒。②这种各族群分区而居的形态和种族隔离格局，一直延续整个殖民时期，并影响到今天新加坡社会文化的各个层面。

### （二）莱佛士店屋

被称为莱佛士店屋的建筑形式是殖民时期新加坡城市及华人区最主要的居住形态，这种商住两用新型城市建筑的兴起源于殖民当局的规划及推行。1822年，在莱佛士建议下，殖民政府城市建筑委员会出台"市区发展规划"，除将新加坡划分为欧洲人、华人、马来人等种族分区，还明确规定新加坡市区及华人区街道两侧建筑必须为形式统一的骑楼式建筑，"所有用砖、砌块建造的建筑都应套用统一的立面形式，有类似的进深，并在各面有开放空间，以形成街道两侧的开敞通道。"③这种借鉴中国闽粤一带商住建筑形式"竹筒屋"而衍生形成的新型骑楼建筑就是"莱佛士店屋"。莱佛士店屋不仅能较好适应新加坡湿热气候以及商住结合的生活方式，且节约土地，易于聚集形成商业街区。至1847年，在新加坡南城和新加坡河沿岸，已基本形成由统一规格店屋所组成的街区。

莱佛士店屋是中国式平面与西洋折中主义式立面相结合的建筑形式，并充分

---

① 夏玉清：《试论新加坡组屋政策与国家认同》，载《河南师范大学学报（哲学社会科学版）》，2011年7月第38卷第4期。

② 贺圣达：《东南亚文化发展史》，昆明：云南人民出版社，2011年1月第2版，第355页。

③ ［新加坡］乔恩·林：《新加坡的殖民地建筑（1819—1965）》，张利译，载《世界建筑》，2000年01期，第70页。

考虑新加坡炎热多雨气候条件要求。其最大特点是迎街立面面宽固定，宽度5～6米，进深15～20米，由前屋后屋及之间的天井组成，部分带后院，以沿街巷密接联排的群体组合方式呈现；楼高不超过3层，一楼作店铺使用，二三楼为民居，以立柱形成5英尺阔名为"五脚基"的柱廊"骑"于人行道之上，利于行人遮风避雨及商铺展示商品，并可为居民提供休闲、交流的廊道空间。这种店屋如果纯作民宅用，也称作"排屋"（Terrace House）。华人居住的排屋在步入进口玄关后的第一个房间一般是招待室，大多安装枝形吊灯或奢华的中式家具以彰显财力，再往里走依次是祭祀祖先的房间、起居室、采光用的的中庭以及后厨。①

　　莱佛士店屋虽然在迎街立面宽度、楼高以及底层柱廊宽度均有法制化规定，但在具体建筑风格尤其是立面装饰上却因新加坡多元社会文化环境制约而呈现多样风貌。中国传统式店屋多用坡屋顶并覆盖中国式的瓦，柱子呈中国南方民宅风格，立面线条与窗套装饰少，山墙处起翘，保留有"封火墙"的痕迹；荷兰式立面店屋也多为坡屋顶，装饰简朴，最大的特征为每层窗户均有挑檐或雨棚遮蔽；文艺复兴式立面店屋的女儿墙较为平直，是一道贯通整个立面的矮栏杆或矮墙，有窗套，窗楣为圆弧形或方形。②

　　在城市商业区及华人街区外，部分家境殷实的新加坡华商喜欢自建别墅和家庭花园居住。其中最有名气的是华侨领袖胡璇泽的南生花园③，占地70亩，修有亭榭、小桥、荷池、假山、曲径、花圃、果林等，并饲养各种珍禽异兽，慕名前来参观的中外游客络绎不绝，成为当时新加坡著名名胜风景。许多富有的海峡华人还喜欢在丹戎加东及丹戎禺海滨一带购置富丽堂皇的海边别墅。④海峡华人居住的别墅不仅建筑风格包容并蓄，家中陈设也是中西合璧。既有西式的起居室和饭厅，又有安放祖先牌位或是神佛像的条案；既有镶嵌欧洲彩色瓷砖的墙壁，又有螺甸镶嵌的楠木明式家具。

　　移民至新加坡的马来族群因更多从事种植业及渔业，过着相对传统的农渔生活，故多居于市区外马来屋内。马来屋为马来人传统住宅的统称，多为底层架空、

①　［日］大宝石株式会社：《新加坡（走遍全球系列）》，柯伟、傅巍然译，北京：中国旅游出版社，2012年9月第1版，第134页。

②　丘连峰等：《建筑创作的文化擦痕——多元文化环境下的新加坡、马来西亚建筑》，载《广西城镇建设》，2006年第6期。

③　南生花园（Whampoa Garden）的主人是著名侨领"黄埔先生"胡璇泽（乳名胡亚基 Hoo Ah Kay，字南生，1816—1888年），后来卖给另一侨领佘连城（Seah Liang Seah 1850—1925年），改称明丽园（Bendemeer House）。可惜佘连城去世后，花园无人打理而至荒芜，最后竟被夷为平地，一代名园从此消失。

④　胡亚丽：《近代新加坡华人社会生活变迁——以1887—1932年〈叻报〉广告内容为中心》，载《江西社会科学》，2013年第6期。

重檐大屋顶结构，以应对新加坡常年炎热多雨气候条件。高架结构可以增加通风，使室内温度降低，同时减小湿度。重檐大屋顶有利于雨水很快顺陡峭的屋顶流走，有利于遮蔽进屋的阳光，使室内有比较舒适的反射型采光。

## 二、比邻而居与政府组屋

独立建国后，新加坡政府为解决国民住房问题并消除殖民时期各族群分区而居带来的民族关系负面影响，施行按照民族比例居住的"居者有其屋"组屋政策，打破各族长期分区而居界限，实现族群混合居住，以强化民族融合，塑造国家认同。据2000年人口普查显示，居住在政府公共组屋的新加坡家庭已达到88%。[①]政府组屋成为现代新加坡人最基本的民居形态。

### （一）组屋政策与比邻而居

英国殖民统治分而治之，使新加坡形成了各族群分区而居，如华人的牛车水、马来人的芽龙、印度人的小印度，族群间界限分明，互动与融合处于赤贫。战后华人与马来人族群对立与冲突加剧，在一定程度上导致新加坡脱离马来西亚而独立。建国后新加坡面对分化严重、缺乏融合的社会，认识到族群分区而居以及由此带来的诸多民族关系负面影响，还将继续干扰和制约国家未来的稳定和发展。如何防范族群冲突、建构国家认同、合力发展经济，就成为新加坡政府亟待解决的问题。时任总理李光耀希望通过"居者有其屋"的政策把个人与国家、而不是族群紧密联系在一起。他认识到："如果国民服役人员的家庭没有自己的住房的话，他们会认为，他们所捍卫的是有钱人的财产，我深信拥有的感觉至关重要，因为我们的新社会没有奠基深厚和共同的历史基础。"[②]他认为，通过解决公民的住房问题能使国民对政府产生永久的感恩之情，如果人人都拥有自己的住房，他们就会觉得自己是国家的主人并把捍卫国家当作自己的责任，从而形成对新加坡国家的认同并增强国家的凝聚力。因此，新加坡政府出台一系列政府组屋政策及相关管理制度，一方面以极其优惠的价格出售组屋，使贫穷的家庭也能拥有自己的房屋；另一方面以近乎严苛的各种规定，打破族群分区而居模式，实现族群按民族比例比邻而居，以消除种族壁垒，为族群融合创造互动的空间，努力塑造各

---

① 李志东：《新加坡国家认同研究（1965—2000）》，北京：中国人民大学出版社，2014年1月第1版，第86页。

② ［新加坡］李光耀：《经济腾飞路——李光耀回忆录（1965—2000）》，北京：外文出版社，2001年9月第1版，第103页。

族群对新加坡的国家认同。

1960年新加坡政府按照《住宅发展法》成立建屋发展局（Housing and Development Board，简称HDB），负责拆除村落和贫民窟，并大规模建造政府组屋，以宽松的贷款政策和优惠的价格出售给家庭。这一计划获得极大成功，既避免政府承受巨大财政负担，也基本实现新加坡国民"居者有其屋"。今天，80%以上[①]的新加坡人住在政府组屋中，新加坡也由此成为世界上屈指可数的成功解决住房问题、消灭贫民窟的城市。新加坡推行组屋政策所取得的另一重大成果，就是打破作为殖民统治遗产的族群分区而居模式。从1989年3月起，政府实施更为严格的组屋区民族按比例居住政策，规定在每一社区中，华族人口比例不得超过84%，在每幢组屋公寓中不得超过87%；马来人的上述比例不得超过22%和25%；而印度人和其他族群则不得超过10%和13%。这一政策旨在打破民族界限与传统社区封闭性，让各族群比邻而居，增加彼此了解，从而塑造国家认同感。[②]新加坡推行"居者有其屋"和按民族比例分配政策，不仅促成住房问题的解决以及族群之间的和谐共生，也为新加坡快速发展成为一个经济繁荣的现代城市国家奠定坚实基础。

## （二）政府组屋

建屋发展局在1964年正式启动"居者有其屋"计划后，从1960年到2010年共完成15个"建屋发展五年计划"。在建屋计划早期阶段，政府所建组屋多为暂时缓解住房紧张的应急型、标准型组屋，面积较小，以1、2居室住宅为主。为降低成本，一般不采用电梯，大多采取外廊式。居住区的配套设施如学校、店铺等，由有关教育、商业部门投资兴建，不计入组屋建造成本。

20世纪80年代以后，政府基本停建1、2居室住宅，并对此类住宅进行改装或拆除。从1987年开始，政府停建长外廊住宅和3居室套房。1992年8月，国家发展部宣布，未来政府将拨出更多土地，用于建设中、低密度住宅区，包括共管式公寓、独立式洋房等高品位私人住宅，以便更好满足国民居住需要。在面积上组屋也呈日益扩大趋势，以3房（2室1厅）组屋为例，1960年的应急型面积为50

---

① 自1985年以后，居住在政府组屋中的新加坡人口比例均超过80%，其中最高为1990年的87%，2005年、2013年统计数据均为83%。参见任思权：《不只是住房——新加坡组屋政策的国家战略解读》，暨南大学硕士学位论文，2013年，第15页。

② 李志东：《新加坡国家认同研究（1965—2000）》，北京：中国人民大学出版社，2014年1月第1版，第87页。

平方米，标准型为55平方米；1967年建造的改进型为60平方米；1974年的新3房式为69平方米；1979年的3房式A型为75平方米。为提升早期组屋居住质量，从1992年起，政府还启动"组屋翻新计划"，计划在10～20年内投入100亿～200亿新元，对20世纪60、70年代兴建的组屋进行翻新建设。

在加速建设组屋的同时，政府注重组屋区配套生活设施保障。一些大型组屋区周边不仅设有学校、银行、超市、饭店、体育场、电影院、托儿所、图书馆、停车场、教堂、寺庙等，部分还设有服务性的工厂、企业，以方便区内住户尤其是妇女就业，并加强组屋区环境绿化。比如一个占地600公顷、有4万套组屋的新镇，建屋发展局规定各种设施的用地比例为：居住用地45%，道路用地14.7%，学校用地10.5%，工业用地9.2%，商用用地9%，空间用地4.7%，公用事业用地3.3%，公共机构用地2.1%，综合运动设施用地1.5%。此外，建屋发展局还在每幢组屋楼开设办事处，派专人负责管理、维修、园艺和环境卫生工作。

随着新加坡组屋建设不断推进，现在的新加坡到处是组屋住宅小区，甚至连原本住在周围小岛的马来渔民也开始住进政府组屋楼房。一项民意调查表明，93%的居民对国家组屋政策深表满意；91%的人住进组屋后感到各方面很方便；88%的居民觉得生活在邻居中有安全感；76%的居民说住进组屋后已认识新邻居，交上新朋友。但也有部分居民认为组屋政策破坏了传统的村落共同体，导致精神压力增大，邻居意识淡薄，居民的疏离感甚至比传统社会更为严重。[1]

## 三、民居古迹活化工程

新加坡政府为保存古迹建筑及推动观光产业，近年来致力于推行"活化"古迹建设工作，并将古迹活化与商业开发相结合。活化古迹的方式多种多样，因地制宜，不拘陈规。有的将传统店屋住宅修复翻新，在保持传统基本架构不变的前提下，建成独具特色的新潮购物商圈，例如牛车水、克拉码头、小印度等地；或是将古老的英国殖民时期军营改造为时尚娱乐场所，比如夜店及餐厅酒吧林立的东陵村（Tanglin Village）等；还有的对传统店屋重新进行内部装潢，将其改造成为精品旅馆，如中国城的两家精品旅馆"The Scarlet"和"1929"，前身是建成于

---

[1] 鲁虎：《新加坡》，北京：社会科学文献出版社，2004年2月第1版，第204～211页。

1924年和1929年的老店屋。虽然这些活化古迹的方式，在翻修过程及日后维护中，都比一般建筑耗费更多成本，但却能够成功地维持古迹的风貌，营造出仿古建筑无法模仿的真正复古氛围。[①]

设立于1974年4月1日的新加坡市区重建局[②]，其主要任务就是负责保留历史街区建筑，并做到与城市发展的同步和协调。在其主导下，新加坡90多个保留区中7 000多栋旧建筑得以保留，并成为城市历史的一部分。[③]在牛车水，你可以看到古老的店屋建筑，一般二到三层高，楼下开店，廊下走人，而楼上大多改造成公司办公室，并加装电梯、空调等现代设施。藏身小巷的中式店屋，其窗架和屋檐却蕴含欧式风格，仿佛隐藏着无数的过往岁月。漫步新加坡河畔克拉码头，一排排红色瓦顶的古建筑错落有致，部分地段还加了顶盖，让人很难猜出这里曾是米仓。古迹活化工程，让历史的回忆、现代的气息相交织，构筑起温馨优美的城市新景观。

## 四、传统民居社区概览

东西方文化的汇融碰撞、历史与现代的时光交错，是新加坡各族群传统社区最具魅力之处。这些古老社区曾一度面临被拆除境遇，近年因其重要历史和文化意义以及作为旅游资源日趋凸显的商业价值而倍受新加坡社会重视与保护。而雨后春笋般冒出的众多主题书店、手工市场和特色咖啡店等，则为这些传统社区带来新鲜的时尚元素。

### 中峇鲁区：劫后重生的世外桃源

中峇鲁（Tiong Bahru）是英殖民政府1936年在新加坡兴建的首个公共住宅区，螺旋形楼梯是其鲜明的建筑特色。经历战火的中峇鲁最终得以完整保存，并于2003年被列为保留区。这里有古老的咖啡店、数十年不变的杂货店和当铺、伤痕累累的防空壕，以及著名中国作家郁达夫在担任《星洲日报》副刊编辑时曾经住过的房子。中峇鲁一带都是蜿蜒的小路，转一个弯就是一道风景。道路曲曲弯弯，行人悠悠闲闲，身居闹市区，却无车马喧嚣。独特的建筑风格和恬静的生活态度

---

① 但敏:《新加坡人这样过生活》，北京：旅游教育出版社，2011年5月第1版，第96页。

② 市区重建局（Urban Redevelopment Authority，简称：URA）为新加坡政府负责市区重建的机构，隶属于国家发展部之下。官网地址：http://www.ura.gov.sg。

③ 李慧君:《佛山旧区改造向新加坡学什么》，载《南方日报》，2011年4月28日。

使这里的空气仿佛都清凉起来。近年新开设的咖啡店、书店和酒吧为静谧的中峇鲁带来一丝喧闹，而众多创意小店和精品店的到来更是让这里成为新加坡最时尚的地方。

### 甘榜格南：充满矛盾的阿拉伯街

甘榜格南（Kampong Glam）以生长在沼泽地周围的树木命名，习惯上被称为阿拉伯街。过去是马来族皇室的活动中心，新加坡最大的清真寺就位于这里。今天，昔日苏丹的宫殿已被改造成一个文化遗产博物馆，展示新加坡马来族群的丰富历史。遍布甘榜格南大街的咖啡吧、酒吧和特色小店，吸引着游客前来，感受传统文化和现代观念的激烈碰撞。Nearby Maison Ikkouku 是一家三层的特色小店，一楼可以喝咖啡，二楼销售服装，三楼是鸡尾酒吧。在现代咖啡吧欣赏流行音乐，在精品店令人眼花缭乱的货架前流连忘返，现代的生活方式和传统的民族风情相互矛盾，却又显得格外迷人。

### 小印度：物美价廉的香辣之都

小印度是新加坡印度族群的聚集地，仿佛是印度的缩影，所以被称为"小印度"。这里堪称新加坡最具活力与正宗文化韵味的地区之一，可以体验到地道的印度文化。许多古老商店和小摊散布于路边、小巷和后街，算命先生和他的鹦鹉正等待有缘人的光临；卖花姑娘将茉莉花编织成一个个美丽的花环；贩卖烤坚果（kachang puteh）的小贩们推着手推车；街边的报纸摊上摆满各式报纸；各种印度精油沁入心脾，吸引游客闻香而至。维拉玛卡里雅曼印度庙（Sri Veeramakaliamman Temple）专门供奉卡里（Kali）女神，笼罩着印度教一贯的神秘色彩。位于实笼岗路和塞阿威路（Syed Alwi Road）拐角处的 24 小时购物商场慕达发中心（Mustafa Centre）是印度人的百货宝库，各种家庭摆设、装饰用品、食品作料、印度香料、服装布匹、电子产品等应有尽有。到了这片印度文化领地，一定要体验一下热辣美味的印度菜才算圆满。在竹脚市场和美食中心（Tekka Market and Food Centre）有着最地道最美味的印度小吃，会让慕名而来的食客满意而归。

### 牛车水：没有载水牛车的华人文化地标

牛车水里早已没有吱呀作响的运水的牛车，紧密排列的店屋、香火不绝的庙宇和挂着中文招牌的店铺，被视为新加坡华人文化的形象标识。这里有着全国最宽广的文化胸怀，是华裔会馆、清真寺、印度寺庙和佛牙寺的共存地。这里也从来不缺少富有商业头脑的人，从秘密鸡尾酒会所到手绘鞋，各种有趣的店铺应有尽有。在The Vault酒吧每两月举办一次的艺术家市场，能淘到很多手工工艺品、皮革制品和手绘的鞋子。经过改造的牛车水已成为新加坡知名的商业区和观光区，眼前的富庶与繁华，使人逐渐遗忘当年华工下南洋的无奈和挣扎，只有旧日南洋风格的老店屋静静矗立街头巷尾，作为一个时代的见证，无声讲述着新加坡近两百年的奋斗发展历程。

# 第四章　民间信仰

民间信仰是一个笼统的概念，泛指流传于民间的信仰心理和与这种心理伴随发生的信仰行为以及各种相关仪式和活动。将民间信仰单独作为一个概念，是与佛教、基督教、伊斯兰教等制度型官方宗教信仰相对应而言。民间信仰不具备制度型宗教的严格教义教规、固定团体组织和正式教职人员，是民间自发地对超自然力的信奉和崇拜，包括祖先崇拜、神灵信仰、巫术兆卜以及各类禁忌等。在新加坡各族群中，马来和印度族群主要信奉伊斯兰教、印度教等制度型宗教，华人社会信仰糅杂且界限不明，除佛教、道教、基督教等宗教信仰外，还存在数目庞大的神灵崇拜、祭祀礼俗等民间信仰。

## 第一节　祖先崇拜

所谓祖先崇拜就是相信祖先的灵魂不灭并且成为超自然的一部分而加以崇拜。[①]新加坡各族群中以深受儒家思想熏陶的华人最重拜祖祭祖，其他族群较少崇拜先人。华人祖先崇拜源于中国，随闽粤两地移民南下拓荒而传入新加坡，与当地多元社会文化相融合，进而发展演变出新的形态和特征。

### 一、家族祖先与社群祖先

新加坡华人祖先崇拜中存在两类祖先，一类是家族（家庭）祖先，另一类是社群祖先。家族祖先与祭祀者存在真实的血缘关系，而社群祖先与祭祀者间是虚拟的血缘关系或者没有血缘关系。两类祖先的联系与区别，主要透过不同的丧葬形态呈现。

新加坡殖民时期，华人社会以社团帮群为主要构建单位。华人移民各帮群均建有自己的坟山（义山），以解决本社群移民身后的埋葬问题，这些坟山大多被称为亭。由新加坡最大的华人帮群福建帮所设立的恒山亭，既是该帮群最早的坟山，

---

① 曾玲：《越洋再建家园——新加坡华人社会文化研究》，南昌：江西高校出版社，2003年8月第1版，第135页。

也是新加坡最早的华人坟山。根据恒山亭内立于道光八年（1828年）的"福弥春秋"匾，可知恒山亭至少在1828年以前即已存在；潮州帮是新加坡华人社会人数仅次于福建帮的华人社群，1845年以649印度卢比购下一块土地，设立该帮最早的坟山泰山亭；海南琼帮是新加坡一个较小的社群，其社群坟山是玉山亭，又称"海南山"，最早由海南移民集资购置；广帮和客帮所购置坟山包括青山亭、绿野亭、碧山亭、五属义山和毓山亭等。此外，一些19世纪末20世纪初形成的较小帮群，如三江帮、福莆仙等也设立坟山，如三江公墓等。①

上述帮群坟山的葬地形态主要包括个人坟地和社团总坟两大分类，分别呈现家族祖先与社群祖先两类丧葬形态。

个人坟地内所葬基本为血缘家庭或家族的先人，并分设鳞坟与自由坟两种形式。鳞坟在指定地点按编号埋葬，收费较为低廉或基本不需要费用，利便贫穷者；自由坟则可在坟场内自主选择地方埋葬，需要支付较高的香油费。

社团总坟是帮群坟山内另一类埋葬形态。社团总坟一般由会馆、宗亲会、行业会等社团设立，是东南亚华人社会在移民时期创设的一种特有的埋葬先人的方式，在新马地区尤为盛行。设立社团总坟的基本目的就是构建社群的共同先人，即社群祖先。华人社团构建的社群祖先具备两个基本特征：第一，社群祖先属社群全体成员所有；第二，社群祖先与社群成员之间没有真实的血缘联系。通过设立社团总坟构建社群祖先，使社团总坟具备社群认同象征之特性，以具体操作和落实坟山崇拜对移民帮群的整合，进而实现华人社会在新加坡的重组和重建。②

社团总坟的设立一般需要经过3个过程。先是挖掘先人骨殖，然后再葬于社团总坟内，被称为"执金"，这是社团总坟建立的第一步。社团总坟内所葬为先人的骨殖而非尸体。因此，总坟是经二次葬（或多次葬）而设立的。第二步是立碑与修建总坟工程。其中立碑是至关重要的环节，社团总坟墓碑须包含三项基本要素：一是总坟名称，用以表明社团所属；二是对联，一般以社团名称或堂号作为对联的起始字，比如三水会馆，其建于光绪年间的总坟对联为"三龙居正穴、水面现浮云"。举行开光仪式是设立社团总坟的最后一步。当立碑和修建总坟工程完成后，社团要择日为总坟举行开光仪式。开光仪式通常请通晓社团方言的道士或僧侣主持，以便总坟内讲方言的先人能了解道士或僧侣所言。参与开光仪式者，多是社团领导成员和会员。总坟开光仪式具有两方面的意义：一方面，标

---

① 曾玲：《越洋再建家园——新加坡华人社会文化研究》，南昌：江西高校出版社，2003年8月第1版，第61～64页。

② 曾玲：《阴阳之间——新加坡华人祖先崇拜的田野调查》，载《世界宗教研究》，2003年第2期。

志着社团总坟修建工作结束，社群祖先形成；另一方面，借助仪式向社会特别是帮内社群宣示总坟所属社团的力量和内在凝聚力。①

1965年新加坡独立建国后，殖民时期所设的华人帮群坟山因市政建设和城市发展需要先后被政府征用，坟山内原有的先人遗骸多经火化后重新安置。由于新加坡地少人多和政府鼓励火葬，大多数华人开始选择在身后火葬以替代传统土葬。一些坟山管理社团在政府拨回的有限土地上重建坟场，并顺应时代需求做出新的调整，如修改章程，向所有新加坡人开放；改土葬为安置先人骨灰等。这些新建的坟场以个人灵厅和社团灵厅等形式延续了华人两类祖先的安置形态。

个人灵厅用于安置家族祖先的骨灰和牌位，包括个人灵位和家族灵厅两种形式。个人灵位类似坟山时代的鳞坟，根据编排号码安放先人的骨灰罐。家族灵厅类似坟山时代的自由坟地，可以自由选择一个单位，也可以购置二至三个单位打通连成大型家族灵厅。

社团灵厅用于供奉社群祖先，在布局上延用了社团总坟一些与社群认同有关的符号，如以祖籍地名作为起始字的灵厅对联、设在灵厅内的社团集体牌位（灵位）以及象征坟山时代社团总坟的社团骨灰罐等。另一方面，社团灵厅利用其空间富裕，除安置和供奉社团集体牌位和社团骨灰罐外，也接受会员或其先人个人牌位和骨灰罐，既保留和延续了社团总坟历史意义，也具有服务当代的现实功能。②

## 二、祖先牌位与龙牌崇拜

牌位崇拜是华人传统的祖先崇拜主要形式之一，一般是把逝去先人的名字写在木制或纸制牌板上，经过仪式认定，将祖先的灵魂招引于牌内进行祭拜。祖先牌位崇拜和龙牌崇拜是普遍存在于新加坡华人社会的最主要的两类祖先崇拜形式。

### （一）祖先牌位崇拜

新加坡华人的祖先牌位，一般为木制，图案朴素，色彩单一，以木质本色或红漆涂成较多。对应两类祖先形态，新加坡华人祖先牌位亦分为家族与社群两大类型。

---

① 曾玲：《越洋再建家园——新加坡华人社会文化研究》，南昌：江西高校出版社，2003年8月第1版，第152～157页。
② 曾玲：《阴阳之间——新加坡华人祖先崇拜的田野调查》，载《世界宗教研究》，2003年第2期。

家族祖先牌位的外在形态，基本延续传统中国宗族社会祖先牌位的两种基本形式，即个人牌位与集体牌位，但在牌位的内容上有所变化，尤其是集体牌位增添了中国传统祖先崇拜中所不能接纳的如夭折者、未婚的女性牌位等内容，这反映了生活在新加坡社会环境中的华人对中国传统习俗的认知与调整。

新加坡华人供奉家族祖先牌位的地点包括家中、会馆和宗亲会等各类社团的祖先神龛、华人坟场、公共庙宇以及政府坟场等几种选择。上述几种选择中，最具历史延续性的是华人社团祖先神龛和华人坟场。殖民时期许多华人社团都在其会所内设置祖先神龛以供会员奉祀祖先牌位。建国后随着新加坡社会发展变迁，社团祖先神龛的形态与功能也在逐步调整，如通过取消会员限制、设置更多空间等措施来满足越来越多华人家庭把祖先牌位搬离家中供奉至社团神龛的需求等。华人坟场情况亦是如此，殖民时期所建的帮群坟山基本都提供场所让会员供奉其家族祖先牌位，建国后，政府陆续征用各华人坟山，一些有条件重建的传统坟山均在其新建灵塔内设置祖先崇拜牌位区，供会员安置先人牌位和骨灰，而当今新加坡华人也更愿意将先人骨灰和牌位安置在华人坟场的灵塔、灵厅内。之所以如此，主要因为相对公共庙宇和政府坟场，华人坟场的收费较为低廉。另一方面，华人坟场对灵塔、灵厅的定期祭祀，可使老一代华人免去成为孤魂的担忧，而对年轻一代华人而言则可省却祭祀的责任。

与家族祖先牌位相比，新加坡社群祖先牌位的最大特色就是其鲜明的社群色彩。社群祖先牌位由所属社团设立，牌位内容通常以"先贤"、"乡亲"等代表社群祖先。如：高要会馆祖先神龛设有"高要会馆历代先贤之神位"；三水会馆设有"本邑历代乡亲神位"等。社群祖先牌位的另一个特征是，不同社群祖先牌位可以组成牌位群，并透过其排列显示出牌位所属社团之间的相互认同关系。以冈州社团为例，新加坡有3个在祖籍地缘上同属冈州的华人社团，3个社团各有总坟和社群祖先牌位。3个社团的社群祖先牌位一起供奉于冈州会馆祖先神龛内，显示出三社团之间的地缘认同关系。[①]

在殖民时期新加坡华人的社群祖先牌位一般供奉在所属社团祖先神龛内。新加坡独立建国后，部分社团祖先神龛伴随着市区重建、会所搬迁而消失，另有部分会馆处于政府保留地段如牛车水一带而被保留下来，其社群祖先牌位也随之得

---

① 曾玲：《越洋再建家园——新加坡华人社会文化研究》，南昌：江西高校出版社，2003年8月第1版，第159页。

以保存。

### （二）龙牌崇拜

龙牌崇拜是新加坡华人祖先崇拜的特有形式。新加坡华人将为祖先做超度或者祭祀时所立之象征先人的牌位称为"龙牌"，该龙牌可用于任何祭祀超度祖先的场合。龙牌在外观上类似于祖先牌位，由于龙牌多用于超度活动，在超度仪式过后即火化，而不像祖先牌位那样要长久地保留在神龛或灵厅里，所以一般祖先牌位是木制的，而龙牌是纸制的。新加坡华人的龙牌多用红、黄、绿、蓝等多种颜色绘制，内容多含八仙、飞天、八卦等。

龙牌的设立包括三个步骤，首先是登记和书写龙牌，书写格式与内容大抵与祖先牌位相同，以竖排的形式从右到左书写所要祭祀的先人。若是有血缘关系的祖父辈，在先人的姓名前多加显祖、显考、显妣等。第二步是安置祭台，祭台主要由龙牌和祭品两部分组成，一般由祭祀活动组织方统一设立与布置，以做到整齐划一。祭台设置完毕后进行最后一步——开光仪式，开光仪式通常由僧、道、尼三坛分别主持，祭拜者在道长和法师的带领下参与仪式全过程。至此，龙牌在经历与传统祖先崇拜大致相同的操作过程后，开始具备被祭祀和超度先人的象征意义，充分体现出新加坡华人对中华传统文化的认同。

龙牌有不同的分类，从龙牌设立者看，可分为集体和私人两大类；以售价划分，可分为甲、乙、丙三种龙牌和莲花座，不同售价对应不同规格龙牌，其中甲种龙牌最大，乙种丙种次之，莲花座则仅是一张纸；从超度仪式规模划分，所超度的龙牌可以是一个，亦可以为几个甚至几十个龙牌组合。

以不同组合方式进行祭拜，是新加坡华人龙牌崇拜最重要的特征之一。从超度者与被超度者的关系上看，龙牌组合大致包括以下几种：一是由血缘亲属关系连接的龙牌组合，被超度者为同姓的血缘家族成员；二是由姻亲关系连接的多个家族龙牌组合，被超度者为由姻亲关系连接的多个家庭成员；三是由其他关系连接的龙牌组合，龙牌设立者之间可以是朋友关系，也可以是居住在同座组屋的邻居关系，他们将超度先人的龙牌放置在一起，共同超度祭祀祖先，被超度的先人之间并无血缘或姻亲关系。

龙牌的组合方式显示，在龙牌崇拜中华人不仅祭祀和超度血缘祖先，也祭拜非血缘的姻亲、甚至是无血缘关系的朋友、邻居等传统祖先崇拜无法接受的对象。作为新加坡华人祖先崇拜的重要形式之一，龙牌崇拜与祖先牌位崇拜相比，其祭祀和超度对象超越传统祖先范畴，反映出新加坡华人对"祖先"认知的复杂心态：一方面，设立血缘祖先的超度龙牌，表明新加坡华人并未忘记或抛弃自己的血脉根源；但另一方面，把血缘祖先与传统祖先崇拜不能接受的非血缘朋友邻居等对象放置在一类，亦说明新加坡华人在新的社会文化条件制约下对血脉和文化根源的"历代祖先"在某种程度上已经淡漠。[①]

由于龙牌在超度对象上可以涵盖任何人，这使得通过龙牌崇拜强化生者社会联系比血缘性的祖先崇拜更广泛。龙牌崇拜与祖先崇拜相比在聚合人群功能方面的扩大，与新加坡华人经历殖民地时代的社会发展历史有密切关系。在新加坡半自治殖民时期，华人赖以自我保护的资源既非来自英殖民政府，也不可能仅仅靠血缘宗族。为了适应生存环境的变化，华人移民逐步调整其文化策略，将血缘性的亲人亲属关系向泛血缘方向扩大，使之呈现社群化特点，扩大、密切了华人人际关系的网络。从这个意义上看，龙牌崇拜是更具有新加坡本土特色的文化现象。

### 三、春秋两祭与万缘胜会

祭祀先人是祖先崇拜的重要组成部分。新加坡华人社会最重要的祭祖活动是春秋二祭，此外，部分华人还以独特的万缘胜会祭祀社群祖先。

#### （一）春秋两祭

从殖民时期至今，新加坡乃至整个东南亚的华人都很重视春秋两祭，即在农历清明和重阳期间扫墓和祭祀先人。20世纪八九十年代以来，新加坡政府为改变社会过度西化的倾向，大力提倡儒家文化，鼓励各族群保留发展各自文化传统。华人社会响应政府号召，积极推动包括祭祖在内的华人文化发展。春秋二祭在新加坡已成为继中元节、中秋节、农历新年以外最盛大的华人民间活动。

与中国本土主要祭祀家族祖先不同，新加坡华人社会春秋两祭既祭祀家族先人，还祭祀社团总坟各类社群祖先，以团结社群、强化社群成员对社团的认同。每年春秋两祭期间，新加坡各华人宗乡社团络绎不绝地到20世纪七八十年代重建的碧山亭、丰永大、嘉应五属义山以及政府坟场祭扫所属社群祖先，成为现代新加坡的人文景观之一。

新加坡华人社群祖先祭祀活动一般由相关社团具体组织与策划，在春秋两祭

① 曾玲：《新加坡华人的龙牌崇拜初探——兼与祖先崇拜比较》，载《厦门大学学报（哲学社会科学版）》，2003年第5期。

之前的两三个月，准备工作便有序展开，主要包括：整理坟场、修建因雨水冲刷等原因毁坏的道路和凉亭、割平坟场内过高的茅草、整修祠庙等。社群祖先祭祀程序基本延续历史，全过程由祭祀仪式、分享祭品、会员大会和联欢晚宴等环节组成。祭祀仪式一般在上午10点开始，主祭由社团领导担任。仪式开始时，先打鼓和敲锣，部分伴有狮舞表演。之后先祭拜相关神祇，然后祭祀社群祖先的象征——安置有社群祖先牌位的神龛。祭祀仪式完成后，参与祭祀全体人员分食祭品，祭品一般是三牲，即烧猪、烧鸡和烧鸭，以及水果和发糕等。最后举行会员大会，有的社团还在祭祀当晚举行联欢宴会。除了春秋两祭，华人社团在举办重大纪念庆典活动时，也会到所属坟山祭拜社群祖先，其程序基本同春秋两祭。

新加坡华人家族祖先祭祀也主要以春秋两祭形式开展。殖民时期，新加坡华人祭祖地点不是传统中国社会的家族或宗族祠堂及族墓，而是各个帮群坟山。保留下来的一些碑文记载了华人坟山内的祭祀状况，如1921年"第一届万缘胜会碧山亭倡建万人缘会纪念"碑文记载，到20世纪20年代，"碧山亭已是三属先人莹葬之总区"。每年"清明重阳二节，绅商各界妇儒，车马络绎於途，争先恐后弛赴碧山亭者何止万人"。[①] 今天新加坡春秋两祭期间，情形依然如是。各处坟场人满为患，车水马龙，道为之塞。为了能避开交通高峰，许多家庭甚至在凌晨就动身前往墓地祭扫。政府有关部门和各坟场也在报刊刊登公告，呼吁公众遵守有关祭祖事宜，维护坟场秩序。

新加坡华人祭祀家族祖先时通常以家庭或家族为单位，几人、十几人甚至几十人扶老携幼赴安葬先人的坟场共同祭拜。祭祖仪式一般由成年长子主持，程序包括给先人上香、摆放祭品、烧纸钱、擦搽先人骨灰罐等。祭祀仪式结束后，家族成员分享水果、红糕、烧肉等祭品，有的家庭还举行聚餐等其他活动。

由于新加坡是多元宗教社会，华人家庭成员具有不同宗教信仰是很普遍的现象。最常见的是父母与子女信仰不同宗教，亦有子女之间宗教信仰不同，甚至有些夫妻之间存在不同宗教信仰的情形。因而新加坡华人社会对祖先概念的诠释和祭祖方式均考虑多元宗教环境因素，呈现出不同于中国本土的形态。

新加坡华人普遍将"祖先"概念从宗教信仰系统中分离出来，强调祖先是一个人的来源而非宗教信仰问题、宗教信仰可以选择但祖先血脉根源不可改变，从

---

① 曾玲：《越洋再建家园——新加坡华人社会文化研究》，南昌：江西高校出版社，2003年8月第1版，第198页。

而赋予祭祖行为以跨越宗教的正当性。在祭祀方式上，新加坡华人采取包容态度和策略，认为虽然祭祖的血脉文化根源性质不可改变，但是祭祀方式可以选择。所以在当代新加坡，常可以在春秋两祭期间的华人坟场见到脖子上带着十字架的成员参与家族祭祖活动，他们并不点香和烧金银纸，而以鲜花和水果祭祖。而新加坡的基督教等宗教团体也通过重新诠释教义，把祭祀先人和宗教信仰区别开来，鼓励华人教徒参与家族清明扫墓祭祖。

### （二）万缘胜会

对于部分新加坡华人，尤其是由来自广府、肇庆、惠州三属华人移民所组成的广惠肇社群，祭祀社群祖先除春秋两祭外，还另有独特方式——万缘胜会。该项法会"乃属释道之超度，以安泉壤而慰幽魂，使孝子贤孙心有所安"。仪式参与者常在万人以上，即"结万人缘"，故称"万缘胜会"。[①]

万缘胜会由碧山亭组织与筹办。由于该法会是以广惠肇三属华人社群祖先为对象的"结万人缘"超度法会，受到碧山亭历届董事会高度重视。在万缘胜会举办前半年至一年，碧山亭董事部就须讨论通过举办议案，展开筹备工作。为使万缘胜会顺利进行，碧山亭董事会组织阵容庞大的筹委会负责处理有关事务。该筹委会设主席团、财政团和总务股、稽查股、文书股、交际股、征求股、建设股、布置股、采购股、仓库股、招待股、交通股、巡值股、纠察股、消防股、游艺股、法务股、斋务股和卫生股等18股，每股成员从数个到数十个不等。筹委会还设立特别募捐队，募捐队员约200人。为了组织这个庞大的筹委会和下属的募捐队，碧山亭充分调动广惠肇三属华人资源。在筹委会中，除董事会的理事和监事是筹委会中的当然委员外，主席团、财政团、各股正、副主任及募捐队正、副队长基本上由广惠肇各类社团领导成员担任，各股的协理员则由各社团出人负责。

广惠肇三属华人各社团不仅在经济和人力上大力支持碧山亭主办万缘胜会，也充分调动各方资源参与万缘胜会各项活动。在万缘胜会期间举办具有粤文化特色的民间艺术表演，是碧山亭的传统。在1958年的万缘胜会上，由广惠肇三属32个社团组成游艺股主持了万缘胜会期间的游艺活动。上述社团动员共计20个文艺团体，排练、演出了14场粤剧剧目和舞狮、国术、杂技、音乐歌唱等文艺

---

① 曾玲：《越洋再建家园——新加坡华人社会文化研究》，南昌：江西高校出版社，2003年8月第1版，第168页。

节目，参与演出和工作的人员达千余人。[①]

自1921年首届万缘胜会至今，碧山亭举办该项法会已达十数届之多。万缘胜会在"树幡"[②]仪式后正式开始，通常持续三天四夜，期间自清晨到傍晚，赴碧山亭祭拜先人和参加法会的人潮络绎不绝，整个碧山亭沉浸在一片浓烈的祭祀先人的文化氛围中。在祭祀活动达到高潮的最后一个夜晚，碧山亭内更是人潮如涌，参与者至少在万人以上。

万缘胜会设僧、道、尼三坛，祭祀超度广惠肇三属社群祖先。仪式由道长、法师带领碧山亭董事会成员进行。祭坛设在碧山亭内"广惠肇历代先贤纪念碑"下，坛上安置多面甲种龙牌和6面大龙牌。甲种龙牌是为历届去世的董事会成员而设。6面大龙牌没有具体的超度对象，但包含"广州府上历代祖先之神位"、"惠州府上历代祖先之神位"、"肇庆府上历代祖先之神位"3面大龙牌，且摆在主祭坛最显著的中间位置，凸显广惠肇三属社群祖先，强调广惠肇三属社群意识。

新加坡独立建国后，随着时代变迁，因政府封山、征用而择地重建的碧山亭修改万缘胜会章程，把服务对象从原有的广惠肇三属华人扩大到新加坡全社会。在主祭坛上除保留"广惠肇历代祖先"三大龙牌外，新增非广惠肇三属的另三个大龙牌，分别是："各姓各男女老幼之神位"、"海陆空阵亡将士灵位"、"十方法界水陆孤魂幽子之神位"。万缘胜会在社会功能与认同形态上的演变，一方面说明当代传统华人宗乡社团具有双重认同特征，即在建立对新加坡国家认同的同时，也承继与坚持传统的社群认同；另一方面也显示出在当代新加坡社会，祭祀先人的祖先崇拜活动对华人传统宗乡社团认同形态的形成具有重要意义。通过祭祖活动，华人社团既可以延续和加强移民时期所形成的组织方式、社群认同等传统，也可以将传统的社群认同形态融入整个社会，促进传统宗乡社群与华人社会的整合。[③]

## 四、新加坡华人祖先崇拜的特征

新加坡华人祖先崇拜虽然源于中国本土，但受当地社会文化条件制约，在祖先崇拜的形态、场所和方式上均有所演变，呈现异于中国传统祖先崇拜文化的本

---

① 曾玲：《越洋再建家园——新加坡华人社会文化研究》，南昌：江西高校出版社，2003年8月第1版，第171页。
② 该仪式的象征意义是召唤和告知幽魂碧山亭将为他们进行超度和祭祀。
③ 曾玲：《越洋再建家园——新加坡华人社会文化研究》，南昌：江西高校出版社，2003年8月第1版，第184页。

土特征。

## （一）祖先崇拜的形态

新加坡华人祖先崇拜的范畴与中国本土祖先崇拜相比，呈现泛血缘趋向特征。新加坡华人对"祖先"概念的认知不再局限于彼此实有血缘关系，而向非血缘非同姓的关系扩大，并在此基础上形成对两类祖先——家族祖先和社群祖先的崇拜形态。新加坡华人两类祖先崇拜的形成，主要是殖民时期华人移民所面对社会环境条件制约所致。当来自宗族组织较为发展的闽粤地区的华人移民远离故土抵达新加坡时，面对陌生而变幻莫测的自然与人文环境，更渴望通过敬祖祭祖而获得祖先的保佑与降福。另一方面，脱离了祖籍地社会文化脉络的华人移民，在新加坡半自治的殖民社会环境里，必须建立自己的社团和组织，方能维持华人社会的运作，祖先崇拜正是利于重新构建新加坡华人社会的重要手段之一。因而新加坡华人祖先崇拜范畴不断由血缘关系向非血缘关系扩大，由家族祖先向社群祖先扩大，进一步强化华人社团的内部团结与彼此认同。

## （二）祖先崇拜的场所

新加坡华人祖先崇拜的场所与中国传统社会相比，具有以社群为单位区划边界的特征。在中国传统社会，宗族与土地结合，宗族成员在农业村落聚族而居，共同从事经济、社会和祭祀祖先等活动，因而传统中国社会的祖先崇拜具有以家族为单位划设边界的特点。华人移民至新加坡后，不再具备构建家族组织的足够资源，也不具备聚族而居的空间条件，因而传统的宗族社会与宗族形态始终无法在新加坡萌芽发展，以家族为单位界限祖先崇拜的传统难以为继。

绝大部分新加坡华人从殖民时期开始就在所属的帮群坟山处理先人的丧后与祭祀，这种处理方式一直延续到今天，成为新加坡华人传统习俗。虽然当代新加坡社会对华人的丧后提供了更多选择场所，但只要条件允许，华人还是倾向于安息在具有传统帮群背景的华人坟场。另一方面，新加坡华人社会帮群组织对其成员的限制，使得大部分华人身后丧葬和祭祀也只能在所属社群范围内解决。于是新加坡华人的祖先崇拜不再以家族而是以社群来划设其界限。新加坡华人祖先崇拜场所的这种变化，是其因应新加坡异于中国本土的社会文化条件而进行调适的结果。

## （三）祖先崇拜的方式

新加坡华人祖先崇拜的方式与祖籍地习惯相比，主要呈现简单化与创新化两个显著特征。首先是简单化。在中国传统社会，从宋以后发展起来的民间祭祖活动，已产生以祠堂为中心的祠祭、以祖厝为中心的家祭以及以祖墓为中心的墓祭等祭祀形态。而在新加坡，华人最为重要的祭祖活动是春秋两祭。关于牌位的供奉，新加坡华人基本没有血缘世系的考虑，亦无法设立与之相适应的祠堂、祖厝、公厅等供奉场所。就是说，新加坡华人的祖先崇拜不具备祖籍地完整的系统，其祭祀方式相对简单化。

另一方面，新加坡华人祖先崇拜的方式较祖籍地增添了新的内容：在牌位内容上出现传统祖先崇拜所不能接纳的祭祀对象，如夭折者、未婚的女性牌位等，甚至把非血缘的先人也纳入体系；在祭祀仪式上出现不同宗教仪式共同祭拜先人的场景等。这些新变化与新加坡不存在中国传统宗族社会以及新加坡多元宗教环境对祖先崇拜的制约有关，是新加坡华人在不同于祖籍地的社会文化条件下对祖先崇拜的主动调整。[①]

# 第二节　神灵信仰

新加坡各族中，印度人崇信神灵、信仰再生，但其神灵崇拜多在制度型宗教印度教规定内展开；马来人原信奉印度教、佛教和万物有灵，15世纪以后大都改信伊斯兰教，基本舍弃神灵崇拜；华人信仰情况较为杂糅，既有佛教、道教等传统宗教，也有德教会、一贯道、红卍字会等民间教团，此外还有属民间信仰范畴的数目庞大的神灵信仰和祭祀礼俗。

新加坡华人神灵信仰在19世纪由中国闽粤两地移民带入新加坡，并随着闽粤移民在新加坡落地生根而发展壮大，可以说，新加坡华人的"移民"与"移神"历史几乎同步进行。新加坡华人神灵信仰继承了中国尤其是中国南部沿海地区的神灵信仰特征，同时也伴随着新加坡的历史进程而逐渐本土化，形成与中国神灵信仰既相联系又相区别的信仰形态。

## 一、主要神灵

华人神灵信仰是佛道两教在民间的祭祀形态与世俗化体现，因而佛道之味兼

---

① 曾玲：《阴阳之间——新加坡华人祖先崇拜的田野调查》，载《世界宗教研究》，2003年第2期。

有、原始宗教之色参杂。新加坡华人所祭拜的神祇数量众多,神格神性复杂,绝大多数来自祖籍地,既包含闽粤两地共同信奉的神祇,如妈祖、大伯公、观音、关帝、注生娘娘、财帛星君、红孩儿、二郎神等,也包括各方言群体所特有的神明,如福建人信仰的带有地方色彩的清水祖师、广泽尊王、圣侯恩主、开漳圣王、清元真君和大使爷等;潮人信仰的地方神祇玄天上帝、黄大仙和龙母等;海南人信仰的水尾圣娘以及广府、肇庆人祀奉的医灵、玄坛诸神等。[①] 由于受新加坡多元宗教环境影响,华人还将部分异族神灵如印度人的神灵象神和马来人的神灵拿督公纳入本族神灵体系加以祭拜。

## (一)妈祖

妈祖又称天后、天后圣母,本名林默娘(960—987年),是生活在莆田湄洲湾畔的一个民间女子。相传她聪明、勇敢、善良,有预知气象变化、驱邪治病和泅水航海的本领,又常在惊涛骇浪中救助遇难的船只,很受远近人们的爱戴。宋雍熙四年(987年)重阳节,林默娘登上湄洲峰顶后,就再也没有回来。百姓传说她在这一天升天成仙,奉她为航海保护神。此后在华人民间信仰里,妈祖成为圣洁、善良、公平、正直的海神。古代华人在海上航行经常受到风浪的袭击而船沉人亡,船员的安全成为航海者的主要问题,他们把希望寄托于神灵保佑,在船舶启航前要先祭妈祖,祈求保佑顺风和安全,在船舶上还立妈祖神位供奉。

随着妈祖信仰在民间影响力的日益扩大,妈祖逐渐成为一种多面体的信仰符号,其神格不断提升神职不断丰富,并随着华人南渡而传播至南洋各地,包括在马来西亚、新加坡、泰国、印尼、越南、菲律宾等地,都建有供奉妈祖的庙宇,其中以马来西亚和新加坡最为典型。

妈祖信仰在新加坡传播广泛、深入人心。新加坡以祭祀妈祖为主的各类社团或宗教组织多达20余个,大部分为地缘、血缘和业缘性社群组织。新加坡供奉妈祖的华人庙宇主要有天福宫、粤海清庙、琼州天后宫、西河公司天后宫、浮罗乌敏半港天后宫、木山圣母宫、波东巴西联合庙云峰天后宫、后港联合庙天后宫等。

每逢妈祖诞辰,很多会馆或寺庙都举行祭拜等庆祝活动。前去祭祀的男女有老有少,有的献上塔香祈福,有的献上一大块烧肉表诚心,一些信众还到庙里诵

① 汪鲸:《适彼肥土:历史人类学视野下的新加坡华人族群》,广州:广东人民出版社,2013年8月第1版,第68页。

经。福建莆田是妈祖的故乡，因此新加坡南洋莆田会馆每年都把妈祖诞列为重要节庆，主要活动除祭祀外，还演木偶戏，吃卤面，努力把妈祖诞庆典包装成文化节庆。新加坡福州会馆则以最高的祭祀礼节12碗荤供奉妈祖，妈祖诞前夕，会馆的理事们还会用素食为妈祖做"暖寿"，晚上举行的宴会，出席的人数多年来都是该会馆所有宴会之冠。林氏大宗祠九龙堂的妈祖诞祭祀活动也颇具规模，林氏大宗祠自1928年创立以来就没中断过妈祖的祭祀活动。妈祖本姓林，因此林姓族人把她奉为祖姑，并规定祭祀妈祖是林氏大宗祠的宗旨之一，这样的活动有助于加强林氏的宗谊。其他把妈祖诞列为会馆重要节庆的还包括海南会馆、广西暨高州会馆等。①

### （二）大伯公

大伯公为土地管理之神，在中国民间被称为"福德正神"，在新加坡则被普遍称为"大伯公"。著名南洋学家许云樵认为，"大伯公"三字是马来话和客家话的缀语。"伯公"是客家话土地公的意思。"大"乃源自马来语"Datoh（神）"的缩称"Toh"的译音。最初马来人称"伯公"为"Datoh Pekong"，后来简化作"Toh Pekong"，华人据此称之为"大伯公"。②

奉祀大伯公的庙宇沿用祖籍地习俗又称"福德祠"。新加坡建有不少福德祠和大伯公庙，比较著名的有：丹戎巴葛福德祠、直落亚逸海唇福德祠、恒山亭大伯公庙、梧槽大伯公庙、龟屿大伯公庙等。

大伯公最早由客家人从广东带来。早年客家人南来拓荒，多是开矿的矿工，由于作业时不时会掘地、翻土冒犯土地，因而形成祭拜大伯公习俗。新加坡一带大伯公画像或塑像，是一位身着"员外装"的慈祥老者，一手持拐杖，一手拿元宝，文质彬彬，与中国南方奉祀的福德正神土地公相似。

尽管大伯公信仰源于中国本土，但新加坡各地关于所供奉大伯公起源有不同版本传说，如龟屿供奉的大伯公，传说是抚养一对马来神童的福建老夫妻，海唇福德祠祀奉的大伯公据说是一位逝去的陈姓长者。③

新加坡供奉大伯公的各座庙祠每逢大伯公宝诞都要举行隆重庆典活动。华人祭祖、工程破土等，在仪式或作业开始之前，也要先祭拜大伯公。在购物和买马

---

① 莫美颜、李白娟：《新加坡经久不衰的妈祖信仰》，载《联合早报》，2004年5月18日。

② 柯木林：《大伯公是谁?》，载《东南亚南亚研究》，1987年04期。

③ 许原泰：《论新加坡道教信仰的起源》，载《宗教学研究》，2011年01期。

票时，华人也习惯向大伯公求字，神情肃穆，口念："大伯公保佑，大伯公保佑！"。甚至在生活无助、状况危急乃至生命危险时，很多新加坡人会自然地向大伯公祈福。[1]这显示，随着时间推移，新加坡华人大伯公信仰的内涵也在发生改变——新加坡的大伯公不再仅仅是土地公，而是可在生活中各方面保佑众生的神明。

### （三）城隍

城隍，有的地方又称城隍爷。城隍本指城池，城隍信仰产生于古代祭祀，与城市相关并随之演变发展。城隍神最初是自然神，其主要职能是保卫城民、祈雨疏涝。祭祀城隍神的例规形成于南北朝，唐时城隍神信仰滋盛，宋代列为国家祀典，元代封之为佑圣王，至明初，大封天下城隍神爵位，分为王、公、侯、伯四等，岁时祭祀，分别由君主及府州县守令主之。到了清代，城隍神职能更加丰富，不仅成为阳间城池和百姓的守护神，更主管人之生死祸福，成为执掌阴阳两界的重要神明。

新加坡城隍信仰于19世纪初由中国东南沿海一带传入。早期新加坡华人庙宇中，城隍神几乎都作为陪祭神灵而被供奉。进入20世纪华人社会兴起祭拜城隍风潮，以城隍为主神的庙宇开始出现，其他庙宇也纷纷增设城隍神像。按照城隍供奉位置，新加坡供奉城隍神的庙宇可分为三类：一是以城隍为主神的庙宇，被称为城隍庙，目前有四间，即丹戎巴葛都城隍庙、双林城隍庙、韭菜芭城隍庙和杨桃园城隍庙；二是以城隍为配祀的庙宇，这类庙宇数目众多，虽然城隍不是主神，但在配祀神中地位较高，如恒山亭、天福宫、凤山寺、东岳庙、水江庙、金福宫、德惠凤山坛、崇义庙、天圣坛等；三是在阴殿将城隍与其他阴间神明一起奉祀的庙宇，如天显庙、蔡厝港联合宫、龙合山七寨庙、芽笼联合宫等。

新加坡华人祭祀城隍活动主要在城隍诞、春节、中元节等时节开展，部分供奉城隍的庙宇有举办年尾答谢神恩的仪式。祭祀仪式通常由法师和僧人主持，接财神、拜太岁、拜斗、补运等活动是城隍祭祀庆典的重要内容。

由于早期移民社会在移植城隍信仰时无法全盘照搬传统城隍信仰建制，到达新加坡后由于信仰上的多重需求，逐渐形成将城隍神与其他神祇共同祭拜的习俗。中国历史上的城隍庙有一整套严格的建制规定，且城隍庙内供奉的都是与城隍信仰体系有关的神明，如文武判官、地狱十殿、冥府十司等等。新加坡的城隍

---

① 吴韦材：《大伯公tolong》，载《联合早报》，2013年6月10日。

庙不再是中国传统上的城隍庙格局，所奉祀的也不再是单纯的城隍信仰体系，而是把城隍神和其他民间神明比如大伯公、妈祖等一起供奉以接受信徒膜拜。

### （四）大圣佛祖

大圣佛祖又称大圣爷、齐天大圣，是中国神话小说《西游记》的主人公。新加坡部分华人因其武艺高强，能制服妖魔保佑境内平安，又任劳任怨，对唐僧忠诚不二，所以便景仰与祭祀他，并尊其为"大圣佛祖"。

福建的福州和附近的莆田是齐天大圣信仰的发源地，因而新加坡供奉齐天大圣的华人多来自福州，他们除了到庙里祭拜，还在家里供奉大圣佛祖。此外，峇峇娘惹（土生华人）是另一个较多祭拜齐天大圣的社群。峇峇娘惹相信齐天大圣法力无边，可以协助信众减轻病痛，并为他们指引正确的方向，加上20世纪初有人把一系列中国古典文学（包括《西游记》）翻译成马来文，峇峇娘惹通过这些翻译作品加深了对齐天大圣的认识，对他也更加景仰，因而形成一股祭祀热潮。

在新加坡祭拜齐天大圣的人虽然不少，但以齐天大圣为主神的庙宇却不多，仅有广福庙、齐天宫、保安宫等几间。广福庙供奉大圣佛祖的历史可追溯至19世纪末。据说当年广福庙坐落在劳明达街与加冷路交界处，加冷河就在附近流过，四周地势低洼，有许多板厂、砖窑和牛皮厂。一名老翁住在那里，与所畜养的一只猴子相依为命，老翁去世后，猴子跟着也死了。后来有人看见一块形状如猴子的石块，怀疑是猴子的化身，便把它尊为神明膜拜。想发横财的人还前去求字，有人因此中彩，消息不胫而走，都认为是那石块显灵，附近居民便建议立庙供奉齐天大圣。[①]保安宫则由新加坡峇峇娘惹在约一个世纪前筹建，大圣佛祖为该庙主神。

新加坡信众通常在农历正月十五或十六及农历八月十六庆祝齐天大圣诞辰，重要仪式包括"出乩"等，以水果为祭品，有人甚至买来价格很贵的韩国桃来祭拜。近年来，不少新加坡商业人士也祭拜齐天大圣，是希望自己能像大圣那样有灵活的头脑，万事懂得变通。

### （五）拿督公

拿督公信仰源于伊斯兰教传入东南亚前马来人的原始泛灵崇拜。随着马来人社会在20世纪以后日渐倾向复兴纯正伊斯兰教教义，当今马来人已基本舍弃拿

---

① 莫美颜：《新加坡华族民间信仰：峇峇娘惹曾崇拜孙悟空》，载《联合早报》，2004年5月13日。

督崇拜民间习俗。

依照马来人原始泛灵信仰，灵界生命几乎分布在每一山林地界，拿督可以作为各种灵界生命的尊称兼泛称。马来人社会论及拿督的来源，又分为好几种类型，包括：(1)普通庶物成精：如古剑、枪、古炮、戒指；(2)自然界之灵：山岭、石头、河；(3)动物成精：如老虎、鳄鱼、蟒蛇；(4)巫师或巫医死后显灵；(5)地方领袖或村民死后显灵；(6)圣人死后显灵；(7)活圣人显灵等。[①]虽然诸种拿督各有来源，但均是所在地区居民日常祈求的对象，久之就演变为地方居民公认的土地保护神。

华人信仰拿督公可以追溯至19世纪初，初到新加坡的华人面对陌生变换的环境，"入乡随俗"地将异地原有的地方保护神引入华人传统民间信仰，以香烛、生果、冥钞的传统方式祭祀，祈求其庇佑一方安宁。演变到后来，华人社群常在住宅区、商业区或工业区处，设置一个角落专门供奉拿督公神龛，视其为保佑一方水土的保护神。

华人信仰的拿督公形像是一个身穿马来传统服饰的长者，安置在大马路旁的红色神龛里，神龛内有香炉、神主牌、令旗等道教法器，在神主牌位的显眼位置有"唐"、"蕃"字样，"唐"代表的是华人的土地神，"蕃"代表的是马来人的土地神。

原本属于马来人原始信仰的拿督公与华人从祖籍地带来的大伯公一道，成为新加坡华人最普遍的土地神崇拜。将拿督公纳入华人神灵信仰体系，是华人文化在新加坡落地生根后，在当地社会文化条件下与他族文化融合，展开本土化进程的典型案例。

## 二、华人庙宇

庙宇是华人供奉和祭祀神灵的主要场所，有华人的地方就有华人庙宇，新加坡亦不例外。根据一项有关新加坡华人庙宇和宗教习俗的调查，截至1955年，新加坡共有280间华人庙宇。[②]1965年新加坡独立建国后，实施土地征用法令，除位于市区的部分大型庙宇因其重要历史文化价值得以保留，大部分默默无闻的乡村庙宇或被拆除，或搬迁至新址与其他庙宇分担昂贵费用共同建庙，被称为联合

---

① 王琛发：《信仰的移植、诠释与演变：马来西亚华人拿督公崇拜的当前观察》，载《孝恩文化》，2012年6月8日。
② 曾玲：《越洋再建家园——新加坡华人社会文化研究》，南昌：江西高校出版社，2003年8月第1版，第212页。

宫或联合庙。

### （一）传统庙宇

新加坡华人庙宇发展的历史，凝聚着南下先贤的血汗，折射着华人开发新加坡卓绝的奋斗历程。这些庙宇大多始建于新加坡开埠早期，部分因其地缘特色和历史文化意义被新加坡政府列为古迹保留至今。其中最负盛名的是天福宫、粤海清庙、新加坡凤山寺、琼州天后宫、保赤宫、丹戎巴葛福德祠等。

#### 1. 天福宫

座落在直落亚逸街，始建于1839年，已有170多年的历史。天福宫供奉的是护航之神"天后娘娘"（即妈祖、天妃），所以又称"妈祖宫"。在新加坡开埠初期，南来北往的华人，因所乘帆船就停泊在宫前不远处，所以都会到宫内拜祀，南来者感谢妈祖保佑，北往者祈求海不扬波。天福宫在1973年被列为新加坡国家古迹，成为新加坡著名景点。一百多年来，天福宫多次进行修复，1906年福建会馆会员曾捐款修复天福宫，1940年福建会馆在庙的两侧建两厢配殿与堂舍，1974年也曾进行过修复。规模最大的一次修复工程是在1998年，共耗资新币四百多万，历时3年完成，在2001年1月重新开放。

天福宫宫阁外形、木架结构、不着一钉。建筑工艺手法和材料来自泉州，是正统闽南风格的宫观建筑，从雕梁画栋、檐脊饰物到彩画门神，整个建筑工程非常考究。主要工匠从中国聘请，供奉的主神天后娘娘也是从福建湄洲岛的天后祖庙请来的。1860年福建会馆成立，会所设在天福宫内，之后很长一段时间内，天福宫和福建会馆都是两位一体。

天福宫气势恢宏，设计精巧，结构简单，由三进院落和两旁回廊组成。天妃殿为内梁架结构，中间供奉天后圣母妈祖神像，右边供奉保生大帝神像，左边供奉关帝神像。正殿中央高悬"波靖南溟"，为清光绪皇帝于光绪三十三年（1907年）所题，字框周围的龙形浮雕庄严肃穆。大殿内16根柱子为梭式圆柱，中间大两头小。正殿的斗拱全部采用八仙题材。值得一提的是，天福宫在传统中华建筑文化中还融入了西方建筑风格：地砖和室内墙裙都采用了西洋先进的建筑材料花瓷砖。天福宫的木雕和石刻艺术多姿多彩：天妃殿前的龙柱、天宫的门神金画、壁雕的青龙白虎等各具特色，无不衬托出天福宫的华丽和辉煌。

#### 2. 粤海清庙

位于菲立街，是早年潮州人登陆新加坡后在1850年至1852年间兴建的庙宇。

初建时仅是一间简陋的亚答屋，四周空旷，庙前是一片大海。1852年至1855年间进行扩建工程，1896年又进行全面重建。该庙也由一间亚答小庙，变成水泥屋瓦、雕梁画栋、香火旺盛的大庙。走过180多年的岁月历程，粤海清庙在1996年成为新加坡受保护的国家古迹，属旅游景点。

因为潮州人习惯将神明称为"老爷"，故粤海清庙又被称为"老爷宫"。粤海清庙自建立之日起就一直是当地潮州人的联络与活动中心，后归潮州人的福利机构义安公司管辖。据说早期南下的潮州人一上岸，往往先到粤海清庙集合甚至留宿庙中，经商的同乡要聘用员工可到庙中找"新客"面议。

粤海清庙山门和围墙直临街道，中间是个宽敞的庭院，内由左右两间相连的祠庙组成，右为上帝宫，供奉玄天上帝，左是天后宫，供奉天后圣母。天后宫的上方共有七方匾额，其中"曙海祥云"为清光绪皇帝1898年所题赠。粤海清庙还有两个历史长达160多年的铜钟，是为一宝。粤海清庙最具特色的建筑艺术当属"剪粘"和"金漆木雕"。剪粘是一种中国南方常见的镶嵌工艺，即用铁线扎出骨架，敷上灰泥，塑成泥偶，再把从破碗中裁剪出来的彩色瓷片粘上去，装饰成泥偶的衣鞋等。粤海清庙的屋顶、小阁甚至角落，全是剪粘工艺制成的小巧精细极富特色的人物雕塑，表情和姿态都生动异常。金漆木雕也就是潮州木雕，经过上漆贴金后，显得金碧辉煌，玲珑剔透。粤海清庙的金漆木雕主要有圆雕、浮雕和通雕。

3. 新加坡凤山寺

座落于莫罕默苏丹路，旧称水廊头凤山寺，为新加坡南安人所创立，是早期南安移民的生活中心。凤山寺初建于1836年，1907年因殖民地政府征用土地而搬到现址，是一间隐身于闹市的清幽古朴的百年古庙。凤山寺源自中国福建南安诗山，据说只要有南安人的地方就有凤山寺。1973年，南安会馆接管凤山寺，1978年，新加坡古迹保存局将凤山寺列为受保护的国家历史古迹。

凤山寺供奉的是南安人的保护神广泽尊王，又称郭圣王。新加坡凤山寺占地面积不大，依山而建。寺内雕梁画栋技艺精湛，是一座富有闽南风格的宫殿式建筑。其建筑属砖木结构，最大的特色是其左右不对称格局。从前殿到后殿，以中轴线分成左右两边，不管是雕龙石柱、木雕横梁、斗拱还是雕花灯笼等，都是左右各异。如大殿左边的灯笼底座是菊花，右边的则是莲花。据说当年的建筑业竞争激烈，各有风格，遇到两批工匠同做一间庙宇，则以建筑物中轴线为界各显神通，亦称"对场作"。凤山寺就是对场作的经典范例。

4. 琼州天后宫

位于美芝路琼州大厦后座，为早期所建天后宫年久失修后择地重建而成。1882年动工重建，1887年竣工，所采用材料全部采购自琼州，即海南岛，所聘用技工匠师也均来自琼州。1962年琼州大厦在同一位置建成，琼州天后宫成为其后座。

琼州天后宫供奉主神为天后圣母即妈祖，海南人尊称为"婆祖"，左右两旁分别供奉水尾娘娘和昭烈一百零八兄弟公诸神。天后宫内神坛精美，匾额众多，所保存的文物如木雕妈祖神龛和龙案等均为重建时的遗物，神龛上的"福庇琼南"匾额为当年琼籍进士邱对欣所题。神坛前有"天后元君"牌，上有龙图，于清光绪八年立，至今保存完好。还有一副以中国驻新加坡第一位总领事黄遵宪1891年墨宝刻制的楹联："入耳尽方言，听海客瀛谈，越人乡语；缠腰数豪富，有大秦金缕，拂菻珠尘。"

5. 保赤宫

座落于新加坡河畔的马可新路（旧称陈圣王路）。1876年，陈允肃献地，陈笃生的儿子陈金钟和陈金声的儿子陈明水，合力创办保赤宫。早年的保赤宫主要是陈氏宗祠在精神上和信仰上的一个核心，同时也是陈氏家族在人力、财力和物力方面的展现。

保赤宫主要祀奉开漳圣王陈元光。陈元光是唐代岭南行军总管，因保卫国家有功，爱护百姓如同赤子，被封为漳州刺史，这就是保赤两字的由来。保赤宫最具特色的是其特别的建筑风韵，融古代和现代建筑艺术为一体，以古朴悠然的三合院组成一个完整的小型建筑群。同时，庙内彩雕极其精致，吉祥物也姿态万千栩栩如生，如屋檐上的蝙蝠木雕等。庙内更有一些罕见的艺术珍品，如飞龙石柱、鸾凤石柱、九龙井等。1975年，新加坡政府将其列为国家古迹保留，并对游客开放。

6. 丹戎巴葛福德祠

位于中央商业区珊顿道珀玛律，故又称珀玛律福德祠，因其庙面向大海，亦称望海大伯公庙。始建于1844年，香火延续近两个世纪，是新加坡最古老的大伯公庙宇，也是新加坡唯一由客家社团管理的大伯公庙。

丹戎巴葛福德祠建筑配置背山临海，符合客家人重视风水的建筑传统。虽在城市化的进程中历经岁月沧桑，当前已无海可望，不过其背后的小山坡依然存在，显示前低后高的建筑配置。庙内正殿供奉大伯公，左侧有同德宫，供奉太上老君神座，两殿之间隔一火巷，主祠的右边则有一座护室，由一过水廊所连接。在主祠部分，首进是三开间的拜殿，门额书"福德祠"，左右门联分别是"福流粤海"和"德被南邦"。拜殿之后是左右两廊连通到正殿，两殿和两殿围合的中央天井类似四合院的建筑风格。

由于历史悠久，祠内拥有多件珍贵文物，最著名的三件包括：（1）悬挂在祠内横梁上的大钟，制成于宣统元年（1909年），距今已有一百多年历史；（2）祠内一块重修庙宇的碑文，嵌在祠内的一道墙上，碑文清楚记载望海大伯公庙建于1844年并于1861年重修；（3）一块在1834年制成的云板，藏于祠内轻易不示外人。每年所举行的两个重要祭神庆典，分别是农历二月十六日大伯公宝诞和七月初一太上老君宝诞。

### （二）联合宫庙

新加坡地少人多，为有效利用土地，政府在独立伊始就颁布强制性征地法令，征用市郊和乡村土地，乡村地区庙宇面临搬迁或被拆除两难境地。由于大部分乡村庙宇无力承担昂贵地皮费与新庙建筑费，面临被淘汰的命运。为解决安置乡村庙宇，新加坡政府提出联合庙宇整合概念，由至少两间以上有善信基础和经济条件且有整合意愿的庙宇，联合向政府申购租赁期为30年的地皮，共同建造新庙。具体形式是建一间大庙容纳所有参与的庙宇，也有在共同购得的土地上各自建造两间或三四间独立的庙宇，这种联合庙宇的整合名称最常见的是联合宫或联合庙，如淡滨尼联合宫、伍合庙等。从20世纪70年代至今，新加坡先后建成五六十间这样的联合宫庙。[①]

#### 1. 淡滨尼联合宫

座落于淡滨尼21街，在20世纪80年代由散落在淡滨尼各处的庙宇集中而成，是目前新加坡整合庙宇最多、经营管理相对完善的一间联合庙宇。淡滨尼联合宫于1992年落成，联合庙宇多达12间，分别是：天公坛、福安殿、后池厅、顺兴古庙、吉星亭、济阳堂、慈灵宫、新芭大伯公、洛阳大伯公、汉阳大伯公、淡滨尼九英哩大伯公和地万大伯公。

---

① 陈碧：《新加坡华人庙宇探访》，载《寻根》，2009年第4期。

淡滨尼联合宫占地面积达37 000多平方尺，是目前新加坡最大的联合庙宇。联合宫采用传统庙宇建筑风格，尤其是宫庙两边的篱笆由两条长达78米的七彩祥龙盘绕，庙顶则由6条龙和4只凤点缀，非常壮观。宫前两旁绘万里长城图、江山万里图、八仙过海图以及九龙戏珠图。

淡滨尼联合宫还有一大特色，即整个庙宇实行通殿式，在一个大殿内各庙和神龛不用墙隔，单设金银香料部，供奉神明的十几个神龛并列排开，极其气派。在管理上，淡滨尼联合宫实行统一管理，设一个理事会管理庙宇事宜，下设小组管理各个神明圣诞庆典。1997年淡滨尼联合宫被新加坡旅游局导游中心选为短暂过境游客推荐旅游景点。

2. 伍合庙

位于大巴窑7巷，是新加坡首间联合庙宇，1970年由5间不同地缘群体创建的庙宇联合组建，分别为海南昭应祠、海南无极宫、福建聚天宫、广东福德祠与潮州通兴港。2000年庙宇30年租约地契到期后，伍合庙获政府批准续租地契。之后无极宫自动退出伍合庙，其神龛空间由聚天宫顶替使用。

伍合庙占地面积不大，不设围墙亦无牌楼，红檐蓝瓦掩映于组屋区的绿树丛中，别有一番动人景色。五间庙宇各设大门，一字排开，中间分隔，各有神龛，庙宇装饰和摆设体现各自特点。各庙供奉不同主神：昭应祠供奉一百零八英烈兄弟、无极宫供奉李英娘娘、聚天宫供奉福德正神、福德祠供奉土地公和土地婆、通兴港供奉感天大帝。伍合庙下设集体理事会管理公共事宜，各庙自设理事会独自经营和筹办本庙神明庆典活动。

### （三）华人庙宇形态与功能的演变

华人大量移居新加坡，始于1819年新加坡开埠。开埠初期，新加坡社会马来族群人数最多，但华人人数增长较快，很快超过其他族群成为新加坡第一大族群。新加坡早期华人多为来自马六甲的漳泉商人和中国东南沿海闽粤两地移民，由于英殖民政府采取分而治之和间接管辖政策，华人社会处于半自治状态，华人移民必须进行社群整合，建立社团和组织，以维持华人社会运作。基于所操方言和生活习惯等因素，新加坡早期华人社会自然形成以各自方言为认同的"帮"，而不同方言群到新加坡的先后而造成利益资源的分配问题，使得帮群划分更加明显，构成19世纪新加坡华人社会的特色。

各华人帮群均设立帮权机构和基于地缘、血缘和业缘的各类社团，以凝聚帮群强化认同。由于同一方言帮群往往具有相同宗教信仰背景，华人帮权社会与华人庙宇间关系日趋密切，帮权集团多将帮权机构设于庙宇之内。如以漳泉商人集团为主的福建帮于1827年创立恒山亭，崇奉大伯公、城隍、注生娘娘，这座漳、泉两籍人士办理丧葬祭祀的庙宇，也成为福建人最早的帮权机构。1840年，漳泉商人又建天福宫，奉祀妈祖、观世音等神祇，福建帮总机构也由恒山亭迁移至天福宫。1860年福建会馆成立，最初也是附设于天福宫内；潮州人于1826年修建主祀妈祖和玄天上帝的粤海清庙，1845年成立潮州人总机构义安公司并将办事处设在该庙内，粤海清庙遂成为潮州人的帮权总机构；海南人的总机构琼州会馆创立于1857年，会馆内有琼州天后宫，奉祀妈祖、水尾圣娘以及昭烈一百零八兄弟。

华人帮权与庙宇的结合，使得庙宇不但是帮权机构的活动场所，也是帮权势力的象征。帮权庙宇的游神活动集中体现了19世纪新加坡华人社会帮权集团的对抗和竞争，尤其以闽帮的天福宫和粤帮粤海清庙为代表。粤海清庙虽然是潮州人所创立的庙宇，却起着统属广东省各帮的帮权政治的作用。这所在1820年仍是小茅屋的无名小庙在1826年重建时，冠以粤名，称为粤海清庙，有统属广东省之意，成为帮权组织中包括潮、广、客、琼各帮的粤帮一方的龙头。可以说，天福宫和粤海清庙代表了19世纪华人帮权政治的两极性——一极是闽帮，另一极是潮、广、客、琼联合阵线粤帮。

闽粤两帮每年循例游神一次。闽帮游神路线中有标示"停锣鼓"处，显示该处是潮州人的商店，闽帮游神经过潮州人或其他非闽人商店，如果敲锣打鼓，将会引起冲突。有关粤帮的游神，1901年11月25日《叻报》报道："本日坡中广、潮、客、琼四籍绅商商店户职年人等齐到粤海神庙中杯卜本届迎神赛会之期。兹悉迎神已卜定十月二十四日，送神回庙则定十二月十二日。想届时自有一番热闹也"。可见当时以潮州帮粤海清庙为主的联合阵线和以天福宫为根据地的福建帮的对抗，是当时新加坡华人社会帮权与庙宇结合的突出代表。[①]

随着时代发展变迁，独立建国后新加坡致力于发展社会经济，塑造新加坡民族国家认同，新加坡华人庙宇与方言社团间虽仍保持密切关系，但其政治功能和象征意义相应发生转变。天福宫、粤海清庙等殖民时期盛极一时的帮权庙宇变身为今日新加坡著名旅游景点，其形态和功能亦由"政治——教育性"转变为"宗

---

① 徐李颖：《佛道与阴阳：新加坡城隍庙与城隍信仰研究》，厦门大学出版社，2010年3月第1版，第19页。

教——文化性"。①而散落在各处的香火小庙,则组合为大大小小的联合宫、庙,成为今日新加坡一大独特景观。

## 三、新加坡华人神灵信仰的特征

新加坡华人神灵信仰源于中国本土,具备中国传统神灵信仰基本要素,但在新加坡多元社会文化环境制约下,越来越与当地实际结合,不断衍生出新的形态,呈现所崇拜神灵地缘色彩浓重、祭祀神灵追随时代潮流、神灵信仰注重现实功利、同时供奉异族神灵以及更多关注慈善与文化宣教等特征。

### (一)地缘色彩浓重

华人神灵信仰大多由闽粤两地移民从祖籍地带入新加坡,因而具有强烈的地缘色彩。华人方言群创建的庙宇,多主祀祖籍地独有的神祇。如安溪人的庙宇崇祀安溪地方神灵清水祖师;南安人的庙宇供奉南安人独有的地方神广泽尊王郭圣王;金门人崇祀圣侯恩主,圣侯恩主陈渊原是唐代开拓金门的第一人,死后被奉为神,金门人感其庇佑,称其为"恩主";潮州人供奉宋大峰祖师,宋大峰信仰源于中国潮汕地区,传入新加坡后发展出多间善堂组织,并与东亚其他地区的善堂庙宇形成跨国文化与商业网络。

即使是一些跨地域的神灵,对其崇拜不受地缘限制,各方言社群都可祭祀,如妈祖、大伯公、观音等,来自不同地域的华人依然强调这些神灵的地域性,如琼州天后宫强调其供奉的是海南人的妈祖,而天福宫强调其供奉的是闽南人的妈祖,广西暨高州会馆则强调其奉祀的妈祖是保佑广西人和高州人的妈祖。

### (二)顺应时代潮流

新加坡华人神灵信仰具有一定的"潮流性",即在某一时期人们更热衷于崇拜某几尊神灵。早期移民社会,华人除祭拜各自祖籍地神灵,大多还崇拜妈祖、大伯公、注生娘娘等。原因在于这些神灵具体体现了当时华人移居至陌生环境后最基本的信仰需求:海神妈祖保佑旅途平安,土地神大伯公保佑新的居住地没有灾害,注生娘娘则保佑人们顺利地繁衍后代。

而目前在新加坡最兴盛的神灵则多与求财或中马票等相关,主要是太岁、财神和大、二爷伯等。1993年韭菜芭城隍庙于北京白云观分灵六十尊太岁神像供奉

---

① 徐李颖:《在国家与社群之间:新加坡华人庙宇社会功能的转换——以天福宫为例》,载《民间文化与华人社会》,2006年。

在太岁殿，成为新加坡第一间拥有完整体系的太岁神殿，每年轮换一尊太岁。此后新加坡很多庙宇陆续塑起六十尊太岁，每年年头拜太岁年尾谢太岁的风俗便流行起来。

拜财神在当今新加坡社会也日趋流行，并兴起修建高大财神神像的风潮。2006年9月，耗资300万新元，楼高四层的三巴旺财神庙落成，号称拥有世界最大的财神爷神像。该庙新春期间举行接财神仪式，观礼信众人山人海。

大、二爷伯的流行，是因为在庙宇、神坛中扶乩问事的主要是大、二爷伯。大、二爷伯并非庙宇正神，而是作为城隍或东岳大帝部下被供奉在阴殿。正因其职位卑微，一般民间琐事都由他们负责解决，所以受到普通民众的信仰。

### （三）注重现实功利

现实性与功利性是中国民间信仰的特征，从中国移至新加坡的华人神灵崇拜也包含这一特点。华人对神灵的奉祀与当地社会现实相结合，不少庙宇都是为满足现实需要而设立，具有较强的功利主义色彩。

19世纪初期，新加坡虎患猖獗，据说每日均有人被老虎噬死。不仅在乡村从事耕种的农民遭到老虎的伤害，甚至在繁华地区的市民也会遭到老虎的袭击。为防虎患，新加坡民间建立起具有治虎功能的庙宇，如成立于1851年的洪仙大帝庙就因防治虎患而建。据说该庙宇所在地淡滨尼曾经是一片人烟稀少的郊区，常有虎患。后来一位村民看到一位神明骑着三只脚老虎，自称是洪仙大帝，村民便建茅草屋祭拜，从此虎患断绝。

70年代初，淡滨尼区开发沙石，每天过往于此的载沙卡车极多，经常发生大小车祸，造成伤亡事故。在一次淡滨尼中元会晚宴上，部分村民倡议建立一间大伯公庙。传说该大伯公庙建好后，车祸就很少发生了。洛阳大伯公庙和新芭大伯公庙也是因附近路段经常发生车祸而兴建。[①]

### （四）融合异族神灵

受新加坡多元宗教文化环境影响，华人还将他族神灵纳入本族神灵体系一同祭拜。比如位于淡滨尼路的九条桥新芭拿督坛，主神是大伯公和拿督公苏莱曼，同时还供奉印度象神甘尼莎和大、二爷伯。由福发宫、天福殿与朝云殿组成的联合庙宇合春格福发宫，其庙外有一间名为Sri Veeramuthu Muneeswarar的印度庙，

---

① ［新加坡］《淡滨尼联合宫庆成典礼纪念特刊》，新加坡淡滨尼联合宫，1993年版。

属于福发宫的一部分。该印度庙原是福发宫旧址旁边的一间小庙，由公共工程局的印度工友供奉，后来经过大伯公降乩示意，这尊印度拿督公就成为合春格福发宫的一部分。[①]

洛阳大伯公庙除了崇奉主神大伯公和妈祖、张天师、关公等，也供奉印度教象神、马来拿督公和佛教地藏菩萨。《联合早报》曾记载洛阳大伯公庙2007年9月16日举行印度教象神入座圣所仪式的过程。仪式于早上8点开始，装扮得充满节庆气息的祭师头顶圣水，在鼓乐声中绕场一圈之后，攀上象神圣所金顶及入口处宝顶上，将圣水洒在金顶和宝顶上，这象征着为宝顶祝圣，也是邀请象神入住新庙宇。盛大的仪式吸引了约1万名冒着细雨前来观礼的印度信徒，大伯公庙的华人信众也纷纷留下来目睹这难得一见的印度教盛典，场面好不热闹。新加坡国防部长张志贤亦受邀见证祝圣仪式，并为象神入座圣所主持开幕仪式。[②]

### （五）关注慈善文教

随着华人社会帮权形态逐步消失，在当前社会背景下，新加坡华人庙宇卸下帮权会馆、华人学校等附属社会功能，将更多精力财力投入慈善和文化事业。赠医施药是华人庙宇的传统慈善活动。自20世纪80年代以来，一些经济实力雄厚的庙宇不断扩大赠医施药服务范围，提高医疗条件，且不区分种族与宗教信仰一律提供义诊。在文化事业上的突出贡献表现为向邻近学校的学生颁发大量奖、助学金以及捐献各类教学设施。此外，随着国民教育程度不断提升，华人庙宇除积极配合政府宗教和谐政策外，也把开展文化活动，宣传和保存自己的历史当作进一步的发展目标。除刊发宣传教义和历史文化的出版物外，很多庙宇还举办文物展览、设立文化中心或者举办相关文化庆典。华人庙宇的上述慈善文教活动虽然还只是初步尝试，但对于从历史文化角度进行自我认知，弘扬华人民间信仰文化，已迈出宝贵一步。

## 第三节　禁忌、预兆与巫术

不同的宗教及人文背景，导致不同民族风俗习惯差异。新加坡各民族虽生活同一社会环境中，但各有特殊禁忌。华人不喜欢听到"恭喜发财"的祝辞，

① 徐李颖：《佛道与阴阳：新加坡城隍庙与城隍信仰研究》，厦门大学出版社，2010年3月第1版，第32页。
② 赵琬仪：《多元种族庙宇　新加坡洛阳大伯公宫恭请象神入座》，载《联合早报》，2007年9月17日。

他们认为“发财”两字含有“横财”之义；华人在大年初一会将扫帚收起来，绝不许扫地，因为这天扫地被认为会把好运气扫走。印度人在亲朋相见时，行合十问候礼，不握手拥抱，男女间更忌握手拥抱；吹口哨在印度人习俗里属违忌的不良行为。马来人男子与宾朋相见时忌任意脱帽；儿子见到父母时忌脱帽和吸烟；女孩在长辈面前忌盘腿而坐，一定要屈膝斜坐；探亲访友时忌衣冠不整和穿鞋进屋。

新加坡人一般喜欢红、绿、蓝色，把紫、黑色视为不吉利的颜色；数字禁忌4、7、13、37和69，尤不喜欢7，认为7是一个消极的数字；喜欢荷花、苹果、蝙蝠等图案，忌讳乌龟，认为它是种不祥的动物，给人以色情和侮辱的印象。

受西方文化影响，与人交往时，要忌讳询问和谈论性、宗教、政治等典型禁忌话题；新加坡人很少公开表露幽默感，在关系不够熟悉前最好少开玩笑；交谈时忌随便尖叫或者提高嗓音；脚通常被认为是不洁净的，因此不要用脚移动、踢或接触任何东西；坐下来后忌交叉双腿，双脚尽量平贴地面，忌露出脚心或鞋底，更不可用脚尖指向别人；不可用食指指点别人；拿一只紧握的拳头去碰击另一只张开的手掌，或紧握拳头，把拇指插入食指和中指之间，均被认为是不雅的动作；要避免身体碰触任何人，尤其是异性；在西方社会拍拍背或将手放在对方肩上是友善的表示，但在新加坡可能被视为挑衅或者是挑逗；不可随便叉腰，因为叉腰表示生气。

新加坡社会非常讨厌男子留长发，也不喜欢蓄胡须者；对嬉皮士型男性管制相当严格，留着长发、脚趿拖鞋的男士可能会被禁止入境。

给他人送礼物时，要避免使用黑、白色包装纸；不要当着送礼物者的面打开礼物，尽量使用右手递送或者接受礼物；忌送华人钟、手帕、伞和刀等作为礼物，因为送钟等于“送终”，手帕会让人联想到眼泪，伞则意味着“分散”，刀则包含“一刀两断”之意。

新加坡华人社会还流行各种巫术相关民间信仰，如乩童就是华人普遍信仰的一种巫术形式，常被用作占卜、驱邪和治病。《叻报》曾记载居住在新加坡日落洞的闽人周某请乩童为其母治病之事。周某素甚信鬼神。一日，其母突然发病，且口中念念有词。周某遂认为其母之病乃是得罪鬼神所致，便请乩童到家，鸣金击鼓，虔请降神，烧纸焚符。[1]新加坡《联合早报》2013年8月12日报道，一洪姓妇女，疑因过度肥胖，影响健康，当晚睡下后一觉不醒，猝死家中。该妇女此前因水肿与肚子胀气，曾去求医，但拒绝留在医院作详细检查，后怀疑自己病况是"中邪"所引起，因而要求其丈夫带她去问神，并服用了乩童所给的符水。[2]

"送瘟神"游行活动也广泛流行于新加坡华人族群中，如1862年春，新加坡发生霍乱疫情，华人为驱除瘟神，组织了送瘟神队伍。一路敲锣打鼓，燃烧金银纸，施放鞭炮，沿街游行了若干天。1911年1月，新加坡瘟疫流行，死者甚多。福清和兴化两籍手车夫亦多受其害，他们怀疑瘟疫流行乃鬼怪作祟之故，在请到神乩后，两籍车夫便组织巡游以驱鬼。一时间，福清和兴化两籍车夫约万余人踊跃投资，很快便筹集到两三万元。集资结束后，众人忙赶制车马、台阁、纱灯和鼓乐等仪仗，并连续两夜在新加坡的小坡和大坡奉神出游。凡有此两籍手车馆的地方，巡游队伍无不迤逦而过。[3]

而惊蛰天祭白虎打小人的习俗，在今天的新加坡依然可见。《联合早报》2004年4月曾刊登关于梧槽大伯公庙祭拜白虎与打小人习俗的文章，称"有三几个上了年纪的阿叔或阿姨，用拖鞋用力往地上的纸人拍打，打完后还在纸人身上踩上几脚……"。[4]

# 第四节　新加坡民间信仰的社会文化价值

民间信仰作为一种特殊的传统文化，集中反映着特定民族的传统意识形态，是民族文化最重要的载体和表现形式。在新加坡多元文化社会背景条件下，各族群民间信仰不仅记忆、传承着各民族异彩纷呈的传统文化，还具有构建治理社会、强化民族认同等功能。

## 一、社会构建

自1819年英国将新加坡纳入其殖民体系后，殖民政府对新加坡治理基本采

---

[1] 《乩童胆碎》，载《叻报》，1899年5月9日。转引自汪鲸：《适彼叻土：历史人类学视野下的新加坡华人族群》，广州：广东人民出版社，2013年8月第1版，第67页。

[2] 《新加坡200公斤妇女睡梦中猝死 或因肥胖过度》，载《联合早报》，2013年8月12日。

[3] 汪鲸：《适彼叻土：历史人类学视野下的新加坡华人族群》，广州：广东人民出版社，2013年8月第1版，第67页。

[4] 莫美颜：《新加坡华族民间信仰：拜虎爷与打小人》，载《联合早报》，2004年4月15日。

取分而治之、间接管辖的策略，这使得大量涌入的各族群移民所处的是一个高度分化、缺乏认同的半自治社会。殖民时期新加坡社会的高度分化，不仅体现在族群之间，亦反映在族群内部，华、印、马来族群界限分明，族群内部帮派林立。在新的环境中整合认同、构建移民社会成为各族群面临的首要任务。操相同方言和具有相同宗教、风俗、习惯等的人群，自然形成彼此认同并与其他社群相区别，是新加坡殖民社会早期的突出特征，并基于此展开移民社会的整合、构建和维系。民间信仰作为制度型宗教在民间的延伸以及民族传统意识的集中反映，对新加坡各族群尤其是华人移民社会的构建与治理发挥重要作用。

民间信仰对新加坡华人社会的构建主要体现在"界定"和"维系"两个方面。华人移民南下新加坡，在异乡或因使用同一方言具有相同习俗、或因彼此宗亲血缘关系而结成帮群，各帮群又以地缘、血缘关系维系内部团结并界定与其他帮群关系，逐步形成以帮权结构为特征的早期华人社会。可以说，殖民时期新加坡华人帮权社会的整合与构建，主要以地缘与血缘两条脉络从对外界定与对内维系两方面展开。

新加坡华人移民主要来自华南闽粤两地，由于所操方言和社会风俗差异形成操闽南方言的福建帮、操潮州方言的潮帮、操粤语的广帮、操客家话的客帮和琼州海南帮五大帮群。各帮群为满足基本信仰需要，创建庙宇奉祀源于各自祖籍地的神灵；为解决帮群身后营葬事务，集资置地设立帮群坟山。庙宇与坟山成为帮群华人交流互动的最早公共场所，并由此推动帮权社团组织的建立发展，大部分帮权组织办事机构亦设在各自庙宇或坟山内，如福建帮最早将帮权机构设于恒山亭内，创建天福宫后迁至天福宫；潮帮总机构义安公司办事处设于粤海清庙内；广、客两帮先后建立青山亭和福德祠绿野亭作为广客联合总机构；海南帮则以天后宫琼州会馆为总机构。

基于地缘认同的华人庙宇与基于泛血缘关系的帮群坟山从一开始就与帮权组织紧密结合，具有鲜明的帮群属性，成为帮权机构所在和帮权权力与认同的象征。华人庙宇和帮权坟山，由地缘和血缘两条脉络展开，界定华人移民帮群彼此关系，维系所属帮群内部团结，成为华人在新加坡再建其社会架构的主要组织形态。

除社会构建外，华人民间信仰还具有社会治理的功能。基于庙宇、坟山发展起来的华人社群帮权组织具有对内管理帮群会众、对外维护华人利益的职能。供奉地缘神灵、祭祀社群祖先等活动亦有团结凝聚华人社群，规范治理华人社会的作用，有时这种规范甚至具有法律意义。

新加坡殖民时期英国法官在裁决华人之间的争讼时，往往采用华人的习俗进行判决，华人斩鸡誓盟的神判仪式就被运用到殖民地法庭的断案中。[1]1894年，福建诏安人王顺成和粤人李南为争夺一条暹罗丝幔而诉至官府。李南向英国法官禀称愿意进行斩鸡誓盟。法官便准其所请，命王顺成买回一只鸡，随同李南与众衙役等斩鸡誓盟。待斩鸡完毕，众人返回公堂复命，法官当即释放李南。[2]

## 二、民族认同

新加坡开埠之后，实行自由移民政策，各族移民大量涌入新加坡，除华人、印度人、马来人三大族群外，还包括欧洲人、欧亚混种人、阿拉伯人、尼泊尔人、菲律宾人、日本人、泰国人、缅甸人以及犹太人等。如此繁多的民族在短时期内汇集在新加坡这样一块狭小的土地上，加上殖民政府分而治之，新加坡移民社会必然呈现多元和分化的形态。新加坡各族移民通过各自传统文化、宗教信仰和风俗习惯密切内部联系、强化内部团结，较好地维系了本民族文化传统与认同，新加坡社会由华、印、马来三大族群以及其他少数族群组成的民族格局从殖民时期延续至今。

对新加坡华人社会而言，祖先崇拜尤其是社群祖先崇拜以及神明信仰是凝聚民族认同的最重要方式。新加坡华人祖先崇拜相比较中国本土而言，呈现泛血缘化的特点，并创立颇具本土特色的社群祖先崇拜。社群祖先崇拜的根本意义在于借对血缘关系扩大化了的社群祖先超度祭祀，来促进生者的凝聚与整合，强化华人社群民族认同。

新加坡华人信奉的神灵普遍源于祖籍地，这种地缘特性是凝聚来自同一片土地的华人彼此认同的天然媒介。随着新加坡闽粤两地华人移民在新的社会文化条

---

① 斩鸡誓盟又称为"烧黄纸"，是华人社会较为流行的神判仪式，即在神灵前起誓，同时斩鸡头，烧黄纸，以表明誓言真实无虚。

② 汪鲸：《适彼叻土：历史人类学视野下的新加坡华人族群》，广州：广东人民出版社，2013年8月第1版，第68页。

件下彼此交集互动，其中一些原本仅仅被闽人或者粤人所崇拜的神灵，在传至新加坡后为两籍人士所共同信仰。比如闽人的大伯公信仰在传至新加坡后，逐渐受到粤人特别是粤人妇女的崇拜。

同大伯公一样在新加坡为各籍人士所信仰的还有天后。天后原为闽人所崇拜的神灵，后其作为航海者和女性的保护神，逐渐传播至浙江、广东和海南等中国沿海地区，影响极其深远。前来新加坡的华人每逢在海上遭遇危险，便会向天后祈祷，请求保佑。在平安登陆后，华人便邀请戏班演剧以酬神。1900年10月，一艘名为全山的轮船，在由厦门汕头驶往新加坡的海上突遇大风，船上载满华人，诸人便计议共烛名香，齐跪船面，当天向天后祈祷。后来风浪渐息，同船的闽、粤和潮籍华人在登岸后，纷纷集资请梨园子弟在天福宫和粤海清庙前演剧，以答神麻。本为闽人崇拜神祇的天后在新加坡遂渐成为各籍共尊的神灵。闽人在天福宫进行朝拜，潮人在粤海清庙进行朝拜，海南人对天后崇拜的隆重程度甚至超过了闽人——每逢天后圣诞之期，海南人便会连日在其会馆之前搭建戏场，召梨园子弟开演戏剧，并同时设有酒会，庆闹异常。在庆贺神诞的同时，敦睦乡谊，既娱神又娱人。像这样本为某一方言帮群所信奉的神祇，在新的环境下逐渐为其他方言帮群所接纳和崇拜，进一步密切了华人各方言帮群之间的互动，强化了其同为华人的民族认同。[①]

## 三、文化传承

由于缺乏与祖籍地一致的人文背景，移民社会对源自祖籍地的文化传统的继承和延续，多以文化记忆的方式进行。对于在祖籍地出生的第一代移民而言，大都怀有比较清楚的对祖籍地文化的集体记忆，而出生于新加坡的移民后代，由于成长在异于祖籍地的不同社会文化环境下，其对本民族传统文化的习得，更多通过老一代移民集体文化记忆的不断传递和输送而达成。集体文化记忆的延续主要通过反复强调和不停重复，最终完成由老一代移民向移民后代的交接。民间信仰中拜祖、祭神、巫术以及禁忌等活动周期性地不停反复，以及在这些周期性民俗活动中新老两代集体的交集与互动，使得对传统文化的历史记忆一代代不停地延

---

① 汪鲸：《适彼叻土：历史人类学视野下的新加坡华人族群》，广州：广东人民出版社，2013年8月第1版，第69页。

续和传递下去。因而，尽管新加坡的社会文化环境与各移民族群祖籍地社会文化环境差异巨大，但并不影响移民对祖籍地传统文化的集体记忆通过民间信仰诸多活动一代代传递下去，进而推动民族传统文化的传承和延续。一位19世纪到过新加坡的拜访者爱德华就曾惊奇地发现，"每个不同的种族完整地保存了他们的传统，就好像他们根本就不是由外地迁徙而来，倒像是本地土生土长发展起来的"。[①]今天，新加坡在爱德华作出如此评价一百多年后，多元化依然是新加坡社会的最大特征，华、印、马来各族群传统文化得以保持和延续，其在某些方面的完整性甚至超过祖籍地的程度。

---

① 李志东：《新加坡国家认同研究（1965—2000）》，北京：中国人民大学出版社，2014年1月第1版，第28页。

# 第五章　宗教文化

新加坡是一个多元宗教国家，推行宗教宽容，鼓励信仰自由。根据新加坡宗教联谊会最新记录，新加坡受到国家承认的十大宗教包括：佛教、道教、基督教、伊斯兰教、印度教、犹太教、拜火教、耆那教、锡克教与巴哈伊教。[①]2010年新加坡人口普查数据显示，新加坡15岁及以上常住人口中，83%的人口信仰宗教，无宗教信仰者占17%。按信徒人数占常住人口比例排列，处在前五位的宗教分别是佛教（33.2%）、基督教（18.3%）、伊斯兰教（14.7%）、道教（10.9%）与印度教（5.1%），犹太教、拜火教、耆那教、锡克教、巴哈伊教等其他宗教信徒占0.8%。[②]

## 第一节　佛教

佛教在历史上曾对新加坡产生重要影响，"新加坡"一名的由来即与佛教有关。近代佛教随移民主要是华人移民传入新加坡，经百年发展成为新加坡信众最多的宗教，并与当地多元社会文化相融合，形成独有本土特色。

### 一、历史传承

关于古代佛教何时传入新加坡以及对新加坡产生何种影响，至今无历史文献可供稽考，但从佛教在东南亚海岛地区的传播情况来看，佛教入传新加坡的历史应可追溯至13世纪后期新加坡拉狮城王朝建立前。佛教于公元初传入印度尼西亚群岛，5世纪时得到初步发展。至7世纪中，佛教已在由苏门答腊岛兴起的强国室利佛逝颇为兴盛。中国著名高僧义净求法印度，曾先后3次到室利佛逝，在所著《南海寄归内法传》中如此描述："斯乃咸遵佛法，多是小乘。唯末罗游（在占碑地区）大乘耳。"并建议赴印度取经的中国僧侣最好先去室利佛逝，"若其唐僧欲

---

① 数据来源：新加坡宗教联谊会官网：http://www.iro.org.sg。
② 数据来源：新加坡统计局官网：http://www.singstat.gov.sg。

向西方为听读者，停斯一二载，司其方式，方进中文，亦是佳也。"[1]8世纪以后，随着室利佛逝势力范围扩至马来半岛、西爪哇和西加里曼丹，佛教在海岛地区盛极一时。举世闻名的佛教圣迹婆罗浮屠，就是室利佛逝统治者在9世纪中叶征调当地居民兴建。

大约在11至13世纪时，新加坡一带开始出现臣属于室利佛逝王朝的定居点，被称为"淡马锡"。[2]13世纪后期，淡马锡开始被称作"新加坡拉"（singapura），并沿用至今。"新加坡拉"为梵语，意为狮城。据马来史诗《马来纪年》记载，室利佛逝王子圣尼罗郁多摩乘船到达淡马锡，"看见一只野兽，奔驰甚疾，极为俊美。它的身体赤色，头是黑的，胸是白的，十分敏捷而强壮有力"，随从告知为狮子。圣尼罗郁多摩王子认为这是吉兆，遂在淡马锡建国，称"新加坡拉"，即狮城。[3]狮城王朝建立后迅速繁荣壮大，新加坡成为东南亚乃至东西方重要贸易中心及中转港口。可惜好景不长，14世纪末狮城王朝因外敌入侵而遭覆灭，此后新加坡一蹶不振逐渐衰败至蛮荒渔村。

事实上，整个新加坡甚至是马来半岛历史上从未出现过关于狮子存在的记录，由"巧遇狮子"而得名"狮城"未免言之牵强。与东南亚其他地区以狮子命名不谋而合，新加坡"狮城"一名的由来应与佛教有关。佛教在传入东南亚之后，在海岛地区尤其是苏门答腊岛与马来半岛一度占据统治地位，直至15世纪初马六甲王朝改奉伊斯兰教为国教。佛教因狮子为百兽之王所具威慑之力量而将其视为法力象征，相传释迦牟尼降生时，一手指天，一手指地，做狮子吼，群兽慑服。《大智度论》中亦有云："佛为人中狮子，凡所坐若床若地，皆为狮子座。"由于狮子被用于彰显佛的无畏与伟大，所以古时被广泛用于崇信佛教地区之命名，如锡兰古称"狮子国"，赤土国都僧祇城（singora）亦称"狮子城"。对臣服于尊奉佛教的室利佛逝、始建王国的统治者而言，以"看见"狮子之祥瑞，将淡马锡命名为狮城，显然更具神圣色彩与执政合法性。著名南洋学家许云樵亦持此观点，在其译注《马来纪年》（增订本）中指出，马来民族在建立马六甲王国之前都信奉佛教或湿婆佛教，在苏门答腊岛所建古国末罗瑜和室利佛逝都是佛教国，印度色彩非常浓厚。淡马锡称为狮城与佛教有关，南洋其他海岛如锡兰、宋卡、僧祇城等之

---

① 贺圣达：《东南亚文化发展史》，昆明：云南人民出版社，2011年1月第2版，第110页。

② 亦有认为淡马锡可能最早建于8世纪，后臣属于室利佛逝王朝。

③ ［新加坡］许云樵：《马来纪年》（增订本），新加坡青年书局，1966年8月港初版，第87页。

称为狮子国或狮城也莫不如此。[1]狮城命名的由来，从一个侧面说明当时佛教已传入新加坡并具有相当影响力。

在狮城王朝统治时期，新加坡是否仍以佛教为主要信仰，迄今亦无确凿史料可供参详，但凭借关联史实从不同侧面推断，可印证此时期新加坡普遍信奉佛教。一方面，新加坡在创建狮城王朝之前，曾长期为室利佛逝附庸，即使在建立狮城王朝后，仍与室利佛逝有着千丝万缕的联系——狮城王朝开国君主为来自室利佛逝巨港的王子，弑杀狮城王朝末代君主并篡夺其王位的拜里米苏拉亦来自室利佛逝王室。室利佛逝文化上的突出特点是佛教兴盛，为当时东南亚重要佛教中心。长期臣属室利佛逝势力范围的新加坡，在宗教上不能不受其影响，以"狮城"之名建国便是辅证；其次，狮城王朝历代国王均以梵语命名帝号，如室利（Sri，意为"吉祥"）、摩诃（Maha，意为"大"）、罗阇（Raja，意为"王"）等，可见佛教为狮城王朝社会主要信仰，至少是统治阶层主要信仰；最后一点，就马来半岛而言，其由佛教、印度教文化转向伊斯兰教文化的进程始于15世纪初马六甲王国建立。《东南亚史》作者霍尔指出，在15世纪初马六甲王国崛起并成为伊斯兰教中心之前，没有多少资料足资证明伊斯兰教曾传播到马来半岛。[2]虽然从发展的角度与地缘宗教环境相结合来看，狮城王朝处于马六甲两岸由佛教、印度教文化向伊斯兰教文化转型的节点，其末期应有伊斯兰教的零星影响，但总的看，新加坡在狮城王朝统治时期主要信奉佛教。

狮城王朝灭亡后，新加坡沦为马六甲及其后柔佛—廖内—林加王国的属地，由曾经的国际性商埠衰退至海盗丛生的渔港，社会文化进程裹足不前。直至1819年英国人占据新加坡，并将其辟为商埠，各地移民不断涌入新加坡并带入各自宗教与民族文化，新加坡近代历史自此肇始。虽然新加坡佛教信徒主体为华人，但早期新加坡华人移民社会并未形成真正意义上的佛教信仰。华人大多既信神又拜佛，或者儒释道三者皆奉，其信仰处于一种没有明显分界的儒释道混合的糅杂状态。这种多元糅杂的信仰形态，体现了华人移民特有的功利性与现实性。远渡重洋南下拓荒的华人移民，其信仰更多是向神佛祈求庇护，而非严格的宗教信仰。另一方面，奉祀由祖籍地带来的地方神祇，可以让基于地缘、血缘形成的移民帮群获得精神认同，强化彼此联系。

① ［新加坡］许云樵：《马来纪年》（增订本），新加坡青年书局，1966年8月港初版，第289页。
② ［英］D.G.E.霍尔：《东南亚史》（上下册），中山大学东南亚历史研究所译，北京：商务印书馆，1982年10月第1版，第260页。

佛教正式传入近代新加坡，始于1898年由中国前往东南亚弘法的贤慧等诸禅师在新加坡创建第一座佛寺——莲山双林寺。①1913年南下新加坡筹款弘法的转道法师，被称为新加坡佛门鼻祖，在新加坡先后创建普陀寺和光明山普觉禅寺，进一步推动新加坡佛教的发展。随着道阶、圆瑛、太虚法师等高僧相继赴新加坡弘法，中华佛教会、新加坡佛教总会及佛教居士林等众多团体组织设立，佛教在新加坡日趋兴盛。闽粤移民皈依佛门人数不断增多，逐渐形成闽派和粤派两系，分别属于禅宗和净土两门。南传上座部佛教和藏传佛教亦有所发展。

1965年独立建国后，新加坡政府推行多元民族主义和宗教宽容政策，鼓励宗教信仰自由，维护宗教间和谐关系。佛教发展呈现新的气象，相继兴建多间寺院，增设各类佛教团体组织，加强佛教文化建设推广，增加与外界佛事交流。佛教徒在新加坡常住居民中所占比例亦呈大幅上升态势，由1980年的26.7%升至1990年的31.1%再到2000年的42.5%。②2010年虽降至33.2%，但仍为新加坡第一大宗教。

推动佛教在新加坡蓬勃发展的另一重要因素是佛教为适应新加坡多元社会文化环境挑战而日趋世俗化、现实化的自我调整，同时这也是佛教与新加坡多元社会文化融合的必然结果，并成为新加坡佛教显著的特征。

新加坡佛教世俗化、现实化趋势的突出表现是贴近社会实际诠释佛法经典，并汇融新加坡政府积极推行基于儒家思想的共同价值观，以浅显道理立定"佛在人间"根本、弘扬"人间佛教"真义。慈航法师创办名为《人间佛教》的刊物，赢得新加坡社会共鸣。台湾高僧星云法师近年来的宣道处世演讲和著作被新加坡《新明日报》收编成"星云大师点智慧"系列，每天连载，每篇不超过1 000字，重点放在"点智慧"的"点"字上，以古今中外、发人深省的生活小故事，引导启发世人安身立命、为人处世应有的向善向上价值观。系列刊载后，深受新加坡广大读者欢迎，欲罢不能，以致一口气连载了460多天，创下了该刊非小说类文章连载时间最长的纪录。新加坡特色的"人间佛教"文化，在过度重视物质生活、西化倾向严重的新加坡社会，成为一种没有虚构的神话、没有惩罚的威胁和不抵触科学与逻辑的心灵教导，正为新加坡越来越多的民众所接受，如《教诫新嘎喇

---

① ［新加坡］隆根长老：《新加坡佛教漫谈》，古晋佛教居士林（月刊快讯），2003年9月。http://kbs.cdc.net.my/kuaixun/200309/fojiaoyuanliu.htm

② ［新加坡］苏瑞福：《新加坡人口研究》，薛学了、王艳等译，厦门大学出版社，2009年3月第1版，第43页。

经》用以引导和谐与幸福;《长膝经》用以引导如蜜蜂采蜜般地创造财富;《毁灭经》用以告诫如何避免堕落;《吉祥经》用以引导什么是人生最高祝福和如何实现最高祝福等。"人间佛教"文化在新加坡20世纪70年代李光耀总理着力推动的"礼貌运动"和20世纪90年代吴作栋总理倡导的"优雅社会"活动中，发挥着潜移默化的思想劝导作用。①

基督教作为殖民遗产，在新加坡极具影响力。基督教多元的宣传手段和活动，在新加坡这样的国际化社会中，对当代年轻人的吸引力不言而喻，并对新加坡佛教推广形成巨大压力。为应对挑战，新加坡佛教在宣传方式上日趋实用理性，效法基督教，更多采用谈话、讲道、组织定期活动等形式弘扬佛法。每逢佛诞卫塞节，更组织各类大型庆典活动，并广邀各族、各宗教、各阶层、各年龄层人士共度盛会，积极宣扬佛教精神理念与文化。

构成成分的现代化也是佛教在新加坡的主要变化之一，新加坡佛教组织在各个环节均紧跟时代发展节奏，如推选会两门语言的高素质领导管理组织，筹建富有活力的委员会开展各类活动，用英语组织活动、提供舒适的会场与设备以及大型停车场来吸引更多人群参与活动等。②

## 二、现代概况

根据新加坡2010年人口普查数据显示，新加坡佛教信仰者为1 032 879人，占15岁及以上常住人口的33.2%。华人为佛教主要信徒，占佛教徒总数的97.7%，信奉大乘佛教，分禅、净两宗;其余佛教徒多为斯里兰卡、缅甸、泰国、柬埔寨移民，信奉南传上座部佛教;藏传佛教亦有信众。③

佛教组织约有60余个，其中新加坡佛教总会是新加坡佛教推行教务的最高机构;成立于1966年的新加坡佛教僧伽联合会，是各族佛教徒联合组织;英文佛教会为受英语教育的佛教徒共修聆法之场所，由法乐法师创办;佛教居士林每周定期举行修行、弘法等活动，林友千余人，关心社会慈善并有良多贡献;其他重要佛教组织如世界佛学社、摩诃菩提会新加坡分会、新加坡佛教联盟、新加坡佛学研究会、佛教青年联合会、新加坡锡兰佛教会、中华佛教会等亦具有相当影响

---

① 陈田爽:《星洲佛教文化之旅》，载《炎黄纵横》，2011年11期。

② 楚超超:《新加坡佛教建筑的变迁》，载《华中建筑》，2007年第12期。

③ 数据来源:新加坡统计局官网。http://www.singstat.gov.sg。

力。此外，南洋理工学院、新加坡国立大学、新加坡理工学院等院校均设有佛学会，以及中英文佛教青年会，时有演讲、佛学研究等活动。世界佛教徒联谊会在新加坡设有分会，毕俊辉居士曾长期担任分会领导，并担任过世佛联副主席。

佛教教育方面，新加坡佛教总会创办菩提小学和文殊中学，开设中学教师佛学班、业余佛学班等短期培训课程，菩提小学因师资优秀、学风良好而成为新加坡15所特选小学之一。光明山普觉禅寺于2005年筹建新加坡佛学院，并于次年8月迎来第一届学员。

出版刊物方面，发行《南洋佛教》、《佛友资讯》、《佛教联盟时事通讯》等各类刊物，其中于1969年创刊的《南洋佛教》月刊是新加坡历史最悠久、影响力最大的佛教刊物，同时还为中小学编撰多种佛学课程教科书，以生动有趣的图画和浅显易懂的文字阐明佛理、弘扬佛法。

随着时代发展，新加坡佛教积极参与社会慈善公益事业，很多大型寺庙开始创办养老院和慈善医院，设立助学金和医疗援助基金。已经开办二十多年的新加坡佛教施诊所，坚持为社会各层民众赠医施药。观音慈善诊所除本身提供诊疗服务外，还设有流动问诊车。佛教总会多次发动各寺庙庵堂、团体、会员及信徒伸出援手，救济土耳其、印度等国遭受地震等自然灾害的民众。2008年汶川地震，佛教居士林多次向四川灾区捐款累计达280余万新元。[①]

## 三、主要寺庙

新加坡面积不大，但境内佛寺林立。除双林寺、普陀寺、普觉禅寺、龙山寺等具有百年悠久历史的古寺外，20世纪中期又先后创建海印寺、灵山寺、毗卢寺、南海寺、龙华寺、法华寺、圆通寺、普济寺、香莲寺、大觉寺、正觉寺等。目前计有北传佛寺150余所，南传上座部佛寺20余座。

新加坡华人移民信仰多糅杂含混，儒释道界限不清，这种倾向亦体现在华人所建寺庙中。依据主祀和陪祀格局，可将新加坡佛教寺庙分为三类。一类是纯正佛教寺庙，供奉释迦牟尼，双林寺、光明山普觉寺、佛牙寺为典型代表；第二类是佛道混合寺庙，或是主祀释迦牟尼或观音、陪祀道家杂神，或是主祀道教神祇、陪祀观音、地藏菩萨等，如龙山寺、四马路观音堂等；最后一类是佛道儒三合一寺庙，在新加坡只有五所，即天福宫、梧槽大伯公、万寿山成堂、龙南殿与南海宫。[②]

---

① 《新加坡佛教居士林再次向中国大使馆转交赈灾募款》，中国文化网，2008年7月。

② 楚超超：《新加坡佛教建筑的传统与现代转型》，东南大学硕士学位论文，2004年12月26日。

### （一）双林寺

座落于大巴窑，1898年创建，为新加坡首座佛教寺庙，1980年被新加坡政府列为第19处国家古迹。双林寺由慈善家刘金榜捐资兴建，创建者为贤慧法师。双林寺始建之时，周围尚属荒郊，寺院所处地带后方隆起向前略微倾斜，前方为低洼滩地，两侧是青绿树丛，从远处望去那隆起的山丘仿佛一朵浮在翠绿荷叶上的莲花，双林寺因而被称为莲山双林寺。历经一个多世纪，双林寺所处大巴窑区已发展成繁华市镇，双林寺可称得上烦嚣都市中一方净土，晨钟暮鼓，香火缭绕，肩负弘扬佛教、净化人心之使命。

双林寺以福建福州西禅寺为典范，建筑群呈对称布局。正殿大雄宝殿为全寺最宏伟建筑，内供奉三世佛，中为释迦牟尼佛，东为药师佛，西为阿弥托佛。世尊两旁有两弟子，东为迦叶尊者，西为阿难尊者，后座朝北供奉观世音菩萨。正殿以北的两层建筑，下为法堂，上为藏经阁。寺内龙光宝塔依据福建福州长乐市三峰寺塔而兴建，该塔正门额题"圣寿宝塔"，建于北宋年间（1117年），曾是明朝三保太监郑和俯瞰船队停泊太平港的瞭望塔，对南洋华人具有特殊意义。

双林寺历史久远，寺内文物古迹众多。天王殿内座北朝南的两侧墙壁上立有完工于1920年的两幅石碑，左侧《募建莲山双林禅寺碑记》，右侧《重修莲山双林禅寺碑记》，为双林寺重要史料。古钟有两口，一为清光绪廿六年（1900年）制造的铁钟，钟口转折放大，表面铸有云龙纹，形制古朴；另一为清光绪卅年（1904年）制造的铜钟，以纯铜铸成，体积厚重声音嘹亮。寺院每日晨钟暮鼓，都有僧侣专司。在举行特别隆重的法会，如晋山典礼、戒会迎请、和尚升座、上堂说法，都要钟鼓齐鸣，表示庄严隆重。

双林寺历经多次重修，方完整保存至今。最近一次修复始于1991年，耗时11年完工，增添半月池、山门、照壁、牌楼和龙光宝塔等建筑。

### （二）普觉禅寺

位于光明山路88号，由新加坡佛门鼻祖转道法师1920年始创，是新加坡面积最大的佛教寺院，因立于光明山（即过去之海南山）被称为光明山普觉禅寺。1943年转道法师圆寂后，由宏船法师继任住持。宏船继任期间，大事建设，奠定今天普觉禅寺规模宏大的丛林格局。

普觉禅寺整体布局不似中国传统寺院呈严谨的中轴对称，十余座单体建筑依山势而布局，各建筑单体间蕴含内在逻辑关系，整体零而不碎、散而不乱。正殿供奉释迦牟尼佛，两侧为阿难与迦叶尊者，装饰繁杂，色彩鲜艳。1995年普觉禅寺重修时，为纪念宏船法师生前功业，增建宏船法师纪念堂。

### （三）龙山寺

座落于黎士哥士路371号，始创于1917年，原定名龙山精舍，1925年由慈善家陈文烈捐资重建并更名为龙山寺。此后经多次修缮与扩建，达到今日之规模。寺庙布局呈轴线对称，采用木材建造，抬梁式结构。山门有莲花垂柱，技艺精湛，充分体现闽南地域风格。主殿供奉一座千手观音，同时也供奉释迦牟尼与其他神祇。龙山寺内曾办学堂，为惠及更多学生，龙山寺于1955年在隔邻创办弥陀学校。

### （四）海印古寺

位于蔡厝港郊区，于1928年前后由著名商人陈芳岁献出寺地，并由其夫人杨铜荷氏，法名印修，发起创办并募资兴建。海印寺初建时，只有茅屋数椽，供住众挡风遮雨。1937年至1938年间幸得龙山寺大力资助辟建大雄宝殿，并获书画大师徐悲鸿亲书海印寺成匾悬挂于大雄宝殿之中，成为新加坡地方首创妇女专修道场。至1992年，鉴于女性居士日趋减少，遂请传谊法师继任住持，将海印寺逐渐发展为僧伽道场，以继续弘扬佛法。1998年重修大雄宝殿，并于殿后建起三层高觉皇楼，除大雄宝殿外墙仍是原来的古建筑之外，寺院外貌摆脱一般寺庙风格，格局焕然一新。为了纪念海印寺所经历的沧桑岁月，传谊法师将"古"字列入寺名内，将海印寺易名为海印古寺，意味着对历史的见证。2002年海印寺再兴土木，修建四层佛学部新楼，为纪念寺院创建人印修居士，以其法名将大楼命名为印修楼。多番修缮后的海印古寺外观鲜明庄严，每当节日庆典都吸引善男信女前往敬香祈福、学习佛法、参与共修。

### （五）毗卢寺

座落于新加坡武吉知马区，由雪山法师始创于1941年。创建之初，雪山亲自筑地营屋，落成三宝安养院，收留许多孤苦无依的老人。后因雪山来自杭州天竺山，故改称"天竺山毗卢寺"。

雪山法师圆寂后，毗卢寺由本道法师接任住持。1957年重建大雄宝殿，供奉毗卢遮那佛、千手千眼观世音菩萨与无冠弥勒佛，重建工程于1960年竣工并举行开光落成大典，落成典礼之盛大轰动东南亚。在本道法师的积极推动下，毗卢寺成为当时新加坡与海外佛教界交流最重要的道场，曾接待海内外众多法师，包括1963年来访的中国佛教协会代表团。

20世纪90年代以来，毗卢寺多次展开重修，扩建大殿，新建药师殿，定期举办佛法讲座并积极参与对外交流，主办第一次世界佛教青年会议筹备会议，成为新加坡最具影响力的寺庙之一。

### （六）佛牙寺

位于牛车水中心地区，由法照法师设计，并在海外顾问团队协助下于2005年动工兴建，历时2年完成。寺庙楼高五层85米，第一层是山门、钟楼、鼓楼、观音殿、百龙殿。第二层是阿兰若藏经阁及展览厅、文殊殿，夹层楼是莲芯茶坊、地藏殿、法堂、戒光堂、诸山长老德像纪念馆。第三层是普贤殿龙华文物馆，所收藏的文物，涵盖南北藏传三系佛教艺品。第四层是灵光殿，所供奉佛牙舍利置于由信徒捐资打造的重达320千克的金制舍利塔中。第五层顶楼有万佛阁、毗卢遮那大光明经咒转经轮藏、万福光明灯和胡姬花园。正殿供奉一尊庄严的弥勒尊佛，又称"一生补处菩萨"，或"未来佛"、"弥勒如来"。在每日的规定时间，驻寺和尚举行典礼，开放内殿供公众膜拜。

佛牙寺以佛教曼荼罗为中心概念决定建筑内部陈设位置以及建筑布局，建筑所有内外元素包括佛像及装潢采用唐代文化艺术作为风格基调，综合应用现代建筑技艺建造而成。整座寺庙庄严雄浑、富丽堂皇，展现了新加坡宗教艺术与多元文化的方方面面，成为牛车水地区的佛教文化中心、新一代标志性建筑与最著名景点。

### （七）缅甸玉佛寺

座落于马里士他路，1921年创建，是马里士他和摩绵区一带地标性建筑，是新加坡境内唯一一座缅甸佛教寺庙，同时也是缅甸境外最雄伟的缅寺之一。玉佛寺为四层高楼，在现代建筑的基础上呈现缅甸传统建筑风格。佛寺层层屋檐与寺内各处木雕均出自缅甸工匠之手，使用高级柚木雕刻而成，据说所耗柚木重达29吨。寺内供有高达11英尺的大理石坐佛，于寺庙创建时由缅甸国内运抵新加坡。由于该寺是新加坡唯一缅寺，故成为缅甸移民宗教与社群活动中心。每逢缅历新年泼水节，新加坡全境缅甸人聚集于此以传统方式共度新年。周末及佛教节庆，亦有众多缅甸人，少则三四十人、多时上百人，身着缅甸传统服装，到玉佛寺拜佛诵经、行善积德。

## 四、佛教艺术

### （一）建筑艺术

佛教主要随华人移民传入新加坡，所以早期新加坡佛教寺庙建筑多采用中国传统寺庙布局。又因华人移民多来自闽粤两地，故新加坡佛教寺庙多带有闽粤一带地域特色。以新加坡历史最悠久的莲山双林寺为例，该寺以福建福州西禅寺为典范，建筑群体轴线对称布局，以正殿和法堂为主，左寮堂右僧堂，左钟楼右鼓楼，基本上遵守中国禅宗寺院的传统格局。建筑群依据实体坡度拾阶而上，使寺院立面呈现出尊卑有序的壮观景象。大殿上檐木构架虽已被钢筋混凝土取代，但下檐结构、柱网和台基均得以保留，其结构方式与中国东南一带木构结构方式相仿。大殿外观采用中国南方宗教建筑最常见的重檐歇山屋顶，屋顶正脊起翘、双龙护塔、燕尾收端、具有明显闽南风格。寺庙整体所呈现的福州和泉州风格，使其成为新加坡最具移民特色的代表性建筑之一。

部分寺庙从实用主义出发，更多考虑周围地势和当地人文环境，其布局不似中国传统佛寺遵守严谨轴线对称，但单体建筑风格呈现中国南方寺院特征。比较典型的例子是光明山普觉禅寺，该寺顺应地势、依山而建，单体建筑虽零碎分散，但相互呼应、错落有致，彼此以廊院相连接，在中心区域形成隔而不断的积极集散空间，尤其适合举办大型法会，虽人头攒动，却无拥挤之感。寺院不设山门，全院共有五处入口，院内四通八达，游人自由进出，各处建筑一览无遗，给人以豁然开朗之感觉，完全不同于中国传统佛教建筑长轴线对称所带给人的神秘莫测之感受。普觉禅寺如此布局，正体现了新加坡多元的人文环境与移民社会特有的开通务实观念。

随着新加坡多元社会发展，面对诸多变化与挑战，佛教不断进行自我调整，面向大众，积极入世，更多参与社会活动，逐步走向世俗化。与之前相比，现代新加坡佛教在社会公益、佛学教育、活动筹办、宣传推广等方面展现更主动姿态，这就要求佛教寺庙除传统职能外，兼具展示、讲演、研习、交流、服务等综合功能，呈现亲切、现代气息，成为基层佛教文化中心与社区活动场所。

为适应上述时代要求，新加坡近年兴建的现代寺院虽仍保持传统佛寺建筑风格，但格局和形态上呈现新趋势。空间结构方面，由平面向垂直、分散向集中发展，多为大空间、多楼层布局，大殿集拜佛、修行、讲坛功能一体；外部形态方面，由繁琐向简约、复古向现代过渡，更注重实用性与国际化；建筑格局方面，由内向向外向、封闭向开放发展，不再是庭院深深的合院形制，而像普通写字楼一样位于市区或街道旁，迎接四方来宾。

位于牛车水的佛牙寺就是现代新加坡佛教建筑的典范。龙牙寺主建筑及构成元素采用唐代佛寺风格，但建筑格局与形态体现新加坡佛教建筑最新趋向。佛牙寺宽仅为35米，但高达85米，为5层建筑，各主体建筑连为一体，体现曼荼罗理念。除供奉弥勒尊佛的主殿外，还建有展览厅、法堂、纪念馆、文物馆、舍利馆、剧坊、茶坊以及地下停车场等诸多功能单元。整座寺庙浑然一体，富丽堂皇又简约现代，与牛车水繁华街景融为一体。寺庙山门就开在南桥路边，作为重要佛教文化中心与著名观光景点，每日迎来众多信徒与游客，成为开放、亲民的现代新加坡佛教之象征。

**（二）雕刻艺术**

新加坡佛寺的佛像雕塑与装饰雕刻，基本源于本土佛雕艺术，由移民带至新加坡。华人佛寺基本沿袭中国闽粤地区雕塑风格和技艺，并多聘用来自中国南方的能工巧匠制作完成；南传佛教寺庙如玉佛寺、金宝寺等则多体现缅、泰佛教艺术特色。

如莲山双林寺，所供奉千手千眼观音坐像高11.2米，以青铜铸造，重达30吨，呈唐代造像风格。观音冠顶造型为十一面，即佛相（顶上一面）、暴大笑相（后一面）、慈悲相（前三面）、嗔怒相（左三面）以及白牙上出相（右三面），代表大乘菩萨修行的十个阶段，也称"十地"。菩萨主身四十八臂，背光上有九百五十二只手，合计千手，持四十四件法器，以表菩萨度众之种种方便法门，每一掌皆有一目，千眼照见，千手护持，度化众生。观音左右两边的壁墙上方，供奉观自在菩萨三千尊，两旁有十八罗汉围绕，气氛庄严华丽。寺内各处雕刻装饰，手法细腻，线条流畅，色彩鲜明，呈现典型闽南风格。

又如缅甸玉佛寺，所供奉大理石坐佛，高11英尺，重10吨，材料来自曼德勒以北48公里的实概山，在缅甸国内雕塑完成后于1921年运至新加坡。寺内外木雕以珍贵柚木运用缅甸传统工艺雕刻而成，木门上雕刻的佛本生系列故事、天花板与柱子上的装饰花纹，均为典型缅式风格。二楼栏杆则依照现存于缅甸文化名城曼德勒市内的贡榜王朝皇宫栏杆样式雕刻而成，呈现缅甸古典建筑艺术特色。

### （三）书画艺术

除诵读经典之外，佛教还鼓励信徒通过书写、绘画等方式展示佛教存在，形成独具魅力的佛教书画艺术。书法是中华文化特有的艺术形式，在与佛教结合后，对佛法的传播起到积极作用，同时佛法题材亦赋予书法更多精神内涵，抄写佛法成为中国书法历史发展的重要推动力量。

源于中国、以大乘教派为主体的新加坡佛教，重视佛法宣教与书画艺术的结合，积极推动佛教书画文化的普及和发展，举办各项佛教书画艺术展览与赛事，与中国展开佛教书画艺术交流。

2006年4月22日至30日期间，为纪念佛陀诞生2550年，弘扬佛陀伟大精神，新加坡狮城书法篆刻会与新加坡佛牙寺在牛车水佛牙寺左邻广场联合举办"墨海慈缘"书法义展，新加坡佛教总会副会长与佛牙寺方丈法照法师主持开幕仪式。包括多名新加坡书坛耆宿在内的39位书法家计52件书法作品参展，展品篆、隶、楷、行、草诸体皆备，内容包括佛教经文以及与佛家经典文化相关之诗词对联，是新加坡历史上首次本土书法家佛教书法专场展示。[1]

2012年4月，新加坡佛光山及国际佛光会新加坡协会举办全国硬笔书法比赛，参赛者须抄写《佛光菜根谭》，以抄经方式弘扬星云法师思想道理与中华文化意涵。比赛反响热烈，主办单位共收到来自38所中小学及学院逾2 000份佳作。参赛学生不仅为华裔，不少其他族群学生亦报名参与角逐，新加坡佛光山也特别颁发文化奖给非华裔学生，和谐奖则颁给天主教学校，以表种族宗教之间的和谐。[2]

### （四）音乐艺术

佛教音乐被称为梵音，又名梵呗，是佛教用以阐明佛理、弘扬佛法的佛事音乐，也可指世人创作的歌颂佛教的音乐，是一种将佛理与音律相结合的音乐形式。现代新加坡佛教担负着在当地多元宗教文化环境下弘扬佛法的重任，注重应用佛教音乐这种极富感染力的艺术形式来推广宣传佛教文化。新加坡佛教团体组织多次举办大型佛教音乐盛会，以佛乐之庄严清净和所蕴含慈悲之情教化人心。部分寺庙、佛教学会编写佛教歌曲，配以伴奏音乐，以华语和英语演唱，并通过唱片、互联网等媒介传播。这些佛教歌曲音律优美，歌词简明，融入流行音乐元素，因

---

[1] 《新加坡举办举行"墨海慈缘"书法义展》，佛教导航，2006年5月11日。http://www.fjdh.cn/bnznews/2006/05/1702454048.html

[2] 《2012年"威德智海全国硬笔书法比赛"》，新加坡佛光山＆国际佛光会新加坡协会官网，2012年4月15日。http://www.fgs.sg/cn/news.aspx?file=%2Ffiles%2Fnews%2Factivity%2Fnews233.xml

而琅琅上口易于传唱，以通俗、亲民的艺术形式传递基本佛理。

2006年光明山普觉禅寺在新加坡室内体育馆举办大型梵呗交响演唱音乐会《千年一音》，参演单位包括新加坡华乐团、中国残疾人艺术团、著名声乐家与流行歌手。该项大型音乐盛会旨在促进民族与宗教和谐，集中展示佛教音乐艺术，成为新加坡佛教音乐发展的重要里程碑。音乐会所筹得善款全数捐献新加坡佛教总会菩提学校扩建基金及新加坡华乐团活动基金。[①]

# 第二节　基督教

1819年新加坡被英国占据并辟为商埠，基督教随之传入。殖民时期受多种因素制约，基督教在新加坡传播未取得实质性进展，基督徒占新加坡人口比例低于3%。独立建国后，随新加坡社会现代化、国际化进程不断深入，基督教影响力日益扩大，信徒总人数占常住人口比例快速增加至2010年的18.3%，为新加坡第二大宗教。华人是新加坡基督教主要信众，基督教会通过重新诠释教义等变通措施，缓解基督教与华人传统习俗的矛盾冲突，使华人基督教在两种文化之间得以平稳发展。

## 一、历史传承

历史上曾对新加坡产生影响的宗教主要是佛教和伊斯兰教，基督教传入新加坡始于1819年英国占据新加坡并将这个当时仅有1 000人、海盗丛生的渔港开辟为商埠。同年10月受伦敦会委派由马六甲赴新加坡传教的米顿，成为新加坡历史上首位基督教传教士，并创办新加坡第一所教会学校。米顿在1820年11月20日的一封信中提及，"我建了一所临时性的房子，和华人佣人、华人老师、华人校长住在一起，并开始在华人、马来人和学校中布道。我们全住在一起，组成一个小小的家庭。从早上六点到晚上九点，我都在全力学习汉语和马来语，并且已经勉强能读马来文和教导马来学生。"[②]

从开埠至19世纪40年代初，伦敦会、美部会、美国长老会等教会先后派出20余名传教士赴新加坡传教布道。短短20年时间有如此之多传教士络绎不绝赴

---

① 《佛教与艺术》，新加坡佛教总会官网，2006年。http://www.buddhist.org.sg/community/cultural/
② 张钟鑫：《新加坡华人基督教研究（1819—1949）》，福建师范大学博士学位论文，2010年3月，第16页。

抵新加坡，其主要原因在于新加坡优越的地理位置及迅速崛起的商业贸易——这使得新加坡成为当时东南亚货物、商品和移民的集散地。各教会因而将新加坡纳入对华传教的预备范围，将其作为差传工作重要基点，经由新加坡向中国乃至东南亚各地输送传教士，为进一步传播拓展福音创造条件。

尽管这一时期新加坡已成为教会宣教重要传教站，但新加坡本地传教工作并未取得实质进展，赴新传教士将精力主要放在建立教会学校、翻译印刷基督教书籍和印刷品上，同时努力学习中文，为续赴中国传教预作准备，长期留驻新加坡的传教士并不多。另一方面，华人移民方言众多，传教士难以直接布教；基督教因伴随殖民者"炮舰外交"而传入东南亚，令新加坡亚洲移民心存抵触等原因也是此阶段基督教传播在新加坡裹足不前的重要原因。

1842年，鸦片战争后，中国与英国签订近代第一个不平等条约《南京条约》，之后又与美国、法国签订《望厦条约》《黄埔条约》，传教士由此取得可在中国自由建堂传教的权力，原先蛰伏在东南亚各地的传教士纷纷离开南洋，蜂拥北上进入中国布道，基督教在新加坡发展几近停滞。然而基督教在新加坡华人社会中的传播，却在这一时期生根发芽，为华人基督教发展打下基础，奠定新加坡基督教以华人信众为主体的格局。尽管随后近半个世纪，抵新的传教士寥寥无几，远不及之前繁密，但这些传教士开始意识到日益增多的华人在新加坡社会中的重要地位，将传教重心转向华人，同时，华人教职人员也在这个时期开始发挥重要作用，比较突出的有陈诗武、秦关等华人传道。

19世纪80年代至第二次世界大战前，基督教在新加坡主要是在华人社会获得一定发展。长老会、圣公会、卫理公会着力推动基督教在新加坡华人社会的传播，基督复临安息日会、神召会、救世军、中国耶稣教自立会等新兴教会在进入20世纪后亦积极赴新拓展福音。各教会不再将宣教目标设定为中国、仅视新加坡为附属，而是将主要精力置于新加坡本土华人传教事务上。与前期恰恰相反，许多传教士为更好地在新加坡华人中传播福音，都曾到中国学习语言和传教方法。同时，各教会在教育、医疗、出版和慈善等社会事业上的主动作为，亦在很大程度上改善了基督教在华人群体间的形象，对福音拓展起正面推动作用。此外，在涌入新加坡的大量华人移民中，有部分基督徒和教牧人员，他们加入新加坡基督教会，为华人基督教发展注入新鲜血液，许亦喜、郑聘廷等华人传道则在各教会中扮演重要角色。新教会不断成立，信徒人数较快增长，社会事业初具规模，使这一时期的新加坡成为"基督教在东南亚华人社会活动最活跃的中心"。[①]但究其规模而言，至1930年，新加坡华人基督徒占华人总人口的比例仅为3%，影响力尚难称深广。[②]除中国传统文化对基督教文化的排斥、基督教与殖民主义相伴相生的负面影响等因素外，华人移民的流动性亦是制约基督教在华人社会发展的重要原因——很多华人基督徒在抵达新加坡不久后，即辗转移居至东南亚其他地区。

新加坡非白种人族群中，基督教传播取得较好进展的还有印度族群。以卫理公会为例，1885年，在印度已有近30年传教经验的卫理公会赴新加坡传播福音，至1910年已发展700多名泰米尔会友，到1930年人数增加到1 400人。同华人教会一样，印度人教会的发展在很大程度上得益于基督信徒移民的进入。与华、印族群不同，虽然开埠伊始基督教便在马来族群中传播，但始终没有取得具体进展。1936年布朗尼在《基督教与马来人》一书中称："众所周知，整个马来半岛到现在几乎没有马来基督徒。只需一只手上的五根手指就可以数清他们了。"[③]基督教在马来族群中难以拓展的根本原因在于其传入新加坡之前，马来半岛已完成伊斯兰化。伊斯兰教对其追随者的影响是永久性的，伊斯兰法律不允许穆斯林改信其他宗教或者退教，在这种情况下，马来人将会一直信仰伊斯兰教，而伊斯兰教已几乎成为确定一个人能否被划分为马来人的主要标准之一。

相对马来族群而言，印度族群大都由来自已沦为英殖民地的印度本土的移民构成，基督教在印度传播已具备一定基础；而在解决与华人族群文化传统冲突问题上，基督教会采取变通措施，允许华人基督徒沿袭传统习俗，但通过重新诠释教义，赋予华人习俗以新的基督教含义，从而缓解两种文化间的对抗，使华人基督教在两种文化的夹缝中得以生存发展。比如华人祭祖习俗，这虽与基督教一神论教义有本质冲突，但教会强调华人信徒祭祖目的乃是纪念祖先而非将其神化崇拜，并对相关礼仪进行调整，鼓励华人信徒保持传统对祖先的尊重，可在其坟前奉上鲜花，但须遗弃烧香、献祭等融合神灵崇拜的习俗，较好地解决了基督教义与华人风俗的矛盾冲突。

新加坡独立建国后，政府基于多元种族、文化、宗教社会现实，积极推行多元主义与宗教和谐政策，不设国教，个人可随本人意愿自由更换宗教信仰。受新

---

① 朱峰：《殖民地处境下的华人基督教——以近代东南亚华人社会为例》，载《福建师范大学学报（哲学社会科学版）》，2005年02期。

② 贺圣达：《东南亚文化发展史》，昆明：云南人民出版社，2011年1月第2版，第370页。

③ 张钟鑫：《新加坡华人基督教研究（1819—1949）》，福建师范大学博士学位论文，2010年3月，第69页。

加坡社会现代化、国际化进程加快以及与西方社会互动趋于密切等因素影响，新加坡各民族对基督教的接受与认可达到历史高点，新加坡基督徒占总人口比例由独立前的2%～3%，在1980年增至9.9%，1990年为12.5%，2000年为14.6%，2010年则达到18.3%，在所有宗教派别中增幅最大。[①]新加坡近年来基督徒所增长部分主要由"改教者"构成，即放弃自己原有宗教信仰，全盘接受基督教。

## 二、现代概况

根据新加坡2010年人口普查数据显示，新加坡基督教信徒为569 244人，占15岁及以上常住人口的18.3%。华人为信仰基督教主要族群，占基督徒总数的83%。[②]新加坡基督教信徒主要是天主教徒和新教徒，在20世纪70年代以前，天主教徒占优势，进入80年代以后新教徒占多数，2010年新加坡近57万基督教徒中，天主教徒约21万，新教徒约35万。[③]

新加坡天主教最高组织是1972年创设的直辖于罗马天主教廷的天主教新加坡总教区，职能范围包括新加坡全境，下辖礼仪、教理、正义、和平等委员会，分设5区27个堂区，主教座堂为善牧主教座堂，编辑发行有两份天主教报纸。新教主要由卫理公会、圣公会、长老会、浸礼会、神召会、福堂会、笃信圣经长老会、福音自传会、播道会、信义会、救世军、路德会等许多教派组成，其中规模最大者为卫理公会。新教在新加坡有完善的神学教育、研究与宣传体系。

新加坡基督教组织有600多个，约占新加坡宗教团体总数的一半，包括全国基督教理事会、新马基督教联合会、中华基督教联合会、亚洲基督教协会、基督教青年会、女青年会等。社会事业方面，基督教从传入新加坡伊始，就注重教育、医疗及慈善，先后开办多所教会学校、医院、养老院和儿童收容所等，不仅提升基督教在新加坡的形象和影响力，亦为新加坡社会公益建设作出贡献。

## 三、主要教堂

新加坡现有教堂260多座，其中，亚美尼亚教堂和圣安德烈教堂等历史最为久远，善牧主教座堂为天主教新加坡总教区主教座堂，圣伯多禄圣保禄教堂、露

---

① 参见［新加坡］苏瑞福：《新加坡人口研究》，薛学了、王艳等译，厦门大学出版社，2009年3月第1版，第44页；新加坡统计局官网：http://www.singstat.gov.sg。

② 数据来源：新加坡统计局官网：www.singstat.gov.sg。

③ 毕世鸿：《新加坡概论》，广州：世界图书出版公司，2012年12月第1版，第79页。

德圣母教堂等多座教堂因其悠久历史和文化积淀而闻名于世。

### (一)亚美尼亚教堂

座落于禧街,是新加坡最古老的教堂。该教堂于1835年由爱尔兰建筑大师乔治·科尔曼设计建造,因是居住在新加坡的12个亚美尼亚族家族专为首位亚美尼亚修道士圣葛雷格利集资兴建,故得名亚美尼亚教堂,又称圣葛雷格利教堂。虽历经近两百年岁月沧桑,但教堂原貌保存完好,1973年7月6日被政府列为新加坡国家古迹。

教堂采用传统亚美尼亚教堂建筑风格,主体以白色为基调,建有一个高耸的尖塔,多利斯式的柱子和两旁的栏杆共同构成门廊。步入教堂,抬头可见拱形的穹顶天花板,内部建筑庄严古朴。后面的墓碑群埋葬着很多历史名人和一些亚美尼亚人后裔。

这座教堂从建立伊始,便成为新加坡亚美尼亚人的活动中心,随着新加坡亚美尼亚人口的减少,最后一任亚美尼亚牧师在20世纪30年代后期离开以后,就不再委任继任者。唯一定期使用该教堂的东正教团体是印度的雅格叙利亚正教会和科普特正教会。雅格叙利亚正教会在每月第一个星期日的晚上和其他星期日早上举行仪式,科普特正教会则在每月的第一个周末举行晚祷、晨祷和圣餐。教堂偶尔也在圣诞节和复活节等传统节日,举办亚美尼亚和东正教的仪式。2006年,该教堂被用作新加坡双年展展览场地。

### (二)圣安德烈教堂

位于行政文化区中心,邻近政府大厦地铁站大门,是新加坡规模最大、最具影响力的教堂。教堂始建于1834年,是新加坡圣公会的第一间教堂,1837年竣工投入使用。1852年教堂两遭雷击,损毁后被迫关闭。1856年,新教堂在原址上得以重建并留存至今,于1973年7月6日被政府列为国家古迹。

现存圣安德烈教堂由隆纳德·麦克·弗逊上校设计、印度囚犯劳工建造而成。印度囚犯以贝壳、椰壳等材料调制特殊石膏涂抹于建筑表面,使得教堂外表洁白而泛有光泽,平滑不易出现裂纹,在经历百年岁月之后,依然光洁如新。

教堂坐东向西,建筑风格仿照英国汉普顿郡教堂。西面正门之上建有高63米的塔楼,洁白的外墙上装饰着简单而美观的雕塑图案。大堂进深55米,宽16米,挑高22米,中央为圣坛,深蓝色地毯居中将大厅分割成对称的两部分,两边整齐地排列着深棕色木质桌椅,桌屉里放满各种文字的《圣经》和赞美诗,尽显庄严、肃穆与神圣。

由于圣安德烈教堂为殖民地政府资助兴建，不仅地理位置靠近政府办公楼，且占地面积极大，周围草坪成片、绿树成荫，气势恢弘又不失祥静。教堂前立有纪念碑，以表彰隆纳德·麦克·弗逊上校功绩。由于教堂历史文化底蕴深厚，建筑典雅而优美，新加坡很多新人都将神圣的婚礼选在这里举办。

### （三）善牧主教座堂

座落于皇后街、维多利亚街和勿拉士巴沙路之间，始建于1843年，1847年竣工，是新加坡最古老的罗马天主教教堂，为天主教新加坡总教区主教座堂与总主教驻地，1973年6月28日，被政府列为国家古迹。

善牧主教座堂采用文艺复兴建筑风格，建筑模仿伦敦的科文特花园圣保罗教堂以及圣马田教堂。教堂共有6个入口，每个入口都建有门廊，主入口处设有3扇门。教堂中殿可以欣赏到多尊天主教人物的雕像，八扇大型彩色玻璃窗给人壮丽感觉，头顶的矩形天花板精美异常叫人赞叹。中殿两端各设有一个忏悔室，供人向牧师忏悔之用。善牧主教座堂是新加坡唯一同时拥有两台管风琴的大教堂，这两台管风琴的历史可以追溯至1912年，耗资5 864英镑制成，具有较高历史价值和纪念意义。

### （四）圣伯多禄圣保禄教堂

位于新加坡中区的皇后街，是一座罗马天主教教堂，兴建于1869年，2003年2月10日被政府列为新加坡国家古迹，2006年9月4日至11月12日，该堂成为新加坡双年展的展览场地之一。圣伯多禄圣保禄教堂的历史与新加坡华人天主教团体的发展密切相关。华人天主教的第一个小圣堂位于勿拉士巴沙路，于1833年建成，但很快便人满为患难以为继，华人信徒开始迁往善牧主教座堂，建设新的天主教堂的必要性开始显现，圣伯多禄圣保禄教堂正是在这样的背景下应运而生。1970年圣伯多禄圣保禄教堂建成后，成为中国和印度信徒的主要教堂，同时也是许多欧洲传教士前往中国传教前学习中文的一个中心。1888年露德圣母堂建成后，印度信徒迁至该处，圣伯多禄圣保禄教堂成为纯粹的华人教堂。目前，教堂由加尔默罗会管理，每周日上午举行一场普通话弥撒，每周日下午举行一场广东话弥撒。

### （五）露德圣母教堂

座落于中央商务区的奥非路，兴建于1888年，是新加坡第一座为印度人、特别是印度的泰米尔人修建的天主教堂，也是新加坡第一个以泰米尔语布道的天主教堂。2005年1月14日被政府列为国家古迹。

教堂建筑风格为新哥特式，比例良好，细节精致，建筑仿照位于法国卢尔德的同名教堂。当时采用材料全由法国进口，如装饰品、尖塔、尖拱、飞扶壁及柱子等。教堂外墙原本以红、黄和灰色色调为主，在1986年重新修缮时粉刷为白色基调。现在，该教堂不仅为印度族群服务，也面向其他族群天主教徒，弥撒用英语、泰米尔语和僧伽罗语举行。

## 四、建筑艺术

殖民早期新加坡教堂建筑风格受帕拉第奥风格影响较深，比如建筑大师乔治·科尔曼所设计建造的教堂多带有帕拉第奥元素。19世纪40年代中期，新加坡很多教堂开始以瓦屋顶替代平屋顶，形成类似热带平房的风貌，被称为"热带帕拉第奥风格"。[①] 随后新加坡教堂建筑风格开始由帕拉第奥式过渡到乔治亚式，并进而转变为哥特式。

比较典型的例子是乔治·科尔曼设计的亚美尼亚教堂和隆纳德·麦克·弗逊上校设计的圣安德烈教堂，两者都采用类似建于1728年的伦敦圣马丁学院的手法，并加上乔治亚风格的塔楼和尖顶。后期由安纳马莱设计的圣母教堂和卫斯理教堂、克雷克设计的圣伯多禄圣保禄教堂等均采用哥特式风格。1912年重建的圣约瑟堂是新加坡新哥特式风格的典范，采用拉丁十字结构，装有异常美丽的彩绘玻璃窗。而位于维多利亚街的赞美坊教堂，则是新加坡古典哥特式建筑的代表，现不再具有宗教职能，成为可供游客休闲餐饮的具有历史意义的公众场所。

由于受多元宗教文化环境影响，新加坡教堂建筑的风格亦吸收融合其他民族宗教文化元素。地处小印度的卫理公会教堂，建筑风格糅合伊斯兰建筑元素；位于牛车水的直落亚逸礼拜堂是新加坡卫理公会历史最悠久的华人堂会，现存建筑兴建于1924年至1925年间，其基本设计沿袭西方风格，长方形的建筑配以两侧柱廊，但在礼堂前方的平顶屋面上添加一个四面通风的阁楼，阁楼四角微翘，采用中式传统建筑飞檐翘角，使得西式礼拜堂建筑更增几分中式文化韵味，引起华人普遍共鸣与认同。

---

① ［新加坡］乔恩·林：《新加坡的殖民地建筑（1819—1965）》，张利译，载《世界建筑》，2000年01期。

# 第三节　伊斯兰教

以15世纪初马六甲王国崛起并改奉伊斯兰教为标志，马来半岛开启由佛教和印度教文化转向伊斯兰教文化的进程，并最终形成伊斯兰化的马来民族文化。1819年新加坡开埠后，英殖民当局奉行温和宗教政策，伊斯兰教平稳发展。新加坡独立建国后，政府面对一度激化的民族宗教矛盾，强调宗教宽容并给予马来穆斯林族群适当政策扶持，伊斯兰教加快融入新加坡多元社会文化环境与现代化、国际化进程，新加坡穆斯林文化逐步形成包容、多元和创新的本土特色。

## 一、历史传承

伊斯兰教于7世纪在阿拉伯半岛兴起后，就与东南亚地区时有接触，主要是来自印度和阿拉伯的穆斯林商人将伊斯兰教带至他们经商的少数港口，并形成穆斯林社区，但在13世纪前东南亚原住居民并未皈依伊斯兰教。[1]13世纪后，东南亚海岛地区开始出现由佛教和印度教文化转向伊斯兰教文化的趋势，但就马来半岛而言，在15世纪初马六甲王国崛起并成为伊斯兰教中心之前，没有多少资料足资证明伊斯兰教曾传播到马来半岛。[2]

14世纪末期，曾兴盛一时并成为东南亚重要贸易中心的新加坡拉狮城王朝，在满者伯夷和暹罗南北夹击下覆灭。发祥于新加坡拉的马六甲王国于1400年（也有人认为是1402或1403年）建立后迅速崛起，至15世纪中叶已成为可与暹罗分庭抗礼的强大政权，并结束了马来半岛南部历史上一直分散割据、附属于苏门答腊和爪哇强权的局面。

马六甲王国首任君主拜里米苏拉在开国不久即皈依伊斯兰教，推动马六甲王国伊斯兰化，这成为伊斯兰教在东南亚传播史上的里程碑。曾于永乐11年至宣德8年间随郑和下西洋的马欢，在其著作《瀛涯胜览》中记载道，马六甲"国王国人皆从回回教门，持斋受戒诵经。其王服用以细白番布缠头，身穿细花青布长衣，其样如袍，脚穿皮鞋，出入乘轿。"[3]马六甲王国选择伊斯兰教的原因在于其立国

---

① 范若兰：《伊斯兰教与东南亚现代化进程》，北京：中国社会科学出版社，2009年4月第1版，第56页。
② ［英］D.G.E.霍尔：《东南亚史》（上下册），中山大学东南亚历史研究所译，北京：商务印书馆，1982年10月第1版，第260页。
③ 余定邦、黄重言：《中国古籍中有关新加坡马来西亚资料汇编》，北京：中华书局，2002年12月第1版，第92页。

根本主要靠商业而不是农业，因而迫切需要吸引西亚和印度的商人并获得他们的支持，信奉伊斯兰教势在必行；另一方面，马六甲为当时中西交通要道，途经此地赴中国及东南亚其他地区贸易的穆斯林商人比中南半岛别的国家更多，所受影响也要更大；同时，伊斯兰教信条、教规和理论也较适合当时马六甲王国政治需要。

马六甲王国的伊斯兰化，是在国王自愿皈依伊斯兰教后逐步实现的，如此由统治者基于实际经济利益和政治需要考虑而主动接受伊斯兰教，并自上而下完成地区伊斯兰化进程，是早期伊斯兰教在东南亚海岛地区传播的主要方式和特征。而伊斯兰化又进一步吸引更多穆斯林商人前来贸易，马六甲地理位置优越性得到越来越充分地发挥，使其迅速成为东南亚最大的贸易中心和主要中转港口，国力也因贸易繁荣而日益强盛，势力范围得以迅速扩张，使马来半岛南部、苏门答腊东岸以及廖内群岛等地变成了它的属地。马六甲王国的发展，在某种程度上也是伊斯兰教的发展，随着马六甲王国势力增强，伊斯兰教在东南亚的传播愈益突飞猛进，以至马六甲一度有"小麦加"之称。[1]

随着15世纪末至16世纪初的地理大发现，西方殖民者相继侵入并将基督教传播至东南亚，与已在东南亚海岛沿岸和半岛部分地区取得立足的伊斯兰教展开激烈竞争。但在随后的3个世纪里，欧洲人的经济掠夺与传播基督教的努力并没有使东南亚基督教化，反而加速了伊斯兰教在东南亚的深入发展，至18世纪末，印尼群岛、马来半岛和菲律宾南部群岛均已形成稳固的伊斯兰社会。

新加坡在狮城王朝灭亡之后，其作为贸易中心与重要国际商港的地位被迅速崛起的马六甲所取代，沦为马六甲苏丹王国及其分支柔佛苏丹王国治下的普通渔港，繁盛之貌不再。在此后数个世纪里，有关新加坡的情况极少见于史籍，新加坡在马来穆斯林世界里变得微不足道，直至19世纪初被纳入英国殖民体系并再度成为东南亚重要交通和贸易中心。

1819年莱佛士占据新加坡，标志着英国在东南亚的殖民活动进入新阶段，并开启新加坡历史新的一页。当莱佛士登上新加坡岛时，据其随员纽波德（T.J. Newbold）记录，当时天猛公（Temenggong）[2]有随员150人，此外岛上尚有马

---

[1] 贺圣达：《东南亚文化发展史》，昆明：云南人民出版社，2011年1月第2版，第243~247页。

[2] 天猛公为马来人诸苏丹国中的一种高级官职，一般负责国中治安，是苏丹宫廷侍卫、警察和军队统领。18世纪后柔佛王国派遣天猛公常驻新加坡，天猛公成为新加坡的实际统治者，直至莱佛士登陆。

来人、华人及土著等。相关考证推断，当时新加坡岛总人口应在1 000人左右。[①]
在莱佛士大力推动下，新加坡很快迎来大量移民。第一批被吸引至新加坡的移民
来自当时尚属荷兰殖民地的马六甲，这些移民除部分华人外多是马来人。同时来
自南部荷属东印度群岛相邻岛屿的印度尼西亚人，包括爪哇人、武吉士人和巴厘
人，也大量涌入新加坡并与马来人交织在一起，通过通婚和其他的联系而被同化。
上述马来移民与来自巴基斯坦、孟加拉的移民构成新加坡穆斯林的主体。

　　英殖民政府将政教分离与信仰自由原则引入新加坡，在一开始，莱佛士就定
下"宗教和婚姻礼仪、继承原则、马来人的法律和习俗都将受到尊重"的原则。[②]
英殖民者在当时已普遍奉行伊斯兰教、伊斯兰教与王权密切结合由苏丹统治的马
来亚推行政教分离与信仰自由，实际上起到削弱王权、破坏原有政治结构、削弱
伊斯兰教政治性的作用，并为当地人皈依基督教提供支持。同时，英殖民政府还
参与伊斯兰教事务管理，许多伊斯兰教事务均需得到殖民政府的配合。如1915
年6月10日新加坡成立穆罕默德咨议局，旨在向政府提供穆斯林事务建议。咨议
局由一些具有影响力的穆斯林组成，但首任主席由英国官员R·J·菲尔担任。此
外，任命伊斯兰教法官也由殖民政府负责。

　　在朝觐事务上，相对于荷兰殖民当局对印尼穆斯林的苛刻规定，英殖民政府
显得较为宽容，只对其进行管理而不干预。因此印尼人大都转道新加坡前往麦加
朝觐，加上马来亚的穆斯林，每年从新加坡出发朝觐的人很多，如1900年共有
14 000名朝觐者从新加坡出发，其中70%乘坐英国轮船。[③]

　　总的来看，殖民时期新加坡当局的伊斯兰政策虽以削弱伊斯兰教影响力尤其
是其政治影响力为基本考虑，但相对荷兰殖民当局较为温和，在伊斯兰事务上多
与当地穆斯林精英沟通，尽量不直接干预伊斯兰教管理，因而新加坡伊斯兰教极
少卷入政治斗争，发展相对平稳，到20世纪初新加坡穆斯林已发展到36 000人
之多。[④]

　　第二次世界大战后，东南亚地区民族解放运动风起云涌。新加坡于1959年
成为自治邦，1963年加入马来西亚，但于1965年被马来西亚逐出后独立建国。李
光耀在其回忆录中谈及新加坡被逐出马来西亚的历史时，曾把新加坡描述为"马

---

① ［新加坡］邱新民：《海上丝绸之路的新加坡》，新加坡：胜友书局，1991年8月第1版，第176～182页。
② 范若兰：《伊斯兰教与东南亚现代化进程》，北京：中国社会科学出版社，2009年4月第1版，第100页。
③ 范若兰：《伊斯兰教与东南亚现代化进程》，北京：中国社会科学出版社，2009年4月第1版，第101页。
④ 王永强：《新加坡的穆斯林》，载《上海穆斯林》(总第1期)，2005年第1期。

来海洋中的一个华人岛屿"。①这正是当时新加坡所面临环境的真实写照——以华人为主体的新加坡社会生存在马来世界之中，马来人在新加坡虽然是少数民族，但却是马来半岛最大民族马来族的一部分，马来人信仰的伊斯兰教在新加坡也属于少数信仰，但新加坡的邻国却是伊斯兰国家。马来人自视为这块土地的主人，而将华人视为外来者，马来人和华人间的民族矛盾与佛教和伊斯兰教间的宗教矛盾交织在一起，导致1964年7月和9月新加坡连续两次爆发马来人和华人间种族暴力冲突，造成多人死亡数百人受伤。种族问题和宗教问题成为导致新马分家的重要原因，也成为新加坡独立建国初期所面临的最严峻挑战。

基于多元种族多元宗教的事实，以及所面临的民族宗教矛盾，新加坡政府组建伊始就确定多元主义的立国原则，在宗教政策上强调宗教宽容，立法禁止任何人冒犯其他宗教和煽动宗教、种族歧视的言论和行为。同时考虑马来人相对新加坡其他族群在经济和教育等方面相对落后的现实，对马来穆斯林族群实行一定的优惠和照顾政策，并建立保持多个与马来穆斯林社会沟通的机制，包括少数民族咨询委员会、负责穆斯林事务的部长、人民行动党马来事务局以及多个官方机构。此外，政府还积极扶持马来穆斯林族群参与政治、争取自身权利。2013年1月14日，新加坡国会任命58岁的哈莉玛·雅各布为第九任国会议长，哈莉玛成为新加坡历史上首位穆斯林女性议长。

1968年新加坡政府成立由1名主席和12名委员构成的伊斯兰教委员会，将其作为新加坡伊斯兰教事务最高领导组织和唯一法定机构，同时依据新加坡法律为伊斯兰教法法庭和穆斯林婚姻登记部门制定管理办法，并将教法法庭、婚姻登记部门和伊斯兰教委员会置于社会发展部领导下，由管理穆斯林事务的部长负责。伊斯兰教委员会创建之初仅有三间办公室和7名工作人员，如今已成为拥有多个分支组织、广受本国伊斯兰教众支持和他国穆斯林赞誉的机构，其发展历程折射出新加坡伊斯兰教几十年来所取得的进步。独立后的新加坡穆斯林社会在清真寺建设管理、宗教教育宣传、对外交流合作、捐赠、援助以及朝觐事务管理等方面均取得显著成就，穆斯林人口稳步增长，在新加坡常住人口中所占比例始终保持在15%上下。②

面对现代化和国际化所带来的挑战，新加坡穆斯林族群在接受现代教育、从

① ［新加坡］李光耀：《风雨独立路——李光耀回忆录（1923—1965）》，北京：外文出版社，1998年9月第1版。
② ［新加坡］苏瑞福：《新加坡人口研究》，薛学了、王艳等译，厦门大学出版社，2009年3月第1版，第44页。

事现代职业、接受现代观念方面展现出积极姿态。马来教育基金会、穆斯林专业人士协会、新加坡穆斯林传教组织、穆斯林皈依协会等以马来人为主的半官方或非政府组织，致力于穆斯林的教育和技术培训，力图"在发展和引导新加坡马来—穆斯林进入现代化社会中发挥领导作用，使马来—穆斯林社会成为一个教育优秀、经济活跃、社会进步、文化活跃、有政治影响的社会"。[①]在政府和马来穆斯林族群的共同努力下，近年来，马来人与其他民族之间的教育和经济差距正在逐步缩小。教育与经济的发展，促进了马来穆斯林进一步融入新加坡现代化进程，新加坡现代化发展与种族、宗教和谐形成良性互动，使新加坡成为东南亚现代化程度最高的国家与种族宗教和谐的典范。

## 二、现代概况

根据新加坡2010年人口普查数据显示，新加坡穆斯林为457 435人，占15岁及以上常住人口的14.7%。马来人为最大穆斯林群体，占穆斯林总数的83.5%，第二大群体为巴基斯坦和孟加拉人，其余信众包括部分华人、印度人和少量阿拉伯人。新加坡马来人信仰穆斯林的比例高达98.73%，大多数为逊尼派穆斯林，事实上，伊斯兰教已成为确定一个人能否被划分为马来人的主要标准之一。[②]

成立于1968年的伊斯兰教委员会是新加坡伊斯兰事务的最高领导组织和唯一法定机构，其职责是：(1)向政府提供穆斯林事务咨询；(2)促进穆斯林社区发展；(3)收集天课；(4)管理朝觐事务等。委员会同时还担负代表新加坡伊斯兰界对外交流的职责，是世界清真寺委员会、东南亚及太平洋地区伊斯兰宣教委员会、新马印文四国宗教事务部长级会议的成员机构，曾主办过多次国际性伊斯兰教交流活动。其他官方、半官方和非政府伊斯兰教机构还包括：伊斯兰教协会、伊斯兰教联盟、清真寺建设基金会、伊斯兰教法委员会、遗赠资产管理委员会、马来教育基金会、穆斯林专业人士协会、穆斯林皈依协会、穆斯林青年妇女协会等。

朝觐事务方面，1975年以前由政府社会事务部统筹管理，伊斯兰教委员会在1975年接手负责以来，不断采取措施改进管理与服务水平。委员会要求所有朝觐中介机构必须注册，并启动专门系统评估甄选出有实力的旅行社后向其颁发特许执照。此外，委员会还负责办理朝觐者各类手续、在清真寺举办朝觐知识讲座并

---

① 范若兰：《伊斯兰教与东南亚现代化进程》，北京：中国社会科学出版社，2009年4月第1版，第370页。

② 数据来源：新加坡统计局官网：www.singstat.gov.sg。

于每年派遣志愿者服务队包括福利工作者、医生和护士等前往圣地麦加为新加坡朝觐者服务。自1995年起，委员会开始根据沙特阿拉伯政府分配的朝觐限额管理朝觐人数。新加坡的限额是每年3 000名朝觐者。计划去朝觐的人需向委员会提出申请，80%的名额按照年龄、婚姻状况的优先顺序分配给第一次朝觐者，其余名额由抽签产生。[①]

宣教活动方面，每个居民区都设有伊斯兰宣教委员会专职负责监督管理相关活动，组织宗教学习班通过讨论和讲座来传播伊斯兰信息。在进行宣教活动时，不仅为穆斯林青年印发小册子，还会为非穆斯林准备传单和知识手册，一些重大庆典活动也邀请其他宗教人士参与，体现新加坡伊斯兰教对宗教和谐的重视和所做努力。

宗教教育方面，新加坡目前有六所全日制伊斯兰学校，分别是艾尔赛义德伊斯兰学校、阿裕尼伊斯兰学校、阿尔萨哥夫阿拉伯语学校、马里夫伊斯兰学校、瓦·丹戎伊斯兰学校和阿拉伯伊斯兰学校。此外还有一些由清真寺和穆斯林组织开办的非全天伊斯兰学校。伊斯兰学校由教育部统一管理，但在学校组织结构管理和课程设置上由伊斯兰教委员会具体负责。全日制伊斯兰学校包括从小学到大学前的所有课程，并有一套专门计划来确保伊斯兰学校的课程结构与政府学校课程相类似，尤其强调三门主课——英文、数学和科学，以保证伊斯兰学校的学生具备与政府学校学生同样的竞争力。

随着新加坡外向型经济发展以及来自西方生活方式和价值观念的冲击，使新加坡社会产生较多问题，其中比较典型的是家庭观念淡薄、离婚率攀升，穆斯林也深受其害。1958年新加坡沙里亚法庭（即伊斯兰教法法庭）设立后，通过劝告和建议及辅助服务来降低离婚率并取得良好成效，穆斯林离婚率从1957年的51.7%到1964年已降至17.5%，并保持缓慢下降趋势。但近年来，新加坡社会离婚率再次大幅攀升，穆斯林离婚率从1980年的11.9%增至2006年的59.06%。[②]导致离婚率上升的主要原因是人们婚姻和家庭观念的变化。为解决这一问题，新加坡穆斯林社会采取多种措施包括婚前建议咨询和婚姻法宗教指导等，穆斯林青年妇女协会还组织单身家庭服务中心，穆斯林专业人士协会则提供危机协调热线服务。

①　Zuraidah Ibrahim: Musilims in Singapore: A shared vision, Times Edition PTE LTD, 1994.

②　[新加坡]苏瑞福:《新加坡人口研究》，薛学了、王艳等译，厦门大学出版社，2009年3月第1版，第139～141页。

### 三、主要清真寺

新加坡现有大小清真寺近百座，其中既有早在新加坡开埠初期就由信徒捐资兴建的古老清真寺，历经百年岁月沧桑，见证新加坡由渔村发展为国际都市的历史，成为政府重点保护的文物古迹；也有独立建国后新修建的几十所现代清真寺，带有会议室、教室、礼拜殿甚至礼堂，成为社区穆斯林活动中心；还包括充满创新色彩和现代气息的新一代综合性清真寺，可针对不同年龄、背景、兴趣的穆斯林安排各种活动，包括宗教与朝觐学习班、论坛、讲座、《古兰经》诵读比赛和圣纪节，所提供福利服务包括幼儿托管、结婚典礼筹划、免费开斋饭、毒品危害介绍及展览、法定婚约或结婚典礼。

担负清真寺兴建与管理职责的专职机构是成立于1975年的清真寺建设基金会。该基金会扮演了一部分政府的角色，它不仅能支配政府部门收集到的资金，还能以较低的名义价格为清真寺争取建设用地，在成立后不久即建起多座清真寺，以高效与专业赢得新加坡穆斯林社群高度肯定。依据达成决议，有工作的穆斯林应每个月向基金会捐出一元钱，这笔钱由政府部门从薪金中扣除，但是有2/3的新加坡穆斯林志愿捐献比这多两三倍的钱。

在新加坡多元文化条件下，随着城市化、国际化进程不断推进，穆斯林族群越来越具备现代化观念和创新开放精神。体现在对清真寺的管理上，新加坡各清真寺的管理委员会日益呈现年轻化的趋势，同时有越来越多的女性加入管理层。2000年新加坡清真寺管委的平均年龄是50岁，其中女性有63名，到2010年，管委平均年龄降至48岁，女性成员数量增加近一倍达到111名。[1]此外，新加坡清真寺对外开放程度也在不断提升，每逢宰牲节庆典，多座清真寺便向非穆斯林公众敞开大门，欢迎他们进去了解伊斯兰文化，共度穆斯林节日。

### （一）苏丹清真寺

位于新加坡甘榜格南区的马斯喀特街与桥北路，是新加坡最雄伟的清真寺。苏丹清真寺最初于1824年由英属东印度公司捐资建造，旨在彰显苏丹国王之功绩。今天所见苏丹清真寺为1924年清真寺建立一百周年庆典时重建，设计师丹尼斯·散特瑞，于1928年竣工。

---

[1] 《新加坡回教堂管委会年轻化 女性与永久居民也更多》，中穆网，2011年12月5日。http://www.2muslim.com/forum.php?mod=viewthread&tid=295119&highlight=%D0%C2%BC%D3%C6%C2%C2

这座新加坡最大也最壮观的宗教建筑拥有宏大的祈祷堂和两座金色的巨大圆顶。祈祷堂高大宽敞明亮，可容纳多达5 000人同时进行礼拜，四周色彩斑斓的玻璃花窗透进柔和的光线。祈祷堂东西两侧设有走廊，后面设有两个大祭台与四个小祭台。巨型金色圆顶上星月直刺云霄，圆顶底座围绕一圈由信徒献上的玻璃瓶底，散发着耀目光芒。周围四座高耸入云的宣礼塔，锋芒直刺蓝天。

苏丹清真寺自1928年重建以来基本保持原貌，只在20世纪60年代进行过一次整修。1975年3月14日被政府列为新加坡国家古迹。

### （二）詹美清真寺

座落于华人聚居的牛车水区，毗邻印度教的马里安曼印度庙，建于1826年，是来自印度南部科罗曼代尔海岸的泰米尔穆斯林丘利亚人在牛车水兴修的三座清真寺之一。

詹美清真寺建筑风格奇特、东西合璧。入口是典型的南印度风格，而两个祈祷大厅以及神殿却是以殖民时代建筑大师乔治·科尔曼为代表的新古典风格，宣礼塔形制及屋顶琉璃瓦带有中式元素，祈祷大厅内部装饰则体现浓厚的阿拉伯伊斯兰文化。

詹美清真寺于1974年11月29日被政府列为新加坡国家古迹，与毗邻的马里安曼印度庙一样，成为牛车水这一华人聚居区醒目的风景线。

### （三）哈贾·法蒂玛清真寺

位于甘榜格南区的美芝路附近，建于1846年，1973年7月6日被新加坡政府列为国家古迹。这座清真寺得名于其捐助者——来自马六甲的马来女商人哈贾·法蒂玛。哈贾·法蒂玛出生于马六甲一个富裕家庭，后嫁给一位在新加坡经商的武吉士苏丹。然而婚姻没有持续多久，她的丈夫就与世长辞，此后哈贾·法蒂玛勇敢地接管丈夫的生意。

清真寺所处地址，曾经是哈贾·法蒂玛的宅邸。在19世纪30年代，这栋住宅曾两度遭窃贼洗劫，后一次窃贼还纵火烧毁房屋，事发时哈贾·法蒂玛恰巧在外地做生意而幸免于难。为了表示感激，她捐献资金和这片土地用于建造清真寺。

哈贾·法蒂玛清真寺建筑群包括祈祷厅、哈贾·法蒂玛坟墓、净礼区、教职人员寓所、附属建筑和一个花园。独立的宣礼塔形状类似教堂塔楼，目前倾斜度已达到6度左右，因而被称为新加坡的"斜塔"，成为当地独特景观。

### （四）阿都卡夫清真寺

座落于小印度的邓洛普街，1859年初建时为木造结构，现有建筑群为砖造结构，于1907年至1910年建造完成。阿都卡夫清真寺造型古朴典雅，融合南印度与欧洲风格，整体色调以黄绿为主，安静但不单调，明快又不失肃穆。

阿都卡夫清真寺主入口上饰有一个日晷，日晷上以阿拉伯文书法刻出 25 道度数，并以 25 名杰出先知为其命名，这是伊斯兰世界中独一无二的设计。祈祷堂左侧的先知族谱图记录着阿拉伯先知的传承历史，既充满了艺术美感，又极富教育性。1979年被政府列为新加坡国家古迹。

## 四、建筑艺术

受新加坡多元种族多元宗教社会文化环境制约，新加坡清真寺在基本建筑理念传承阿拉伯世界文化传统和伊斯兰教教义的同时，其建筑风格较多吸收其他民族文化建筑元素。新加坡的清真寺极少见单一建筑风格，大部分是多种建筑风格搭配、结合的结果。包容并蓄、风格多元是新加坡清真寺建筑艺术的一个主要特征。

如座落在牛车水的詹美清真寺，基本保留建造之初的印度摩尔式风格，但也包含欧式、中式建筑元素；哈贾·法蒂玛清真寺则是伊斯兰建筑与欧洲建筑风格的混合体，由殖民地建筑师汤姆森设计建造，其宣礼塔形状类似教堂塔楼；由泰米尔穆斯林律师阿都卡夫捐资建造的阿都卡夫清真寺，其风格融合阿拉伯、印度元素甚至罗马文艺复兴时期特点，1907年将原木造结构建筑重建为砖造结构，并增添了具有罗马和萨拉森式风格的拱门和石柱。

随着新加坡现代化、国际化进程加速推进，摈弃传统清真寺建筑模式，以更加大胆前卫的现代建筑理念和手法，对伊斯兰传统文化元素进行创造性再诠释，成为新加坡清真寺建筑最新发展趋势，也体现了新加坡穆斯林文化的包容、多元和创新。新加坡近年兴建的新一代清真寺，如Al-Mawaddah清真寺、Assyafaah清真寺、Al-Mukminin清真寺等，不仅在功能性上更符合现代穆斯林社会需求，同时加入环境友好、新型建筑材料、现代建筑语言等元素，成为新加坡别具特色的最新城市地标。新加坡伊斯兰教委员会官员曾表示："清真寺必须改变其外观，以适应新加坡的现代环境。这也是伊斯兰教的教义：与社会环境和谐共存。"[1]

这些最新设计建造的新一代清真寺，不再采用传统的洋葱式穹顶，改用伞形穹顶或者平顶，更多运用最新建构理念并充分使用合金等新型建材，注重与周围环境的匹配和协调，并通过前卫又复古的符号象征、绚烂又简约的色彩搭配来诠释伊斯兰传统文化。

如2004年竣工的Assyafaah清真寺，其最大特点是创造性运用蔓藤花纹这一伊斯兰传统标志，结合现代建筑理念，赋予清真寺前卫简约的现代面孔，并兼顾环保、功能等多方面因素考虑。Assyafaah清真寺主体建筑呈方形，无传统圆顶，四周包围有精美的蔓藤花纹铝合金材质幕墙。蔓藤花纹的复杂多孔层数在遮挡直射阳光的同时，可为建筑内部提供更自然和高效的通风，相比传统清真寺建筑可节约25%为通风而损耗的能量。同时，"使用蔓藤花纹样式所象征的古兰经属性提供了一个链接给过去"，为这座极具现代色彩的建筑注入伊斯兰传统文化的精髓。[2]

另一座新一代清真寺Al-Mukminin清真寺，其祈祷大厅上采用伞形穹顶，紧依大厅所建的伊斯兰学校高四层，呈弧形。学校朝内靠大厅一侧弧形走廊镶嵌彩色铝合金材质百叶窗，遮挡雨水与西晒的同时提供了丰富的光影效果以及通风功能，并成为祈祷大厅伞形穹顶的彩色背景，与深色为主基调的大厅互为呼应。同时，这种百叶窗也成为对于伊斯兰传统艺术的纪念性表达方式。伊斯兰学校黑色外墙上凹凸的不锈钢条不断唤起人们对于马来西亚传统织品"Songke"—— 一种掺入了金银色丝线的深色织品的记忆。矗立在一侧的尖塔，通体覆盖不锈钢面板，在阳光下熠熠生辉，将来者的视线引向直刺云霄的新月和星形符号。

# 第四节  道教

道教是在华人民间信仰基础上发展而来的制度型官方宗教。虽然华人民间信仰早在开埠之初就随华人移民传入新加坡，但殖民时期新加坡社会并未形成道教信仰。独立建国后，华人民间信仰因应社会发展变化而做出向道教认同靠拢的理

---

[1] 《新加坡清真寺外观"与时俱进"》，品味旅游网，2009年2月19日。http://www.21pw.com/news-2009-2-19/1101823.html

[2] 《ASSYAFAAH清真寺，新加坡》，《新加坡新建筑》，载《世界建筑》，2009年09期。

性调整和自我提升，新加坡道教得以建立并步入制度化、组织化发展正轨。

## 一、历史传承

道教源于中国本土，在汉代由民间信仰基础上发展而来，与民间信仰有着千丝万缕的联系，但又与民间信仰有所区别，属于制度型正统宗教范畴。所谓制度型宗教，是指从结构功能上看，道教具有完整的制度、规范和仪式，拥有独立的宫庙、道士等解释系统，可独立于世俗的社会体系之外，在某种程度上与世俗社会体系相分离。所谓正统宗教，是指道教受政府承认，具有政治合法性。华人民间信仰尤其是神灵信仰虽与作为制度型正统宗教的道教有着难以割裂的内在联系，但却不具备其制度化和合法化两个要素。

1819年新加坡开埠后南下拓荒的早期华人移民，其信仰内容和方式总体传承中国东南沿海地区的民间信仰特征，呈现内容糅杂、佛道不分的特点，除少数信仰伊斯兰教、基督教和纯正佛教者，一般华人既礼佛又拜神且祭祀祖先，华人社会未形成具备完整传承体系和组织系统的制度型道教。

最初南来新加坡的华人道士多是福建、广东地区的正一派"伙居"道士，可以结婚生子，平时与俗家人无异，宗教祭祀场合才穿上道袍唱经作法，福建话称之为"师公"。一般华人民众也都以"拜神"来形容自己的宗教信仰，并以此与"拜佛"的佛教信仰相区分。因而新加坡早期华人社会甚至只知有"师公"不知有"道士"，只知为"拜神"而不知为"道教"。

早期华人移民曾兴建多处庙宇，但均为多神共处，供奉的或是华人各方言群祖籍地所特有的地方神明，或是华人社会共同祭祀的跨地域神明。并且儒释道不分，或是主祀释迦牟尼及观音、陪祀道家杂神，或是主祀道教神祇、陪祀观音、地藏菩萨等。庙宇平时多由和尚驻庙负责每日例行法事，而到了神明诞辰则请道士前来做庆典法事。

总的来看，殖民时期新加坡华人社会虽建有较多以某个或某几个神明信仰为中心的庙宇，并以此凝聚一群固定的信徒，有些甚至具有独特的信仰仪式和信仰网络，初具制度化雏形，但其信仰佛道杂糅，且庙宇一般以地缘方言群而不是以宗教进行内外界定，多与帮权机构密切关联，更多发挥的是联络乡情、凝聚帮群的社会功能而非宗教文化功能。因而在殖民时期的新加坡社会，儒释道被作为同一个宗教来看待，例如1849年到1931年连续四次的人口普查表中，儒释道被放在同一个宗教项目当中。[①]

　　虽然殖民时期华人民间庙宇和信徒对佛道区别模糊不清，但随着各类佛教组织在新加坡的建立和发展，佛教的认同界限开始变得明晰。1926年新加坡成立东南亚首个大乘佛教组织中华佛教会，1948年又成立新加坡佛教总会以统领佛教教务，之后相继开办佛教刊物、佛学班、佛教研讨会等，其制度化、组织化进程取得较快发展。与佛教相比，道教的制度化、组织化进程发展则相对缓慢。1959年新加坡政府成立由各派宗教首领联合组成的宗教联合会，该机构成员包括佛教、伊斯兰教、犹太教、锡克教和拜火教，道教未被列入其中。1965年新加坡独立建国后，在政府承认的五大宗教中，亦是有佛教而无道教。至80年代，新加坡在中学开设宗教伦理课程，五种宗教中也没有道教。[②]可见道教直至此时，仍然缺乏制度形态与宗教首领，故难以得到政府认可。

　　新加坡独立建国后政府推行宗教宽容政策，以法律手段保护所有宗教团体正常宗教活动，新加坡各宗教均得到蓬勃发展。属于华人民间信仰的庙宇大部分无法归入佛教，虽数量庞大却无法取得宗教归属，为获政府认同，保障自身权益，这些民间庙宇开始逐步认同于道教，对加入道教团体有迫切愿望和需求。1990年新加坡道教总会正式成立，为众多华人庙宇成为道教一员提供良机。道教总会成立后，积极与中国大陆、台湾、香港等地的道教团体联络互动。1992年，道教总会从北京白云观聘请道士前来教授全真道经忏科仪，全真道教由此传入新加坡。随着道教总会影响力不断扩大，新加坡政府逐渐肯定其权威地位并正式承认道教为新加坡官方宗教之一，新加坡道教开始走上组织化、制度化发展轨道。但由于新加坡道教团体主要从民间庙宇发展而来，自身制度化和组织化建设尚未成熟，目前仍处摸索前进阶段。

　　新加坡制度型道教得以建立，得益于政府、华人庙宇和道士的共同推动。在政府层面，基于多元种族宗教文化现实，新加坡政府大力推行种族互信、宗教和谐政策，对分布面广、信徒众多的华人庙宇高度关注，希望能有全国性组织来监管众多华人庙宇；对于华人庙宇而言，亦急需认同制度型宗教来强化自身的合法性，以保障自身权益、规划自身发展；作为道士，使道教在新加坡成为制度型正统宗教是其必然使命。在上述三者推动下，民间信仰、国家和道教之间形成互动

---

① 徐李颖：《新加坡的道教与民间教派、"信仰群"———以黄老仙师信仰为例》，载《宗教学研究》，2011年第4期。

② 徐李颖：《佛道与阴阳：新加坡城隍庙与城隍信仰研究》，厦门大学出版社，2010年3月第1版，第260页。

默契，最终促成民间庙宇向道教的自我理性化发展和对制度型道教的建构。

新加坡民间信仰向制度型道教的积极靠拢，亦反映了新加坡社会环境的发展演变。在缺乏祖籍地完整制度化体系支持的条件下，新加坡华人信仰形成特有发展模式。早期华人民间信仰与华人帮权密切关联，在传承华人文化、凝聚华人认同的同时，对华人社会的构建发挥重要功用。随着新加坡独立建国，政府强调超越各族群的国家认同和"新加坡人"认同，华人民间信仰向制度化道教靠拢因符合政府需要而成为时代潮流，同时，这种靠拢亦是华人民间信仰在适应社会发展中作出的理性调整和自我提升。

## 二、现代概况

根据新加坡2010年人口普查数据显示，新加坡道教信仰者为339 149人，占15岁及以上常住人口的10.9%。华人为新加坡道教信徒主体，占道教徒总数的99.7%。从1980年、1990年和2000年的人口普查数据看，常住居民信仰道教比例从30.0%降至22.4%，再到8.5%，2010年回升至10.9%。[①]道教徒比例大幅下降的主要原因在于道教迟迟未能进入制度化、组织化发展轨道，另外一个重要原因是华人尤其是老人和受教育程度较低的华人，往往对佛教道教界限不甚清楚，虽然道教在20世纪所占比例大幅下降，但是综合佛教与道教信仰者所占比例看，并无大的浮动。

成立于1979年由闽粤琼三帮道士联合组成的新加坡三清道教会，是新加坡第一个道教组织。1990年在三清道教会基础上成立的新加坡道教总会，为新加坡第一个全国性道教团体，根据章程其会员以宫观庙宇为单位。道教总会成立后，与中国道教界频有交流互动，通过举办道教文化月、道教研讨会、传度大典等活动与北京白云观、江西龙虎山、香港道教协会、台湾中华道教会以及中国各省市道教协会互通往来，影响力不断扩大。1994年道教总会内部出现分歧，一部分成员另起炉灶成立新加坡道教协会，与道教总会形成竞争关系，争取新加坡道教界的领导地位。2002年韭菜芭城隍庙领导人陈添来出任第七届新加坡道教总会会长，从各个环节完善道教总会自身机制，举办道祖太上老君诞辰庆典、新加坡道

---

① 参见［新加坡］苏瑞福：《新加坡人口研究》，薛学了、王艳等译，厦门大学出版社，2009年3月第1版，第43页；新加坡统计局官网：http://www.singstat.gov.sg。

教文化节等活动，出版《狮城道教》宣传总会动态，成立新加坡第一所道教学院"新加坡道教学院"与第一间道教图书馆"三清道教图书馆"，继续不遗余力推动与外界道教组织往来合作，主动争取政府认可，注重响应政府宗教政策，联合其他宗教团体举办世界和平祈祷大会，增强与其他宗教交流合作，积极参与重大灾难慈善活动，多次筹集善款援助灾民，同时积极参与推动宗教和谐的各级政府组织，加入宗教联谊会，并担任全国种族与宗教和谐常务委员会委员。经过多方面努力，道教总会从普通道教团体成为受新加坡道教界公认的总机构，政府也对其权威地位给予充分肯定，凡是全国性宗教组织、会议，都由道教总会和会长陈添来为道教代表，政府与道教徒之间的沟通也经由道教总会达成。

截至2013年5月，道教总会属下注册宫庙会员已达125间，个人会员（私人神坛）达354间。[1]与道教总会早期会员名单相比，注册宫庙会员数量有极大提升，说明新加坡华人民间庙宇对道教的认同在大幅度增加。新加坡道教现已在建立制度型道教道路上迈出成功的第一步，未来要建立完善的制度型道教仍需假以时日。

## 三、主要宫庙

新加坡目前已注册道教总会的宫庙及个人神坛接近500间，主要崇奉妈祖、大伯公、玄天上帝、玉皇上帝、齐天大圣、关圣帝君、城隍爷以及各姓王爷。

### （一）韭菜芭城隍庙

位于巴耶礼巴阿鲁姆甘路，是新加坡四间主要城隍庙之一，另外三间分别是丹戎巴葛都城隍庙、双林城隍庙与杨桃园城隍庙。丹戎巴葛都城隍庙于1905年由瑞于法师修建，被赋予佛教属性，近年来转由俗家弟子接管，渐失原与佛教界的紧密联系；双林城隍庙虽供奉城隍及注生娘娘、财神爷、大伯公等道教俗神与民间神灵，但由莲山双林寺管辖属佛教化城隍庙，佛教将其供奉城隍等神解释为"护法神"而将其纳入佛教体系；杨桃园城隍庙佛道兼顾，并在邻近之处兴建万寿寺，以"推广佛道利化群生的精神，兼具弘扬佛道二教教义"。[2]韭菜芭城隍庙则坚定选择皈依道教，并一跃成为新加坡道教总会领导者，为新加坡制度型道教的形成发展做出重要贡献。

---

[1] 数据来源：新加坡道教总会官网：http://www.taoistfederation.org.sg。

[2] 徐李颖：《佛道与阴阳：新加坡城隍庙与城隍信仰研究》，厦门大学出版社，2010年3月第1版，第113页。

韭菜芭城隍庙前身为凤梨山天公坛，第二次世界大战后凤梨山一带成为英军兵营，所供奉城隍神像移至罗弄韭菜以东俗称"韭菜芭"的地方新建的简陋庙宇中，韭菜芭城隍庙之名由此得来，80年代受政府强制征地法令影响搬迁至现址，并修建全新庙宇。

韭菜芭城隍庙建筑延续新加坡民间庙宇风格，城隍主殿为一殿式，奉祀神明都集中在此大殿中，主、副神龛面向大门一字排列，主祀来自中国福建安溪县城隍庙的"安溪城隍五舍公"（即城隍第五副身神像）。大殿右侧建有太岁殿，仿照北京白云观元辰殿的形式供奉六十尊太岁，为新加坡首间拥有完整体系的太岁神殿。2003年在庙外择地兴建三清宫，全称"韭菜芭城隍庙联谊会附属三清宫"，建筑面积两万多平方米，为新加坡首间供奉道教最高神的庙宇，其设立在宫外的巨石雕刻而成的"道德经碑"由总统纳丹揭幕，被赋予新加坡"道教第一碑"美誉。三清宫的建成，标志着韭菜芭城隍庙对道教认同达到顶峰，已树立明晰道教边界，成为道教化城隍庙的典型。

90年代以后，韭菜芭城隍庙积极参与慈善活动，配合政府宗教和谐政策，恢复游神活动，创建道乐团，开办道教课程，扩大信仰社会网络，其信徒日益增多，影响力不断扩大。1998年韭菜芭城隍庙被推举担任道教总会秘书处一职，之后该庙进一步被推举为道教总会会长，其领导人陈添来作为韭菜芭城隍庙代表而成为道教总会实际领导人。韭菜芭城隍庙不仅完成自身由俗入道的理性化进程，并成为新加坡道教制度化进程的先驱和强有力推动者。

### （二）洛阳大伯公庙

座落于巴西立附近的罗央大道20号，现建筑为2007年重修而成，是新加坡少数汇集华巫印族群多元信仰的庙宇，供奉神祇包括华人的大伯公、马来人的拿督公和印度人的象神，庙宇楼高四层，顶层为华巫印共用办公室。

洛阳大伯公庙主祀大伯公，并设神台供奉马来人神明拿督公和印度人神明象神，因而每逢神诞等喜庆节日，除华人外，亦有巫印两族信众前来参加庆典。洛阳大伯公庙融合各族宗教特色，充分体现新加坡多元种族宗教的特殊文化。

洛阳大伯公庙主办的大型活动包括大年除夕"迎新春、接财神"、中元千人联欢会、万人庆中秋联欢会以及象神甘尼莎诞辰庆典等。同时，大伯公庙还积极参与社会慈善和社区工作，颁发奖助学金鼓励莘莘学子，年终岁末分发红包照顾贫苦，并推出"爱心计划"，旨在帮助那些家庭收入超出现有国家经济援助上限，但仍面临困难的家庭。

### （三）崇义庙

位于盛港河谷湾，原为惹兰加由一带万兴山附近村落里的小庙，2002年迁至现址并重修庙宇。崇义庙祀奉的主神为关帝圣君，陪祀玄天上帝、城隍伯主、观音大士、大圣爷、大伯公、太岁爷、大二爷伯及孝子爷、虎爷将军、马爷将军与拿督公等神祇。

自2002年晋庙以来，除致力于推广关帝信仰文化之外，亦积极参与社会福利活动和慈善事业。2003年成立中医施诊所，提供免费看诊、施药服务，服务对象不限于道教徒，而是面向全社会。2004年开设补习班，为来自贫困家庭的孩子提供津贴补习，并为补习班聘请高素质教师。同时，崇义庙积极推广道教文化知识，联合道教总会举办小型道教文化展，配合部分学校举办崇义庙一日游，为学生提供了解道教文化的平台。

每逢农历新年，崇义庙都举行系列活动，包括迎接财神仪式、拜太岁仪式、玉皇赐福消灾补运解厄法会、庆祝玉皇上帝圣寿等。

### （四）后港斗母宫

座落于实龙岗路上段，1921年由商人王水斗捐地兴建，是新加坡首间供奉九皇大帝的华人庙宇。1925年庙前空地增建戏台，并对庙宇主体建筑进行修缮。20世纪90年代因城市发展需要，戏台被迫拆除，只留下斗母宫在高楼大厦间传承九皇香火。2005年1月14日被政府列为国家古迹。后港斗母宫于2004年由新加坡道教总会接管，并成立后港斗母宫委员会。每逢农历九月初一至初九，委员会都会举行盛大庆典，通过宗教仪式、花车出巡和文艺演出等庆祝"九皇节"。

### （五）三巴旺财神庙

位于三巴旺海军部街28号，现庙宇建筑为2004年至2006年新建。该庙前临随海水潮汐变换、终年流水不断的溪流，背靠面积庞大的工业大楼，形成"前有水后有山"的风水格局。

该神庙供奉有世界上最大的28尺立财神，高高矗立在神庙四层楼顶，从远处即可看清财神庙所处位置。神像重达4吨，制作材料为铜及纤维，耗时3年完成，总共被贴上12万张24K金箔。这尊巨大的财神为文财神，是三巴旺财神庙主祀财神，此外还供有正财神和武财神，并设有观音殿，祭祀千手千眼观世音菩萨、至圣先师孔子、文昌帝君、关帝圣君、韦陀尊者等神祇。

三巴旺财神庙香火鼎盛，尤其在农历新年期间更是人潮涌动络绎不绝，来自各地的善信纷纷聚集在庙里迎接财神，祈求一年的好运。由于庙里还供有长达8尺的白虎爷，每逢惊蛰，总有众多善信前来拜虎爷，希望在新的一年里小人远离、贵人相助。

## 四、道教艺术

在制度化、组织化发展进程中，新加坡道教界意识到从文化层面巩固道教边界、提升道教形象的重要性，主要从音乐、戏曲和书法等方面推动道教文化建设。

### （一）道教音乐

新加坡道乐团是新加坡道教音乐的唯一专业团体，原名韭菜芭城隍庙道乐团，包括诵经团和华乐团，2003年正式向政府注册后更名为新加坡道乐团。乐团以韭菜芭城隍庙法事团为基础，聘请道教音乐专家及音乐教师加入而组成，现有团员四十余人。乐团以挖掘、整理、弘扬道教音乐文化为宗旨，积极配合韭菜芭城隍庙的活动及服务广大信众而奉行各类法事活动，如祝寿、庆贺、礼斗、结缘、拜忏、度亡等。乐团组建后多次参与在中国大陆、香港、台湾等地举办的道教音乐汇演，并作为东道主主办参演2004年在新加坡举行的第四届道教音乐汇演，呈演了《木鱼小棠曲》、《仰启咒》、《一点红》及《万神朝礼》等曲目，其中《万神朝礼》为诵经团演示的道教音乐剧，场面恢弘，服装华丽，乐声悠扬，具有很强的视听效果。2004年、2005年和2008年，乐团应邀参加新加坡佛教卫塞节庆典活动。2003年乐团录制一套四张名为《仙家乐》的CD专辑，2007年乐团录制二张《圣号》CD专辑，2008年又录制《九皇大帝赞歌》CD专辑。乐团自成立以来，为弘扬道教文化、提升道教形象、增进与海内外道教团体友谊等方面都做出积极贡献。

### （二）酬神戏剧

以戏酬神、酬鬼、娱人一向是华人祭祀活动中的重要内容，祭祀为戏曲上演提供舞台，同时也通过戏曲这一艺术形式争取信众、扩大宗教影响。新加坡韭菜芭城隍庙城隍爷诞的酬神戏是华人宗教信仰与戏曲演出相互结合的典型，在新加坡乃至整个东南亚地区都显得非常突出，戏曲演出的宗教功能得到最大程度彰显，也使得酬神戏剧在新加坡得以薪火相传。

在韭菜芭城隍庙奉祀城隍近一个世纪的岁月里，例行酬神戏剧演出未有间断，并呈现越发繁盛的趋势。据现有资料显示，该庙在上个世纪50年代，每年城隍爷诞演戏至少 14 天，1973年增加到18天，1974 年上演24天，1975年上演 26 天，1976年上演30天，90年代至今则突破百日，2011年上演120天，创下了东南亚华人庙宇演戏之最高纪录。所演剧种种类繁多，来自福建、广东、中国香港、中国台湾及新加坡本地的歌仔戏、高甲戏、粤剧、潮剧、木偶戏轮番上场，生旦净丑，唱念做打，精彩纷呈，成为新加坡这个国际大都市一道亮丽的风景。①

# 第五节　印度教

印度教由印度移民传入新加坡并随印度移民社会发展而发展。1819年新加坡开埠后，大批印度劳工移居或被贩卖至新加坡，主要从事垦荒、筑路和建筑工作。随着印度劳工和移民的不断增多，印度教得以在新加坡生根发芽，大量印度教寺庙随之兴建。1917年印度教咨询会成立，专职建议督促政府关心印度裔的宗教、生活习惯及各种涉及印度裔公共福利事务。1968年根据《印度教徒布施法案》建立印度教布施基金会，主要负责印度教的寺庙管理和财产分配工作。此外，还成立罗摩克里希纳教会新加坡活动中心、新加坡印度教协会、北印度印度教协会、印度中心等印度教组织，创办印度教子弟学校、图书馆等，出版多份印度教知识刊物。

根据新加坡2010年人口普查数据显示，新加坡印度教信徒为157 854人，占15岁及以上常住人口的5.1%，其中绝大多数是印度人，占印度教徒总数的99%。从1980年、1990年和2000年的人口普查数据看，常住居民信仰印度教比例分别为3.6%、3.7%和4.0%，与印度族群所占人口比例增幅基本持平。②

新加坡现有24间印度教寺庙，其中最古老也最著名的是位于牛车水的马里安曼印度庙。马里安曼印度庙始建于1827年，庙里供奉的是马里安曼女神，原

---

① 康海玲：《新加坡和马来西亚华语戏曲的宗教背景》，载《戏剧艺术》，2013年第1期。
② ［新加坡］苏瑞福：《新加坡人口研究》，薛学了、王艳等译，厦门大学出版社，2009年3月第1版，第44页。

图5-1　印度教寺庙

为木造建筑，1843年重建时改为砖石结构。该庙外观华丽，大门上的塔楼为标准南印度达罗毗荼式，上面立有许多色彩缤纷的立体神像。庙宇内部的彩色壁画、神像雕刻栩栩如生，做工精美，内厅屋顶上同样有许多颜色鲜丽、精雕细琢的神像，在阳光下格外耀眼。1978年马里安曼印度庙被政府列为国家古迹。其他著名的印度教寺庙还有实里尼维沙伯鲁玛印度庙、维拉玛卡里雅曼印度庙、圣帕加维那雅加印度庙等。

# 第六章 传统艺术

新加坡传统艺术源于中华、马来、印度及西方诸文化，主要由各族移民带入新加坡，并随各族移民在新加坡落地生根而发生发展。英殖民统治时期，各族群传统艺术除具一般审美与娱乐功能外，更多担负传承各自民族文化传统与凝聚本民族认同之重任，相互借鉴与交汇互动亦时有发生。独立建国后，随新加坡社会由移民转向定居，本土意识与精神不断增强，以及现代化进程全面展开，如何在传统与现代、多元与融合、民族性与本土性之间找到平衡，成为新加坡传统艺术所面临的重大时代命题

## 第一节 音乐和舞蹈

华人、马来人、印度人等移民族群将各自传统音乐与舞蹈带入新加坡，形成新加坡音乐舞蹈艺术的多元格局。同时，随各族群文化交流互动日趋频繁，新加坡社会逐步形成以"多民族舞蹈"为代表的汇融各族传统元素的本土特色艺术形式。

### 一、华人音乐舞蹈

新加坡华人传统音乐舞蹈由华人移民自中国移入，至第二次世界大战前已初具规模。新加坡早期研究推广中国民族音乐的组织先后有六一儒乐社、爱华音乐戏剧社、余娱儒乐社、钟声音乐研究社、友益儒乐社、云庐音乐社、悠扬音乐研究社、横云阁音乐社、中华口琴会、青年口琴会等。此外由中国国立音专和上海艺专音乐系的留新校友创立的乐队和歌咏会也为华乐在新加坡的传播发挥积极作用。独立建国后，新加坡建立艺术学院，开设华乐学科，于1996年在新加坡人民协会华乐团基础上组建新加坡华乐团。经多年发展，新加坡华乐团现已成为拥有80余名音乐家的新加坡最高级别专业华乐团体，不断以高超的演奏水平策划制作高素质多元性华乐节目，在当今华乐界的知名度与影响力日益扩大。值得一提的是，新加坡近年还涌现出一批优秀的华语流行歌手，包括林俊杰、孙燕姿、

蔡健雅、许美静、阿杜等。新加坡也因而成为华语乐坛重镇。

新加坡华人舞蹈主要由不同时期传入新加坡的中国传统舞狮、舞龙、红绸舞以及众多经过改编的民族舞如采茶舞、荷花舞、剑舞等构成。1947年8月，中国歌舞剧艺社南下新加坡和马来西亚巡回演出，对新加坡华人舞蹈的发展起了极其重要的推动作用。该歌舞剧艺社巡回演出300余场，组织数十次培训活动，并指导舞蹈爱好者排练节目。1950年代以后，随着新加坡本土意识不断增强，华人舞蹈更加注重采用本土题材进行创作，并加强与马来舞、印度舞的合作与交流。1965年新加坡独立后，政府推动多元文化建设，成立了两个官方的多元舞蹈文化团体，分别是国家文化部于1970年成立的兼职性质国家舞蹈团以及人民协会于次年成立的表演华、马来、印度舞蹈的专业艺术团，有力推动了各族传统舞蹈的发展。此外，大量民间团体包括成立于70年代末的凤凰舞蹈团、晋江会馆舞蹈团，成立于80年代的国家剧场华人舞蹈团，成立于90年代的聚舞坊、麟记舞蹈团、福建会馆舞蹈团、舞跃舞乡等，也为新加坡华人舞蹈的繁荣作出贡献。

## 二、马来音乐舞蹈

马来文化历史上受印度、中国、阿拉伯与西方文化影响较深，其音乐舞蹈也呈现多元交汇的色彩。新加坡马来传统音乐多与其戏剧和舞蹈相联系，主要分为五种类型：阿斯利（Asli）、浪迎舞（Ronggeng）、扎频（Zapin）、马斯里（Masri）和久贾（Joget）。配器相对简单，最常用乐器是不同形式的鼓与锣，木管乐器通常使用一种叫做肖姆管的双簧管，弦乐一般使用源于阿拉伯的两弦或三弦的弓形弹拨乐器。

由于新加坡马来人较少表演仪式舞蹈，早期马来舞蹈在新加坡社会主要被视为一种娱乐形式。20世纪50年代中期新加坡反殖民主义运动的兴起，极大促进了马来舞蹈的发展。新加坡马来人开始有意识地将马来舞作为文化符号加以推广，邵氏兄弟和国泰公司在这一时期拍摄大量马来电影也在一定程度上推动了马来舞的普及。

1955年，新加坡历史上首个马来艺术团体希里瓦纳（Sriwana）成立，专职马来文化和艺术传播。为提升新加坡马来舞蹈水平与视野，希里瓦纳邀请来自印度尼西亚和马来西亚的舞蹈家赴新加坡向当地马来舞蹈界传授新鲜舞蹈知识，如巽他（Sundanese）舞、米南加保（Minangkabau）舞、爪哇舞、巴厘舞、马来民间舞和吉兰丹宫廷舞等。1962年希里瓦纳创作新加坡首部马来舞蹈剧《雷当山公主》获得极大成功。1963年希里瓦纳与新加坡芭蕾学院舞蹈家杨金龙合作，将马来舞的步法与芭蕾舞的动作融合在一起，以西方管弦乐曲编排舞蹈剧《丰收之舞》，赢得新加坡社会高度评价。《丰收之舞》的成功使希里瓦纳艺术家们在此后更为自信地将非马来元素融入他们的马来舞蹈创作中。

1970年代以后，在希里瓦纳外，更多马来团体积极参与推广马来舞蹈艺术，这些组织包括：马来青年文学协会（Perkumpulan Seni Melayu），观察组（Pasukan Kawalan）和新精神（Semangat Baru）。同时，政府在国家职能层面上的文化推广和马来社区的普遍支持，以及马来舞蹈与华人、印度舞蹈更深程度的融合，让马来舞像新加坡其它的舞蹈形式一样，在十余年中培养了新一代的观众，其与华、印舞蹈结合的三位一体性从此深入人心。2005年新加坡成立马来遗产中心，致力于保护宣扬包括音乐舞蹈艺术在内的马来传统文化。

## 三、印度音乐舞蹈

新加坡拥有各种印度古典音乐、舞蹈及戏剧流派，包括卡那提克（Carnatic）和印度斯坦语声乐、南印度舞（Bharata Natyam）、卡塔克舞（Kathak）和卡塔卡里（Kathakali）舞等。尽管印度族群占新加坡人口总数比例不高，但印度音乐舞蹈在新加坡却占有重要位置。

1952年由印度喀拉拉邦移居新加坡的巴斯卡，创立巴斯卡舞蹈学院，为印度舞在新加坡的普及做出卓绝贡献。巴斯卡主要致力于推广印度古典舞和源自印度西南部喀拉拉邦的卡塔卡里舞，在将近60年的教学生涯里，他与夫人孜孜不倦地以高质量的教学培训新人，并用传统舞蹈技巧创作新作品。1958年巴斯卡革新性地将中国故事《梁山伯与祝英台》改编为卡塔卡里舞剧，吸引了大批华人舞蹈爱好者学习印度古典舞和欣赏印度表演艺术。此后，巴斯卡又成功地将中国明代小说《西游记》中的《盘丝洞》和马来民间传说《红山的故事》搬上舞台，开辟了卡塔卡里舞剧的多元化时代。

另一位致力于新加坡印度舞推广并取得突出成就的舞蹈家是来自斯里兰卡的妮拉萨蒂琳赓。她在金奈音乐学院毕业之后移民新加坡，于1979年创立飞天艺术团，迄今已培训数百名学生，并且多次与马来、华人舞蹈家合作，在海外艺术节展现新加坡多元民族舞蹈。妮拉萨蒂琳赓虽然接受印度古典舞的严格训练，但她对于改革和实验却持开放态度。比如她在受新加坡广播公司委托编制的特别项目《胡姬花》中，创新性地实现融合印度舞中古典风格主义（Naryadharmi）和现实主义（Lokadharmi）的编舞法则。[1]

丝丽罗摩是新加坡又一位颇有建树的印度舞蹈家。她在2002年和2009年两度与华人、马来舞蹈团体合作，编导从佛教故事演化而成的舞剧《五朵莲花》和取材自印度史诗《罗摩衍那》的同名舞剧，受到新加坡观众的热烈欢迎，演出一票难求。

## 四、西方音乐舞蹈

英国占据新加坡后，除将西方基本制度植入新加坡，还把网球、马球、高尔夫等体育活动与芭蕾舞、交响乐、爵士乐等文娱活动引入新加坡。第二次世界大战前，英殖民当局曾设立专门的警察音乐队，每月以固定时间在植物园等处的音乐厅演出，吸引不少听众前来欣赏。独立建国后，新加坡建立艺术学院并设交响乐团。1979年，新加坡交响乐团成立，并逐步得到世界乐坛认可。目前乐团拥有96名专业乐员，定期在滨海艺术中心音乐厅以及维多利亚音乐厅等多个场地演出，每年演出超过50场次。此外乐团还先后到美国、中国、捷克、德国、希腊、匈牙利、意大利、日本、法国、西班牙、土耳其和英国作巡回演出，近年在BIS唱片公司旗下先后录制多张备受好评的音乐专辑。

## 五、多元舞蹈文化

在新加坡多元社会文化条件下，不同民族音乐舞蹈间交流互动日趋增多，逐步形成独具新加坡本土特色的多元融合表演形式，其中多民族舞蹈是新加坡多元艺术的集中体现。所谓新加坡多民族舞蹈，是指华、马来、印度舞蹈演员在一个节目里同时出现，通过表演，表达民族和谐共处的主题。新加坡多民族舞蹈的多元性集中表现在三个层面，一是指多民族舞蹈演出；二是指舞蹈编导与舞蹈演员学习他民族舞蹈，如马来人学习华人舞蹈，华人学习印度舞，印度人学习马来舞；

---

[1] ［新加坡］蔡曙鹏：《舞蹈中的多元文化主义：新加坡的经验》，李修建译，载《内蒙古大学艺术学院学报》，2011年第4期。

三是指舞蹈家们采用他民族的题材进行创作、或歌颂民族团结的题材。[①]

新加坡社会于第二次世界大战后轰然兴起的反殖独立运动，极大激发了华人、马来人与印度人各族群的自我意识与本土意识。各族舞蹈团体开始联合编排演出，这些演出的突出特点是同时包括华人舞、马来舞和印度舞并以反映本土题材为主，以此来表达各族群在反殖独立斗争中的团结意愿与决心。此后不同族群互相学习对方舞蹈艺术、联合编排演多民族舞蹈的传统一直延续至今。

1958年由新加坡华侨中学学生创作的舞剧《一个村庄的故事》是这一时期新加坡多民族舞蹈的代表作品。该舞剧以马来椰壳舞作始，继之以一群不同种族的孩子一起嬉戏游玩的舞蹈，表现不同民族的村民们和谐的生活。随后，一组手持水罐的印度女孩来到河边，碰到了几个正在浣衣的华族村姑。正当她们乐在其中时，一群金发的强盗忽然现身，村民的生命安全受到威胁。不同民族的青年男女团结一致，奋起抗敌。最终，该死的入侵者落荒而逃。[②]

1965年新加坡独立建国后，政府重视发展多民族舞蹈，文化部组织的包括华人、马来、印度和芭蕾舞一系列节目的"人民联欢之夜"环岛巡演，受到民众热烈欢迎。这些以卡车后厢为舞台，使用简单的声光设备，走遍全岛各个村镇的文娱演出，让人们强烈感受到多民族社群和睦共处的自豪感。自此以往，多元文化主义成为新加坡舞蹈共同体中最鲜明的主题之一。

1970年文化部成立国家舞蹈团后，人民协会也于次年成立表演华族舞、马来舞、印度舞的专业艺术团。除上述两个官方舞蹈团体在由政府、官方机构承办的大量庆祝仪式或剧场活动中，呈献多元民族舞蹈之外，许多民间团体，如新加坡凤凰舞蹈团、晋江会馆舞蹈团、国家剧场华族舞蹈团、聚舞坊、麟记舞蹈团、福建会馆舞蹈团、舞跃舞乡、武吉巴督舞蹈团等，在促进多民族舞蹈的创作排演上也取得不同程度的成就。

这一阶段由国家舞蹈团等团体创作排演的新加坡多民族舞蹈呈现出新的面貌。有别于早期多民族舞蹈由不同族群单独表演各自民族舞蹈的简单叠加，新创作的多民族舞蹈实际上由华人、马来和印度舞蹈家集体编排而成，具有更强的融合性和创新性，进一步丰富了新加坡多民族舞蹈的内涵。

---

① ［新加坡］蔡曙鹏：《舞蹈中的多元文化主义：新加坡的经验》，李修建译，载《内蒙古大学艺术学院学报》，2011年第4期。
② ［新加坡］蔡曙鹏：《舞蹈中的多元文化主义：新加坡的经验》，李修建译，载《内蒙古大学艺术学院学报》，2011年第4期。

# 第二节　戏剧

新加坡戏剧主要由华语戏剧、马来语戏剧、英语戏剧以及泰米尔语戏剧等构成，其中华语戏剧所占比重最大，亦最具影响力。受多元文化社会条件制约，新加坡不同族群传统戏剧间相互借鉴与交汇互动时有发生，近年来更出现以著名戏剧家郭宝崑为代表的跨文化演剧风潮。

## 一、华语戏剧

所谓华语戏剧，是指用华语创作、演出、观赏、评论的戏剧活动，主要包括戏曲、话剧两大类以及歌舞剧、木偶戏、皮影戏、南音等多种演出形式。①

图6-1　华语戏剧

### （一）历史发展沿革

新加坡华语戏剧主要由华人移民于19世纪初期带入新加坡，并随华人移民在新加坡社会落地生根而发展壮大。1819年新加坡开埠后，先期移入的华人主要是来自马六甲的海峡华人，直至1930年，马六甲海峡华人始终是新加坡华人增长的主要因素。由于海峡华人常期侨居海外，生活方式已相当西化，故难以支持华语戏剧活动开展。此后随中国华南闽粤地区移民大量南下并成为华人社会主流，新加坡开始具备华人戏剧演出的条件和气候。

19世纪新加坡华语戏剧的主体形式是华语戏曲，由于华人移民以闽粤籍居多，早期华语戏曲基本以闽粤剧种为主。有关新加坡华语戏曲演出的文献记录，最早可追溯至1842年。该年1月19日，美国远征探险队司令、"文生"舰（Vincennes）舰长威尔基斯（Captain Charles Wilkes）随舰抵达新加坡，在其《航海日志》中提及岛上有"中国戏"演出活动。同年2月，威尔基斯舰长在其日志中留下另一则关于华语戏曲演出更加详尽的记录："戏曲表演同时间在多处举行，演出是免费供人观看的，空地被腾出做这种用途。戏台的三面是封着的，另一面面对大街。台高约6尺，台上的布置挂满丝绸、题有字的布条和照明灯。台上有一桌两椅。台词是吟诵式的，伴以敲击乐。负责敲击者看似带领整个表演，同时是

---

① 周宁：《东南亚华语戏剧研究：问题与领域》，载《戏剧——中央戏剧学院学报》，2007年01期。

乐队的领奏……演员的服装多彩，男角多备脸谱，女角没有，男角多有长的、白和黑的胡须。"①威尔基斯的记载虽然零星，但证实至少1842年或前若干年华语戏曲已传入新加坡并做公开演出。

早期新加坡华语戏曲与华人民间信仰紧密结合，主要在节庆祭祀活动中演出。戏台往往临时搭建在庙宇对面，演出以酬神娱鬼为主，同时兼顾娱人。至19世纪中叶，随着新加坡本地华人移民人口增至一定基数，华语戏曲的功能开始向常态性质的娱乐性演出扩展。1857年新加坡粤剧戏班行会"梨园堂"成立，标志着新加坡华语戏曲在制度和行业组织上开始走向正轨。19世纪末期，随着梨春园、普长春戏园、庆升平戏园和怡园等戏园的开业，新加坡华语戏曲商业演出日趋完善成熟。于光绪13年（1887年）被清廷派驻新加坡的官员李钟珏，在其所著《新加坡风土记》中对当时戏园戏曲演做出如此记载："戏园有男班有女班，大坡共四五处，小坡一二处，皆演粤剧，间有演闽剧、潮剧者，惟彼乡人往观之。戏价最贱每人不过三四占，合银二三分，并无两等价目。"②

至19世纪末期20世纪初期，华语戏曲在新加坡华人社会已具有相当影响力。在戏曲种类上，以粤剧、潮剧、闽剧为主，也包括在华人移民原籍地受到欢迎的汉剧和京剧；演出形式除节庆酬神与戏园娱乐演出外，还有其他演出形式，比如赌场演出、堂会演出等，亦有为私人演出的情况；观众则覆盖华人社会各阶层。此外，南音③这种曲艺形式也于19世纪末传入新加坡，创建于19世纪末的横云阁是新加坡最早的南音社团。

到20世纪20年代前后，华语话剧在中国"五四"新文学影响下开始在新加坡发生发展。1919年上海金星歌舞团和银月歌舞团到新加坡演出文明戏（即早期中国话剧）《恶婆凶媳》、《难为了嫂》、《莲花庵》。随后新加坡当地涌现出一批新剧剧社，如仁声话剧社、青年励志社、同德书报社、青年进德会剧务部、潮州白话剧社等，演出《同恶报》、《血桥泪史》、《风劫余生》、《侠情》、《好儿子》、《谁之咎》等。④但从总体上看，此时期占据华人戏剧主流的仍然是华语戏曲，华语话剧在新加坡演出不多，观众稀少，形式也不够成熟。

① 周宁：《东南亚华语戏剧史》（下册），厦门大学出版社，2007年1月第1版，第477～478页。
② 梁虹：《论南洋四国的中国艺术（1644—1949）》，福建师范大学硕士学位论文，2007年4月1日，第138页。
③ 南音，又称南曲、南乐、南管、弦管，主要由"指"、"谱"、"曲"三大类组成，是中国古代音乐保存比较丰富、完整的一个大乐种。
④ 周宁：《话剧百年：从中国话剧到世界华语话剧》，载《厦门大学学报（哲学社会科学版）》，2007年第2期。

从20年代至30年代，华语戏曲迎来其商业演出的黄金时期。虽然30年代初期的经济大萧条一度影响华语戏曲的演出，但随着经济恢复，华语戏曲在新加坡更是空前蓬勃。同时，歌仔戏在1930年后一度风靡新加坡，广东汉剧亦繁盛一时。华语戏曲这一时期在新加坡的发展呈现五大特征，一是演出场所的变化与多样化，从传统的戏园转向大型游艺场；二是以福建戏为主的街戏演出蓬勃发展、深入乡间；三是不同剧种相互竞争、此消彼长，相互渗透、融合出新，并表现出新加坡传统华语戏曲最初本土化的倾向；四是业余演剧出现，赋予戏曲更纯粹精雅的、更严肃高尚的艺术意义；五是戏曲演出的社会意识觉醒，从公益活动到政治运动，表现出侨民强烈的中国情结。①

1937年"七七"事变后，新加坡华语戏剧，无论是戏曲还是话剧，均进入新的发展阶段。各界抗战演剧热情高涨，纷纷组织筹赈义演以支持中国抗日战争，具有现代社会使命感的华语戏剧活动蓬勃兴起，掀起一个戏剧艺术的高峰。华语戏曲由于在表演内容上限于中国传统剧目，主题难以扣紧抗战，故主要以"戏曲义演"劝募赈款支援抗战。专业与业余各大小戏团自觉担负抗战救亡大任，积极宣传筹办义演，华人戏曲义演筹赈成为新加坡筹款救亡的主要方式之一。华语话剧亦积极响应抗战热潮并因而呈现前所未有的繁荣，从"七七"事变到新加坡沦陷不到五年间，新加坡及马来西亚的华语话剧团多达130多个，演出数百场次，大批原创抗战剧作不断涌现，著名剧目包括《放下你的鞭子》、《吼声》、《团结救亡》、《全民抗战》、《卢沟桥》、《民族公敌》等。中国大陆剧团如上海白雪歌剧团、中国旅行歌剧团、新中国剧团等，此时也来到新马两地演出，加入救亡话剧大潮。②

1942年2月15日日军占领新加坡，实施大验证，肆意屠杀华人，华人社会遭受严酷浩劫，华语戏剧亦受到严重冲击，业余演剧活动基本停止。3年8个月的日据时期，新加坡华语戏剧艺术在整体上陷入严重衰退。但日军出于粉饰太平需要，容许华语戏剧继续部分商业演出，为战后华语戏剧的复兴留下一线香火。

第二次世界大战后直至1965年新加坡独立建国，是新加坡华语戏剧的再度繁荣期。业余演剧在战后迅速复兴，商业戏剧演出亦根据形势积极作出调整谋求发展。华语戏剧不仅在规模上恢复了战前的繁荣，在艺术形式、社会意义上也有

---

① 周宁：《东南亚华语戏剧史》(下册)，厦门大学出版社，2007年1月第1版，第493页。
② 周宁：《话剧百年：从中国话剧到世界华语话剧》，载《厦门大学学报(哲学社会科学版)》，2007年第2期。

了新的追求。但战后的20年同时也是华语戏剧最后的黄金期。大量战前到新加坡躲避时局动荡的中国艺人选择回国，仍处于英殖民统治下的新加坡与新中国的政治关系动荡，民族主义思潮的兴起，都影响到新加坡华语戏剧的平稳发展。

新加坡独立建国后，社会环境发生翻天覆地的变化，对华语戏剧长时间赖以生存和发展的演剧生态造成严重破坏，导致此后20年华语戏剧逐渐衰落。现代化、城市化进程的全面展开，尤其是政府推行组屋政策，完全打破了华语戏曲此前所依赖的传统村落结构，而强制性征地法令迫使大量乡村地区华人庙宇或搬迁、重组或被拆除，导致传统酬神戏剧演出需求大幅减少，华语戏曲演剧空间受到压缩。华语话剧虽然在战后一度繁荣，其现实主义创作亦进一步成熟，但新加坡独立建国前后兴起的民族主义与冷战意识形态限制了华语话剧的进一步发展。此外，华人戏曲与话剧观众因电影电视等新型娱乐形式的普及而流失，亦是造成华语戏剧衰落的重要因素。

1980年代以后，随着新加坡经济实现腾飞，社会日趋富强，同时也为抵御开始显现的西方文化消极影响，政府开始注重文化建设，鼓励各族群维护发展各自传统文化。华语戏剧作为华人族群的重要文化遗产，也开始受到重视。80年代中以来，新加坡政府以赞助形式让本地业余剧团聘请中国导师开办戏剧训练课程，以提升其专业素养。1991年，新加坡成立国家艺术理事会，为各业余艺术与文化团体提供资助。从1993年开始政府每两年举办一次"新加坡艺术节"并将戏曲列为其中一项表演艺术。1995年，新加坡国家艺术理事会成立新加坡戏剧学院，这是新加坡首个正式从事培训、戏剧研究的教育与学术机构，旨在普及和提高新加坡戏剧艺术。为了在青少年中普及戏剧，该院从学校着手，举办各类相关讲座和示范表演，让年轻一代有机会接触与认识戏剧表演以发掘他们学习戏剧的兴趣。

在政府的支持下，新加坡部分民间华语戏剧业余剧团有计划地在各组屋区的会所开展华语戏剧推广活动，并将范围扩大至艺术教育、举办讲座、示范演出等，使戏剧走入学校、初级学院、大学等。同时，还积极从中国引入技艺高超的戏剧团体到新加坡演出，并于1992年成立新加坡戏剧研究会。

民间和政府的共同努力，使近年新加坡华语戏剧发展开始出现复苏势头。但总的来看，目前新加坡华语戏剧主要呈现业余戏剧活动勃兴而职业戏剧举步维艰的局面。一方面，业余剧团纷纷成立，票友醉心艺术，热情高涨，积极参与演剧活动并强化对外交流；另一方面，本地职业剧团在激烈的竞争下，尤其在高水平国外剧团日益频繁赴新演出的冲击下，境地岌岌可危，部分曾叱咤一时的老班剧团难以为继甚至被迫解散。未来新加坡华语戏剧全面复兴所面临的挑战仍然严峻。

### （二）主要剧种与剧团

在新加坡华语戏剧两大主体中，华语戏曲多为源于中国华南闽粤琼地区的方言剧种，主要包括：高甲戏、粤剧、潮剧、闽剧、歌仔戏、莆仙戏、梨园戏、琼剧等，同时亦有受到华人普遍欢迎的京剧、汉剧等戏剧种类。而华语话剧在20世纪20年代前后传入新加坡后，迅速由"新剧"、"文明戏"过渡到纯正现代话剧，主要以标准华语演出，近年亦出现集华语、马来语、泰米尔语、福建方言等新加坡各族语言于一体的演出形式。

新加坡华语戏剧剧团主要分三类，一类是来自中国的巡演团体；一类是巡演之后留居新加坡的演剧团体；最后一类是新加坡本土组建的演剧团体。由于华语戏剧源于中国，而新加坡是以华人为主体的社会，因而有大量中国剧团赴新加坡巡演。这些剧团专业技能精湛，且流动性强演出频率高，在新加坡具有较强影响力。

19世纪40年代，福建著名高甲戏剧团福金兴班、三合兴班曾赴包括新加坡在内的南洋地区巡演，剧目包括《斩黄袍》、《过五关》、《取宛城》、《鸿门宴》、《三气周瑜》等传统剧目。进入20世纪后，南下新加坡等地巡演的中国剧团日趋增多。福建高甲戏剧团金和兴班、福美兴班、福庆兴班等，福建莆仙戏剧团紫星楼班，闽剧新富乐班，萧章粤剧团、胜寿粤剧团、觉先旅行粤剧团，琼剧琼顺班、万年春班，厦门歌仔戏团体双珠凤班，广东汉剧老三多班等均赴新加坡献艺。

部分剧团经长时间巡演生活，逐渐适应当地社会与环境，便选择留居新加坡等地。这些中国剧团吸纳越来越多的当地元素，演出风格更加贴近当地民众生活。典型例子如第四代晋江县东石镇潘径南派布袋戏李家班，由第四代传人李祖华带领，于同治12年（1873年）赴马来西亚、新加坡巡演，随后在新马做长期演出，直至李祖华病逝于新加坡。[①]

随着新加坡华语戏剧发展及社会整体鉴赏水平提升，部分本地戏迷自发组建剧团，促成新加坡业余演剧的蓬勃兴起。自1912年新加坡首个业余戏曲组织馀娱儒乐社成立后，其他业余戏曲团体在1920年代后期相继成立，包括六一儒乐社、陶融儒乐社、星华（也作新华）儒乐社、南洋客属总会国乐部汉剧部（后称为

---

① 梁虹：《论南洋四国的中国艺术（1644—1949）》，福建师范大学硕士学位论文，2007年4月1日，第16页。

汉乐部）及新加坡平社等。话剧团体则组建有仁声话剧社、青年励志社、同德书报社、青年进德会剧务部、潮州白话剧社、南庐学友会、工商校友会、养正校友会白话剧团、通俗白话剧社、海天俱乐部等。此外，一些著名艺人受聘赴新加坡开班设馆传授技艺，培养出许多优秀演剧人才，随后组建华语戏剧社团。比如新加坡首个歌仔戏班"玉麒麟闽剧团"，由新加坡人林金美出资组建。该班团长陈锦英艺名"锦上花"，为厦门鼓浪屿人，自1937年南下新加坡献艺后便留驻该团任团长兼导演。

### （三）社会文化功能

作为新加坡华人社会最普及的艺术形式，华语戏剧除具一般审美与娱乐功能外，还具有酬神娱鬼、评论社会、传承文化与凝聚认同等社会文化功能。

酬神娱鬼同时兼顾娱人，是早期新加坡华语戏曲的主要生态。华人民间信仰将酬神戏作为祭祀主要内容，而节庆祭祀同时也为戏曲上演提供舞台。虽然后期华语戏曲向常态化商业演出拓展，但其酬神娱鬼的民俗信仰功能一直持续至今。新加坡韭菜芭城隍庙城隍爷诞的酬神戏是华人民间信仰与戏曲演出相互结合的典型，在韭菜芭城隍庙奉祀城隍近一个世纪的岁月里，例行酬神戏曲演出未有间断，并呈现越发繁盛的趋势。据现有资料显示，该庙在20世纪50年代，每年城隍爷诞演戏至少14天，1973年增加到18天，1974年上演24天，1975年上演26天，1976年上演30天，90年代至今则突破百日，2011年上演120天，创下了东南亚华人庙宇演戏之最高纪录。所演剧种种类繁多，来自福建、广东、香港、台湾及新加坡本地的歌仔戏、高甲戏、粤剧、潮剧、木偶戏轮番上场，生旦净丑，唱念做打，精彩纷呈。[①]

评论社会、批判现实，是新加坡华语话剧鲜明的特色。在中国"五四"新文学影响下兴起的新加坡华语话剧，具有深厚的现实主义传统。"七七"事变后，华语话剧积极响应抗战救亡，新创剧作不断涌现，成为新加坡最具社会影响与艺术感染力的演剧形式。战后新加坡华语话剧现实主义创作进一步成熟，反殖与民族独立、社会底层生活、社会道德等都成为其关注重点。新加坡独立建国后，华语话剧延续现实批判精神，创作出一批既有艺术性又有教育性的现实主义作品。比如新加坡著名戏剧家郭宝崑的作品《棺材太大洞太小》，以生动的喜剧语言深刻

---

① 康海玲：《新加坡和马来西亚华语戏曲的宗教背景》，载《戏剧艺术》，2013年第1期。

揭露某些政府官员僵化、刻板、怕负责任的毛病，深受百姓欢迎。

相较祖籍地传统形态而言，华人戏剧在新加坡等海外移民社会更多承载传承传统文化并凝聚民族认同的重任。华人移民新加坡，在异于本土人文环境的他乡，需要维系与祖籍地文化的脐带联系，以保持自身族群凝聚与文化身份认同。戏剧相比其他艺术形式，有更强的娱乐性和可接受性，影响更为广泛。华语戏剧中所蕴含的中国传统文化元素以及演剧活动为华人提供的社交场合，使其成为新加坡华人传承民族文化、凝聚民族认同的最好载体。华语戏剧作为一种群体性的艺术形式，在特定的时代背景和历史事件下，能够形成一股力量，将共同的激情与勇气、共同的忧虑与哀伤、共同的爱与恨传递给整个华人社会，并因而形成戏剧的繁荣年代。"七七"事变后新加坡华语戏剧掀起抗战救亡高潮，正是如此。

## 二、马来语、英语戏剧

第二次世界大战前马来语戏剧已在新加坡社会兴起，而英语戏剧主要在20世纪80年代中期以后迎来发展。早期马来语戏剧在剧本、服装和配乐上都相对简单。剧本最初是马来神话，1914年演出莎士比亚剧作《哈姆雷特》和《威尼斯商人》，后又改编多部中国旧剧。配乐早期仅有印度手风琴和小鼓，1906年以后开始采用钢琴、小提琴、大提琴等西方乐器。服装最早为印度式，1908年后改为现代样式。在现代马来语话剧方面，马来艺术协会话剧团于1952年成立，曾上演由该剧团团长班尼·敏·旺译成马来语的《雷雨》和《哈姆雷特》以及马来语话剧《盲女之恋》等。斯里瓦纳马来话剧团于1955年成立，曾演出《山峰》和《可爱的人》等剧目。团长纳特普特拉创作有话剧、电视剧和广播剧等剧本200多部。

1980年代中期以后，新加坡英语戏剧蓬勃兴起，呈现百花齐放的局面。新加坡首个专业英语剧团剧艺工作坊于1985年2月成立，并于1988年创作出第一部本土音乐剧《美世界》，之后又演出《三个孩子》、《老九》、《回溯新加坡·1960—1990》、《盼望》等代表性剧目。该剧团坚持以本土作品为主，积极培养本地英语戏剧人才，于1990年推行全面培训计划，并于1991年在新加坡报业控股集团的资助下成立"导演实验室"和"剧作者实验室"。"剧作者实验室"成立以来，共产生300多部英语新剧作，并举办过多次别开生面的活动，如新加坡首次戏剧嘉年华、24小时剧本创作比赛、新加坡青年剧作家奖等。

其他著名的英语剧团还有亚洲剧场研究中心、必要剧场、实践剧场、行动剧场等。成立于1987年的亚洲剧场研究中心曾先后两次在福康宁山分别演出希腊悲剧《美狄亚》与德国剧作家布莱希特的《胆大的妈妈》，开创了新加坡户外演出的风气。必要剧场成立"编剧港"，培养英语编剧人才，至今创作长短剧本已不下40个，其中，《静止建筑》获1996年新加坡书籍奖。

### 三、戏剧文化的交流融合

受多元文化社会条件制约，新加坡不同族群传统戏剧间交流互动时有发生，近年来更出现以著名戏剧家郭宝崑为代表的跨文化演剧风潮。新加坡戏剧间文化交流互动主要体现在华语、马来语戏剧等对异域题材的借鉴上。比如华语戏剧曾将《罗摩衍那》与《摩诃婆罗多》改编为传统戏曲形式演出，不仅受到华人观众喜爱，也赢得马来、印度观众的赞赏。马来戏班为吸引华人族群前来观赏马来语戏剧，曾在美芝路开演中国传统爱情故事《梁山伯与祝英台》，以马来人的曲调演奏中国的梁山伯、祝英台故事。这一新兴的表演形式获得华人族群的盛赞，一时观者云集。[1]此后马来戏班还陆续改编演出《朱买臣》、《杀子报》、《薛仁贵》、《武松杀嫂》等中国故事。

独立建国以后，以郭宝崑为代表的新加坡剧作家，注重兼容并蓄，开启多语言跨文化演剧的新风气。郭宝崑于1986年创立实践剧场（Theatre Practice），这是新加坡的第一个双语剧团。剧场以多样化的演出作品为特色，从传统作品、现代作品、经典作品、原创作品到实验作品，应有尽有。郭宝崑编导的《祖母寻猫》（Mama Looking For Her Cat）以跨语言演出的方式关注新加坡多元文化。这部剧由操华语、英语、马来语、泰米尔语、福建方言等不同语言的演员同台演出，表现不同语言之间隔离的"语沟"与不同代人之间的"代沟"，被视为新加坡文化的隐喻。

# 第三节　美术

新加坡的美术萌芽始于19世纪后期，而兴盛于20世纪初期。早期新加坡华人社会因殖民地经济起飞而有能力聘请中国最好的匠师南下作业，中国工艺美术得以在新加坡社会流传。20世纪以后，康梁变法失败导致大量维新党人流亡南洋，

---

① 汪鲸：《适彼叻土：历史人类学视野下的新加坡华人族群》，广州：广东人民出版社，2013年8月第1版，第193页。

尤其是20年代之后中国许多艺术界人士到新加坡谋生、定居，直接推动了新加坡视觉艺术的发生发展。

正如姚梦桐先生在《新加坡第一代书画家定位》一文中提出"以1935年这锚地作中心（指1935年"中华美术研究会"的成立），再往南北各画一条线，往北的线画到20世纪20年代，往南的线画到20世纪50年代作为上下限。活动于这范畴的书画家，都是属于新加坡第一代书画家。"同时姚先生在文中还充分肯定这个时期的书画家为新加坡文化振兴所做的贡献，"第二次世界大战前的书画家筚路蓝缕，拓荒辟园，栽下棵棵艺苗。战后不少书画家来到新加坡，从事教育文化工作，他们承先启后，跟战前的书画家同心协力，把艺苗培植成材，推深推广了新加坡的美术发展。"①

1922年，孙裴谷创办新加坡华侨美术学院，为新加坡历史上第一所美术学院，开设国粹画科、西洋画科，并选修擦笔画科、粉笔画科、水彩画科、铅笔画科，由孙裴谷、林伯嵩、陈远致、杨书南、蔡梦香等执教。虽然华侨美术学院开设课程较为适合初学者，但由于客观原因，办学时间不长，培养的人才不多。自孙裴谷1922年创办新加坡华侨美术学院之后，新加坡美术界的另一项重要进展是1930年由张伯河、郑鼎新等人成立"南星美术研究会"，并曾举办社员作品展。

新加坡历史最为悠久、影响最深远的美术团体，是成立于1935年4月15日的中华美术研究会，最初名称为沙龙艺术研究会，同年底改为现名。中华美术研究会于1936年注册为社团，曾举办马来西亚美展、近代名家书法展、名人书法展、中国名家画展、扬州八怪书画展等大型美术展览以及其他活动，并有一套较为完善的管理机制。同时还为接待中国到新加坡活动、避难、办展的美术家做了大量工作，包括徐悲鸿、刘海粟、王济远等。1974年和1979年，中华美术研究会两次组团访华，为中新两国文化交流做出贡献。该会会员还发起组建一些其他艺术团体，如新加坡艺术协会、水彩画会、东南亚艺术协会、墨澜社、啸涛篆刻书画会、华翰画会、青年协会等，极大推动了新加坡美术的繁荣发展。

1938年，中华美术研究会倡办南洋美术专科学校，开设有西洋画系、雕塑系、艺术教育系、实用美术系，聘林学大、黄葆芳、李魁士、陈溥之、钟白木、林玉珠、张汝器、高沛泽、施育艺、吴得先为教员。后改称南洋艺术学院。由于课程

---

① 陈琳藩、陈嘉顺：《开拓新加坡艺坛的潮籍美术家》，载《汕头大学学报（人文社会科学版）》，2003年第19卷增刊。

设置合理，师资雄厚，南洋艺术学院至今仍被认为是新加坡的美术摇篮，与成立于1984年的拉萨尔艺术学院同为新加坡最具代表性的艺术学府。

1952年，新加坡先驱画家陈宗瑞、陈文希、钟泗宾、刘抗等人多次赴巴厘岛写生，从当地文化中吸收大量元素。当他们回到新加坡举办联展时，轰动一时。这批艺术家将水墨、油画的技巧和热带地区的新元素进行融合，逐渐发展出一种属于南洋地区的独特艺术类别，即"南洋画派"。南洋画派将西方绘画技巧与中国水墨笔法融为一体，作品主要反映东南亚乡土自然风情，形成独有的美术表现形式，被视为新加坡艺术领域现代主义精神的独特财产。

独立建国后，在新加坡政府打造世界文化中心的发展策略下，新加坡经营中国画和西洋画的画廊数目激增，其中比较突出的有梅花画廊、卫特林与张画廊、乌节画廊等。梅花画廊专注于亚洲当代艺术品，尤其是中国与越南画家的名作。卫特林与张画廊专注于西方艺术作品，是多位美国顶尖当代画家的代理。乌节画廊则主要展示亚洲和欧洲画作。

国宝级多元艺术家陈瑞献是当代新加坡美术界的领军人物，他不仅在油画、水墨、雕塑、纸刻、篆刻、书法等领域取得瞩目成就，而且在文学、宗教学、哲学领域也尽领风骚。陈瑞献在年仅44岁时就获选世界上最古老的艺术研究机构——法兰西艺术研究院驻外院士，不仅是最年轻的一位，也是驻外院士中唯一的东南亚艺术家。陈瑞献至今已在世界各地举行数十场个人艺术作品展及联展，并荣获多项国际性大奖。1998年由联合国秘书长安南提名，他的彩墨画《大中直正》入选《世界人权宣言》新版本插图。

# 第四节　电影

电影发明后不久即于1902年传入新加坡。随后新加坡电影业逐步发展，在20世纪50至60年代达到黄金时期，以15～20部的平均年产，推出近300部的华语、马来语、英语和方言影片，成为当时亚洲电影重镇以及马来语电影制作中心。70至80年代，受诸多因素影响，新加坡电影业进入衰退期，

**图6-2　新加坡环球影城**

整个70年代仅出产6部影片，而在整个80年代没有再制作出一部电影。90年代以后，在政府扶持下，新加坡电影业逐渐复苏，并在2006年后再度迎来繁荣。以梁智强为代表的新加坡电影人将本土元素与电影艺术相结合，摄制出一批集中反映并代表新加坡本土精神和文化的佳作。

## 一、电影传入新加坡

新加坡的电影史可以追溯到20世纪初。1902年，印度人巴里将一些欧美风景片和运动纪录片带至新加坡，在新加坡河畔的空地播映，这是电影首次进入新加坡。巴里带来的影片每部长约500英尺，临时挂幕用电石灯放映，让首次接触电影的新加坡民众感到十分新奇。这些影片随后在新加坡各地巡回放映，因为没有影院，只能在临时搭建的帐幕里放映，被称为"影戏"。尽管条件和效果一般，但这种新颖的艺术表现形式还是受到新加坡民众的关注和喜爱。

1904年，新加坡开设名为"巴黎影戏院"的电影院，对公众播放由英、法等西方国家购入的影片，其中绝大多数为纪录片，少数为神话故事片等。此后，侨民也纷纷在新加坡开办影院。1925年，新加坡放映首部中国影片《孤儿救祖记》，在华人社会引起轰动，华侨争相观看，盛况空前，从而激发华侨资本家对中国影片投资的兴趣。1926年，出生于中国传统商业世家的邵逸夫与邵仁枚南下新加坡开拓南洋电影市场，并于1930年在新加坡成立邵氏兄弟公司。而出生于吉隆坡的华人陆运涛在1940年由英国留学返回新加坡后接管庞大家族企业，并于第二次世界大战后开始涉足电影业，成立以电影发行为主的国泰机构。邵氏兄弟公司与国泰公司在电影业的激烈竞争，促成50至60年代新加坡本土电影工业的繁荣。

30年代有声电影开始进入新加坡并逐渐占据市场，首部有声影片《静静的山谷》于1929年在维多利亚纪念堂首映。1933年是新加坡电影发展史上重要的一年，马来语影片《疯狂的莱拉》作为第一部新加坡本土制作的电影发行上映。虽然邵氏兄弟公司和国泰公司在此后又陆续拍摄一些马来语影片，但直至40年代，新加坡各影院里放映的影片主要还是由欧美以及中国、印度进口的影片。

## 二、新加坡电影业的繁荣与衰落

第二次世界大战后，尤其是20世纪50至60年代，随着社会经济的复苏，新加坡电影业迎来黄金时期。时为新加坡最大两家影业巨头的邵氏兄弟公司和国泰公司间激烈的竞争，在很大程度上推动新加坡电影工业的快速发展。邵氏凭借家族关系以打造联结内地、香港及东南亚的跨国娱乐网为目标，主要采取"扩张"影院数目的策略，实行"每月一院"方针，在包括新加坡在内的南洋地区四处选址开建影院，并成立英美影片发行部，代理英美法等国电影，同时亦购入大量中国、印度影片发行。国泰则秉持品质为先的现代化理念，在与邵氏展开片源争夺的同时，把重点放在改善影院软硬件设施、提高观赏质量等方面，其新建的影院均为东南亚地区最先进的影院。这些影院不仅设计优美，而且设施完备，装置最先进的音响和放映系统以及从欧美进口的座椅和地毯等。在国泰兴建的诸多影院中，最能代表其现代化水准的是新加坡奥迪安戏院。该影院拥有1 557个座位，除有前述先进设施外，还有全球最佳的约克牌空调机、地下大型停车场以及东南亚第一部GB-Kele放映机，此外还设有专供听力障碍观众使用的特制耳机以及陆运涛亲自设计、有"最时尚装修"的好莱坞式咖啡厅。[①]

邵氏和国泰两强争雄，在新加坡引进放映大量进口影片。邵氏以其旗下的首都、东方、青天、丽士等戏院为首轮院线，与国泰名下的国泰、奥迪安、大华等展开激烈竞争。据统计，当时的新加坡各影院每年放映的欧美片、华语片及印度片多达几百部，几乎每天都有新片上映。[②]同时，邵氏和国泰还拍摄了大量马来语及华语影片，使新加坡成为当时亚洲电影重镇以及马来语电影制作中心。20世纪50至60年代，新加坡以15～20部的平均年产，推出近300部的华语、马来语、英语和方言影片。[③]这一时期新加坡本土制作的马来语影片，导演多为印度人、菲律宾人和马来人，演员多为马来籍演员甚至是马来梭罗戏的演员。华语影片相对较少，主要拍摄有《新加坡之歌》、《第二故乡》、《度日如年》等。

进入70年代，新加坡电影业突然沉寂，风光不再，进入持续的衰退期直至80年代末。在整个70年代新加坡只产出3部华语文艺片，以及3部由菲律宾人波比·苏瑞（Bobby A. Suarez）执导的英语功夫片。而在整个80年代，新加坡没有再制作出一部电影。[④]

导致新加坡电影业在这一时期衰落的因素主要有以下几个方面。首先，邵氏

① 赵卫防：《五六十年代竞争格局中的香港国语电影工业——兼论邵逸夫与陆运涛之间的竞争》，载《当代电影》，2006年04期。

② 鲁虎：《新加坡》，北京：社会科学文献出版社，2004年2月第1版，第288页。

③ 鲁虎：《梁智强：新加坡电影的成功故事》，载《东南亚纵横》，2006年第4期。

④ ［新加坡］陈时鑫：《新加坡电影业：发展、困境与挑战》，刘辉译，载《国际视野》，2007年第4期。

和国泰两大电影公司相继退出新加坡电影制片市场，新加坡本土电影业因而缺乏发展所需的稳定投资；其次，周边国家采取的贸易壁垒策略进一步缩小了新加坡本土制片、发行市场；第三，电视、音像和其他家庭娱乐产品的出现，提供了新加坡人更便宜的娱乐方式。同时，处于建国初期的新加坡政府相对更加注重工业与现代化发展，对艺术和文化培养发展顾及不够，而其推行的严格媒体审查制度也是导致新加坡电影业陷入低谷的一个原因。

## 三、新加坡电影业的复苏与革新

1989年，新加坡文化艺术咨询理事会提出国家艺术发展报告书，该报告书被认为是新加坡文化艺术发展的分水岭，表明政府在国家稳定、经济发展的基础上，开始加强自身文化建设。1991年新加坡设立新闻及艺术部（MITA）（现改名为新闻、通讯及艺术部，MICA）专职规划制定新加坡艺术和文化发展政策，并通过下属的媒体发展管理局，间接监管新加坡所有影视媒体机构，包括国营新传媒星霖电影公司（Mediacorp Raintree Pictures）、新加坡电影委员会等。2000年，新加坡政府又公布《文艺复兴城市报告》，拟通过政府拨款，在5～10年时间内使新加坡达到香港、墨尔本与格拉斯哥的发展水平；长远目标则是向国际公认的艺术之都纽约和伦敦看齐。同时，新加坡政府还制定系列政策，从早期剧本写作到后期电影发行各阶段给予本土电影业支持和优惠。为进一步繁荣电影市场，扩大对外交流，从1988年起，新加坡还每年举办新加坡电影节，展映来自国内外的优秀电影。2012年以来，新加坡还举办新加坡华语电影节，迄今已举办3届。此外，新加坡计划于2014年年底举办首届新加坡亚洲国际电影节。

在政府的扶持下，新加坡电影业在90年代以后逐渐复苏，在2006年以后再度迎来繁荣。据新加坡电影委员会网站资料，自1991年至今（截至2014年2月），新加坡共生产出210部电影，其中1991年至2005年共产出61部电影，平均每年制作4.1部电影；2006年至2013年共产出146部电影，平均每年制作18.25部电影，达到20世纪50至60年代黄金时期年均产量。①

1991年由美国导演斯坦·博瑞特（Stan Barrett）和英国导演阿瑟·史密斯（Arthur Smith）合作在新加坡制作的电影《三分熟》（Medium Rare）获准发行，成

---

① 数据来源：《List of Singapore Movies（1991—2013）（as at Feb 2014）》，新加坡电影委员会，新加坡媒体发展管理局官网。http://www.mda.gov.sg/IndustryDevelopment/IndustrySectors/Film/Pages/Film.aspx

为20世纪90年代新加坡推出的首部电影。1995年由邱金海拍摄的《面薄仔》(Mee Pok Man)则成为首部由新加坡人执导的电影。

1998年新加坡出现两部在其电影史上具有重要影响和意义的作品:《狂热迪斯科》(Forever Fever,魏铭耀)和《钱不够用》(Money No Enough,郑德禄)。这两部独立制作的影片创下史无前例的记录,改变了新加坡本土电影历史。《钱不够用》讲述了一个新加坡财迷的讽刺故事,由梁智强主演,以80万新元的制作成本斩获584万票房,成为当年新加坡票房收入最高的本土电影和第三大卖座电影,票房仅次于《泰坦尼克号》和《侏罗纪公园》。《狂热迪斯科》制作成本为150万新元,却仅获80万本土票房,但这部电影成为新加坡第一部被美国米拉麦克斯公司收购的影片,在美国、加拿大以及欧洲等国发行,据说该片仅全球发行权收入就高达450万新元。[①]

2003年梁智强导演的《跑吧! 孩子》(Homerun)是其最成功也是新加坡本土最成功的影片之一。该片于2003年12月为新加坡赢得首项国际电影大奖———金马奖最佳新人奖,此后该片还陆续获得其他各种国际影展的6个奖项。

2006年是新加坡电影业记录屡破的一年。新加坡首部3D动画长片《生肖传奇》(Zodiac: The Race Begins,符方领)在这一年诞生。数字媒体学院第一次涉足本土市场,推出三部准专业DV电影《铁男》(Unarmed Combat,韩耀光)、《S11》(陈启全、张嘉仁合导)和《生活的代价》(The High Cost of Living,黎育维)。邱金海执导的《情欲飞扬》(Be With Me, 2005)成为新加坡首部获得奥斯卡最佳外语片提名的影片(这部影片夹杂着闽南语、粤语、普通话等多种语言,由于其中英语占最大比重,不符合外语片的评选标准,2006年奥斯卡组委会最终取消其参赛资格)。梁智强自编自导自演的喜剧故事片《小孩不笨2》( I Not Stupid Too)以150万新元投资获得418万新元本土票房,入选当年最卖座电影前三名。

## 四、新加坡电影中的本土文化

全球化浪潮的冲击以及新加坡社会与生俱来的多元性与开放性,使得新加坡本土电影产业面临巨大挑战。从票房号召力来看,不论是票房还是发行量,好莱坞电影仍旧控制着新加坡电影市场。在2003年至2013年的票房前十名榜单上,

① [新加坡]陈时鑫:《新加坡电影业:发展、困境与挑战》,刘辉译,载《国际视野》,2007年第4期。

只有7部为新加坡本土制作。① 但同时新加坡本土电影产业的前景又充满机遇，在新加坡社会物质条件日渐富足的今天，人们更渴望看到能够反映和代表新加坡本土精神与文化的电影作品，以寻求作为新加坡人的认同感和归属感。

在新加坡本土电影中，梁智强的电影无疑最能体现和代表新加坡文化。充盈在梁智强作品中的新加坡社会文化典型特征，如热带都市、现代公交、组屋、小贩中心、新加坡式英语、福建话、怕输个性（Kiasuism）等场景元素，能让观众一下就感受到新加坡的风味和气息。关于本土电影与新加坡本土文化的关系，梁智强曾说过："我拍戏的基本理念是，要跟港台电影不一样。我的电影要和新加坡文化有关，要生活化，要让外国的朋友由此认识我们的文化。"而新加坡电影协会主席陈继贤则如此评价梁智强电影中的新加坡文化特性："他的电影可能是商业的，但它们是新加坡文化的代表。在发展电影业中，我们想开发一些明显新加坡的东西——而智强的影片正是如此。"②

梁智强于1998年4月底作为编剧和男主角与导演郑德禄一起推出的影片《钱不够用》（Money No Enough），大量采用福建话对白，揭示出高度商业化的都市中新加坡人的最大问题是"钱不够用"。拍摄于2002年的《小孩不笨》（I Not Stupid）则深刻反映了优差分流的教育体制、父母管教孩子的方式所带来的社会问题以及差班学生所面临的社会压力等。摄制于2003年的《跑吧！孩子》（Homerun）是梁智强的代表作，以象征和隐喻的手法，影射了新加坡历史和现实的社会及政治问题。而在《爱都爱都》（I Do I Do, 2005）这部影片中，远的如选区重划和议员素质，近的如鼓励生育和用英语教华文，都成为梁智强嘲讽调笑的对象。

由于梁智强作品突出的新加坡本土气息和较高的艺术价值，其所拍摄的系列电影受到新加坡社会高度的肯定和欢迎。在前述少数荣登新加坡本土票房前十名榜单的新加坡本土电影中，梁智强作品占据绝大多数，包括：《钱不够用》、《跑吧！孩子》、《突然发财》、《小孩不笨2》、《钱不够用2》、《新兵正传1》、《新兵正传2》等。在今天的新加坡，梁智强这个名字已经成为新加坡电影的代表，而他的作品亦成为人们评论新加坡社会和文化现象时的参照以及新加坡本土文化不可缺少的组成部分。

---

① 数据来源：《Singapore's Top 10 Grossing Movies by year from 2003》，新加坡电影委员会，新加坡媒体发展管理局官网。http://www.mda.gov.sg/IndustryDevelopment/IndustrySectors/Film/Pages/Film.aspx

② 鲁虎：《梁智强：新加坡电影的成功故事》，载《东南亚纵横》，2006年第4期。

# 第五节　建筑艺术

多元交汇是新加坡建筑形态的基本特征，亦是新加坡社会多元文化特性在建筑领域的集中反映。新加坡建筑艺术汇融东方与西方特色，历史与现代在这里时空交错，欧式、中式、马来式、印度式、阿拉伯式建筑风格于其间交相辉映，构成独特的多元建筑文化景观。最能反映新加坡建筑艺术多元特色的建筑形态主要包括各族群民居、宗教建筑与殖民建筑等。独立建国后，新加坡多元建筑艺术的现代性与地域性日趋凸显。

## 一、各族群民居

### （一）店屋

店屋（Shophouse），又称骑楼，是新加坡最常见的城镇民居建筑形式之一，英殖民时期各族群民众尤其是华人多居住于此。店屋多为两至三层，一楼作店铺使用，二三楼为民居。店屋以立柱形成5英尺阔名为"五脚基"的柱廊"骑"于人行道之上，利于行人遮风避雨及商铺展示商品，是建筑形式对新加坡炎热多雨气候的适应性表现。同时，骑楼柱廊于人行道上所形成的空间，还为当地居民提供一个休闲、交流的场所，体现中国传统文化中注重人际交往的"人和"思想。

受新加坡多元社会文化环境影响，新加坡店屋建筑风格亦多元混搭、掺杂，尤其在其迎街立面上呈现多样风貌。文艺复兴式立面店屋的女儿墙较为平直，是一道贯通整个立面的矮栏杆或矮墙，有窗套，窗楣为圆弧形或方形；荷兰式立面店屋则多为坡屋顶，装饰简朴，最大的特征为每层窗户均有挑檐或雨棚遮蔽；中国传统式店屋亦多用坡屋顶，立面线条与窗套装饰少，山墙处起翘，保留有"封火墙"的痕迹。[①]

### （二）马来屋

马来屋是马来人传统住宅的统称，底层架空、重檐大屋顶是其基本特点。由于新马地区气候炎热多雨，高架结构可以增加通风，使室内温度降低，同时减小湿度。重檐大屋顶有利于雨水很快顺陡峭的屋顶流走，有利于遮蔽进屋的阳光，

---

[①] 丘连峰等：《建筑创作的文化擦痕——多元文化环境下的新加坡、马来西亚建筑》，载《广西城镇建设》，2006年第6期。

使室内有比较舒适的反射型采光。结构上多为全木制榫铆连接，不含一颗钉子，整个房子可根据需要拆卸搬迁。目前，马来屋在新加坡市区已经很少见，但大屋顶结构的影响趋势普遍存在，可见当代新加坡建筑在兼收并蓄多元文化后，传统的造型特点依然凸显。

## 二、宗教建筑

### （一）佛教寺庙

佛教主要随中国华南闽粤华人移民传入新加坡，所以早期新加坡佛教寺庙建筑多采用中国传统寺庙布局，并带有闽粤一带地域特色。部分寺庙则从实用主义出发，更多考虑周围地势和当地人文环境，虽然布局不似中国传统佛寺遵守严谨轴线对称，但单体建筑风格依然呈现中国南方寺院特征。随着佛教在新加坡本土化进程的发展，佛教寺庙除传统职能外，更多兼具展示、讲演、研习、交流、服务等综合功能，成为基层佛教文化中心与社区活动场所。为适应上述时代要求，新加坡近年兴建的现代寺院虽仍保持传统佛寺建筑风格，但格局和形态上呈现新趋势。空间结构方面，由平面向垂直、分散向集中发展，多为大空间、多楼层布局，大殿集拜佛、修行、讲坛功能一体；外部形态方面，由繁琐向简约、复古向现代过渡，更注重实用性与国际化；建筑格局方面，由内向向外向、封闭向开放发展，不再是庭院深深的合院形制，而像普通写字楼一样位于市区或街道旁，迎接四方来宾。

### （二）华人庙宇

庙宇是华人供奉和祭祀神灵的主要场所。中国闽粤两地华人在移民新加坡的同时，亦将源自祖籍的神灵信仰移入新加坡。新加坡华人神灵信仰主要继承闽粤地区神灵信仰特征，所建庙宇亦基本沿袭闽粤地区传统庙宇风格特色。由于受新加坡多元文化人文环境影响，华人庙宇在中国传统风格中也糅杂其他文化元素。

以天福宫为例，该庙宇气势恢宏，设计精巧，由三进院落和两旁回廊组成，为正统闽南风格的宫观建筑，木架结构，不着一钉，建筑工艺手法和材料来自福建泉州。同时，天福宫在传统中华建筑文化中还融入了西方建筑风格：地砖和室内墙裙都采用了西洋先进的建筑材料花瓷砖。

### （三）基督教堂

新加坡早期教堂建筑风格受帕拉第奥风格影响较深，比如建筑大师乔治·科尔曼所设计建造的教堂多带有帕拉第奥元素。19世纪40年代中期，新加坡很多教堂开始以瓦屋顶替代平屋顶，形成类似热带平房的风貌，被称为"热带帕拉第奥风格"。①随后新加坡教堂建筑风格开始由帕拉第奥式过渡到乔治亚式，并进而转变为哥特式。

由于受多元文化环境影响，新加坡教堂建筑的风格亦吸收融合其他民族宗教文化元素。地处小印度的卫理公会教堂，建筑风格糅合伊斯兰建筑元素；位于牛车水的直落亚逸礼拜堂是新加坡卫理公会历史最悠久的华人堂会，现存建筑兴建于1924年至1925年间，其基本设计沿袭西方风格，长方形的建筑配以两侧柱廊，但在礼堂前方的平顶屋面上添加一个四面通风的阁楼，阁楼四角微翘，采用中式传统建筑飞檐翘角，使得西式礼拜堂建筑更增几分中式文化韵味，引起华人普遍共鸣与认同。

### （四）清真寺

受新加坡多元种族多元宗教社会文化环境制约，新加坡清真寺在基本建筑理念传承阿拉伯文化传统和伊斯兰教教义的同时，其建筑风格较多吸收其他民族文化建筑元素。新加坡的清真寺极少见单一建筑风格，大部分是多种建筑风格结合、搭配的结果。包容并蓄、风格多元是新加坡清真寺建筑艺术的一个主要特征。

随着现代化、国际化进程加速推进，近年新加坡新建的清真寺摈弃传统建筑模式，以更加大胆前卫的现代建筑理念和手法，对伊斯兰传统文化元素进行创造性再诠释，体现了新加坡穆斯林文化的包容、多元和创新。这些最新设计建造的新一代清真寺，不再采用传统的洋葱式穹顶，改用伞形穹顶或者平顶，建筑更多运用最新建构理念并充分使用合金等新型建材，注重与周围环境的匹配和协调，并通过前卫又复古的符号象征、绚烂又简约的色彩搭配来诠释伊斯兰传统文化。

## 三、殖民建筑

1819年英国占据新加坡后，开始对其长达一个多世纪的殖民统治。英殖民当局在新加坡所修筑的市政基础建筑及公共设施，完全沿袭欧式建筑理念与风格，集中体现了其作为统治者对新加坡的主导。新加坡殖民建筑早期主要受帕拉第奥风格的影响，这种风格建筑的突出代表是由乔治·科尔曼于1827年设计建造的麦克斯韦宅邸以及莱佛士博物馆等。乔治·科尔曼设计的许多同样风格的宅邸，使

---

① ［新加坡］乔恩·林：《新加坡的殖民地建筑（1819—1965）》，张利译，载《世界建筑》，2000年01期。

19世纪30年代的新加坡中心区看起来像是希腊雅典卫城。[①]此后，新加坡殖民建筑风格由帕拉第奥式过渡到乔治亚式，并进而转变为哥特式。同时，殖民建筑的欧式风格还影响到新加坡社会民居建筑，大量热带平房开始使用塔楼和尖顶就是这方面的例子。

20世纪20年代以后，现代主义建筑风格开始成为新加坡殖民建筑尤其是交通设施建筑的主流风格。比如由彼得罗维奇于1925年设计建造的马来汽车展廊，外观类似一个"白色的盒子"，并附带一个显眼的颇具未来色彩的玻璃柱体以及叶片顶饰，现已成为新加坡制造商联盟会所。另一个实例是埃米尔·布里塞于1937年设计的福特公司工厂。该建筑建构体系独特，包括一系列的混凝土薄壳屋顶，其现代化程度可与同期任何欧洲实例相比。[②]

第二次世界大战后新加坡建筑业发生的一个巨大变化是本土建筑师开始涌现，他们在坚持欧式现代主义建筑风格的基础上，将新加坡本土元素融入所设计作品。现新加坡大学建筑学院院长邵有进在综合麦克斯韦·福莱和奥斯卡·尼迈耶建筑理念基础上形成"邵氏风格"，其重要作品包括为华人组织设计的影剧院、联盟住宅以及位于武吉知马旧校址的新加坡大学。林苍吉领导设计的新加坡会堂，是新加坡历史上首次以反建造的方式来组织建筑空间和结构。这座建筑有贯穿立柱的巨大悬挑以及柯布西耶"多米诺"住宅坡道式的大台阶。室内马赛克大胆的用色方案则是对马来手工艺品席纹图案的模仿。

## 四、现代建筑

独立建国初期至80年代前，新加坡建筑的注意力更多集中在大面积城市改建与新城建设上，这一阶段新加坡生产出一大批现代主义建筑。这些建筑的明显特征是以对技术的绝对偏爱为建筑形式创作的出发点，并热衷于建筑形象的趣味性。[③]建筑风格基本受到勒·柯布西耶、格罗皮乌斯、

图6-3　滨海湾金沙酒店

① ［新加坡］乔恩·林：《新加坡的殖民地建筑（1819—1965）》，张利译，载《世界建筑》，2000年01期。
② ［新加坡］乔恩·林：《新加坡的殖民地建筑（1819—1965）》，张利译，载《世界建筑》，2000年01期。
③ 支文军：《国际主义与地域文化的契合——八十年代新加坡建筑评述》，载《时代建筑》，1990年第3期。

布劳耶、M·塞福迪、贝聿铭、丹下健三、波特曼、鲁道夫等外国设计师主宰，较多体现普遍性原则，缺乏地域性特征，追求展示现代技术力量与一种国际化的特征。

80年代以来，随着新加坡社会本土精神意识不断强化，建筑领域亦开始从彻底西化走向地域文化回归，由普遍价值观走向渴望"自我个性"。新加坡建筑开始放弃完全"复制"舶来文化，更多注重在本土文化和本地热带气候条件基础上创造拥有新加坡"本土灵魂"的建筑风格。尽管仍有西方式、本土主义以及折衷其间的风格区别，但毋庸置疑的是，新加坡建筑正远离以往那种单调、流水线生产的国际风格，更多转向在本土文化、生活方式及气候条件上寻找创作灵感。

# 第七章　风俗习惯

在任何文化中，人一生最重要的三个阶段生、婚、死以及日常生活交往，都受到传统风俗习惯的深刻影响。风俗习惯作为特定社会文化所共有的行为模式，不仅强烈制约着每位成员的一言一行，还集中体现着整个民族的思想观念和心理感情。在新加坡这个多元民族多元宗教的国际化都市中，"传统"与"现代"冲突，"东方"和"西方"碰撞，使其习俗文化既散发着民族传统的古老气息，又焕发出现代社会的新生活力。

## 第一节　婚姻习俗

家庭是由婚姻关系、血缘关系或赡养关系组成的最基本的社会组织形式，是社会生活的基本单位，也是风俗习惯得以传承的载体。婚姻作为组建一个家庭的最重要环节，是特定社会几乎所有吉忌习俗的集成体，最能体现民族的风俗习惯和文化传统。

### 一、婚姻习俗与法律

在新加坡，由于民族和宗教信仰的多元性，一直使用不同的法律条款来管理类型各异的婚姻，夫妻双方组建家庭基本是遵照法律规定以不同风俗和宗教习惯结合。

独立建国前，新加坡非穆斯林族群婚姻主要遵循1940年颁布的《基督教婚姻条例》(Christian Marriage Ordinance 1940)和《世俗婚姻条例》(Civil Marriage Ordinance 1940)之规定。1959年新加坡取得自治邦地位后于1961年颁布《妇女宪章》(Women's Charter)以取代上述两部条例，更加注重维护妇女在婚姻中的权益。穆斯林婚姻则依据1957年颁布的《穆斯林法令》(Muslim Ordinance)进行管理。不过与此同时，政府仍然承认仅按族群风俗习惯办理的婚姻。

1965年独立建国后，新加坡政府大力推行法制建设，于1967年颁行《妇女宪章（修正案）》，明确规定非穆斯林族群只有依据宪章条例获得婚姻注册局（Registry of Marriages，简称ROM）所颁发结婚证书，其婚姻才被视为有效。并且专门规定依据宪章结婚的已婚男性不能再皈依伊斯兰教，以此杜绝非穆斯林一夫多妻现象。关于穆斯林婚姻，于1966年颁布《穆斯林事务管理法》（Administration of Muslim Law Act，简称AMLA），取代实行多年的《穆斯林法令》。该管理法虽然保留穆斯林一夫多妻制的合法性，但规定所有穆斯林婚礼都必须经伊斯兰教法官（Kadi）或代理法官（Naib Kadi）向穆斯林婚姻注册局（Registry of Muslim Marriages，简称ROMM）注册登记。①上述法规颁行后，新加坡各族群新婚夫妇仍可按照本族习俗和宗教习惯举办婚礼仪式，但只有依法进行注册登记并领取结婚证书，他们的婚姻才会得到国家承认，夫妻双方尤其是女方在家庭中的权益才能得到法律保障。

近年来，随经济腾飞与现代化进程加快，新加坡婚姻办理程序也做出相应调整，以适应更加快节奏的现代生活。从2000年8月18日开始，在新加坡办理结婚手续，可通过婚姻注册局网站进行预约申请和付费，或者到婚姻注册局自动柜台机上直接办理。所申请办理时间可以精确到分钟，利于协调注册仪式，避免无谓等待，既节约新人和证婚人的时间和精力，又提高婚姻注册局的工作效率。新人们还可以申请在家中、教堂、社区甚至酒店举行结婚注册仪式，婚姻注册局会为新人指定主持仪式的证婚人②。新人也可自己邀请太平绅士（Justices of the Peace）、基层领袖（Grassroots leaders）、宗教领袖（Religious leaders）或者家庭生活领袖（Family Life Ambassadors/Champions）担任证婚人，但必须事先向婚姻注册局申请。③同时还必须申报两名21岁以上的成年人出席结婚注册仪式作为见证人。

新加坡政府非常重视家庭的稳定性，规定新人必须在结婚前21天到3个月内向婚姻注册局提交申请，在结

图7-1　誓婚——新郎在誓婚书上签字

---

① ［新加坡］苏瑞福：《新加坡人口研究》，薛学了、王艳等译，厦门大学出版社，2009年3月第1版，第105～106页。

② 新加坡结婚注册仪式上的证婚人是具有法律意义的法定证婚人，必须经过婚姻注册局的注册授权，一般由有一定身份和地位的人担当，穆斯林结婚注册仪式的证婚人是伊斯兰教法官。

③ 参见新加坡婚姻注册局官方网站。http://www.rom.gov.sg/about_rom/rom_about.asp

婚注册仪式前数天内由本人带齐相关材料到注册局验证及领取相关文件以备仪式时使用，并宣誓自己是单身可以婚嫁。正式的结婚注册仪式由证婚人主持，结婚双方宣誓结婚并在结婚证书上签名，然后证婚人在结婚证书上签下自己的名字并把结婚证颁发给新人，一对新婚夫妻和一个新的家庭至此宣告诞生。除了这个法定的结婚注册仪式外，华人、马来人、印度人和其他族群一般都还会按照各自传统习俗举办婚礼，向亲友宣告双方婚事。

相对结婚程序而言，新加坡政府对离婚程序管理非常严格。法律规定，非穆斯林婚后三年内非特殊情况不得申请离婚，而且所有的婚姻解除都必须由高等法院而不是婚姻注册局来处理。也就是说，在新加坡的每一桩离婚案都是诉讼案，即使是双方协议离婚，也必须经过诉讼程序。穆斯林婚姻的解除仍由1958年根据《穆斯林法令》成立的伊斯兰法庭（Shariah Court，或音译为"沙里亚法庭"）处理，不过依照《穆斯林事务管理法》规定，必须经伊斯兰教法官询问离婚当事人并得到肯定答复后才能登记生效。在穆斯林传统习俗中，占主导地位的丈夫只要在妻子连着三个月经洁净期时宣布三次"休妻"（talak，音译为"塔拉格"），就可以与妻子离婚。在两次宣布"休妻"后，其妻子就可以考虑与他离婚，但在一百天内不能再婚，这一百天被称为待婚期（iddah，音译为"伊达"），期间丈夫可以改变主意与妻子和解，或者第三次宣布"休妻"后双方正式离婚。而作为妻子虽然也可以先提出离婚，但只能以"协议补偿离婚"（khuluk）、"条件性离婚"（cerai taklik）和"特殊情况离婚"（fasakh）等方式提出。近年随着社会条件发展变化和妇女解放运动兴起，平等的人权思想逐渐被新加坡社会包括穆斯林所接受，一夫多妻、夫权至上等夫妻不平等现象已经显得不合时宜。实际上，在现代新加坡穆斯林家庭中，一夫多妻现象已很少出现。新加坡虽仍保留伊斯兰法庭，但对伊斯兰教法官通常重口供、轻证据的现象予以立法纠正，并要求法官必须为申请离婚的夫妻双方提供调解服务，以维护穆斯林家庭的稳定，维持社会的和谐。

## 二、华人婚俗

在现代新加坡华人社会，"三书六礼"等旧时婚姻礼仪已随时代变迁而由繁入简并推陈出新，但延续千年的传统观念仍对华人家庭产生深刻影响。虽然新加坡现行相关法令赋予国民自由婚恋的权力，承认所有在婚姻注册局登记的婚姻，但由于婚姻在华人文化中不仅代表两个人的结合，同时也是两个家族的联合，所以讲究长幼有序的华人家长多少会对子女婚姻有所干涉。此外，婚姻生肖配对的观念在新加坡华人中也有一定市场。旧时华人婚配前须由媒人上门，为两家互换庚帖，看男女双方生辰"八字"配对是否相合再论婚嫁。现代这一程序已被自由恋爱的年轻人视为迷信落后而摈弃。但每逢农历虎年，新加坡登记结婚的华人人数仍会明显减少。①

由于身处中西文化交汇的多元环境，新加坡华人婚礼既部分保留纳采、迎亲、回门等民族传统，又吸收诸如穿婚纱、着西服、撒彩纸等西方礼仪习惯，形成独特的"中西合璧"式婚礼习俗。纳采是华人婚礼准备中最重要的程序，须根据黄历选择吉日，在婚礼前一两周由男方把聘金和聘礼送到女方家。虽然现在新加坡视聘礼为旧俗，大多不再像以前那样正式地准备各式礼品，但是将象征性礼物或者红包送给女方家长的习俗仍然十分普遍，这也是男方为表示娶妻的诚意和对女方家长养育之恩的谢意。如果正式送聘礼，男方一般会由一位长辈健在、子孙满堂、夫妻和睦的女性亲属陪同，俗称"全福之人"，预示新人未来生活也能如此美满幸福。根据华人祖籍不同，聘礼的种类会略有区别，但一般包括聘金红包、龙凤蜡烛、黄金首饰和酒肉食品等。女方收礼后要退还一部分作为还礼，并把食物分送给亲戚和朋友。旧时在正式结婚前，通常举行订婚仪式，但在现今新加坡已经较少举办。即使举办，仪式也一切从简。一般是双方先交换戒指，接着祭祀祖先以示禀报喜讯，然后分赠亲友以带"囍"字红纸包裹的花生饼，有时则以蛋糕代替。

新加坡华人的迎亲礼也因祖籍不同而风俗略有差异，现在一般是新郎穿着西服或燕尾服，坐上扎着彩花的轿车，在男傧相的陪伴下，带着活鸡、猪肉、喜酒和水果，由媒人引领到新娘家。新娘则早已梳妆打扮完毕，身着美丽婚纱（部分穿着中式婚袍），端坐家中等候。新人向双方父母长辈及家人敬茶，是华人迎亲仪式中最重要的环节。新郎须先向岳父母及长辈敬茶，方可将新娘迎接回家。而新娘到新郎家之后也须先拜祖先，然后向夫家家人敬茶，这门婚事才算得到认可。敬茶对象包括家族所有亲戚，上茶顺序依每个人的辈分和年龄而定。通常会安排专人负责敬茶礼仪，以确保长幼有序，关系分明。为表尊敬，有的新人会跪下向长辈敬茶，但给同辈敬茶则无须如此。敬茶后，新人会得到喝茶人赠送的贺礼，

---

① 在华人传统文化中，虎年不宜婚嫁。参见［新加坡］苏瑞福：《新加坡人口研究》，薛学了、王艳等译，厦门大学出版社，2009年3月第1版，第110页。

有的是装有现金的红包，有的是首饰。新人的弟妹则须向新人敬茶，也能得到新人赠予的红包。迎亲礼全程会有摄影师跟拍录像及照相，以给新人留下最美好的记忆。

新加坡华人的婚宴一般是晚上八点到十点在体面气派的中餐馆或酒楼举行，日子则是仔细挑选出来的黄道吉日。受邀的亲朋好友和同事盛装打扮，以示对婚礼的重视，并提前至七点就陆续到达，在入口处的签字簿上签名，同时把事先准备好的礼金红包交给接待人员，钱数一般为双数。大厅醒目位置通常贴挂新人巨幅婚纱照。婚礼正式开始后，新人伴随着婚礼进行曲沿红地毯款款入场。司仪首先介绍双方父母家人，并请他们讲话，为一对新人送上美好祝福。然后新郎新娘共切蛋糕，作为喜宴开筵的标志。喜宴一般按桌上菜，并配有"好口彩"的吉祥菜名。最后新人逐桌向来宾敬酒。婚宴全程通常配有乐队演奏或文艺表演。新加坡现代生活的快节奏也给中式婚宴带来一些改变，有的华人家庭采取自助餐形式，既节约金钱和时间，又使来宾可以参加更多的娱乐活动，如唱卡拉OK或者看表演等。①

受西方文化影响，部分华人青年选择在教堂举办婚礼。一般在礼拜天上午十一点开始，由牧师主持，按照西方婚礼习俗进行。不过与西方国家不同的是，新加坡主持婚礼的牧师往往有两个，一个用英文主持，一个即时翻译成中文，让各方来客都能听懂。②还有的华人青年中西兼顾，白天在教堂举行西式婚礼招待年轻的同学、同事，晚上再举办华人传统喜筵，接待父母辈的同事、朋友，既满足个人喜好，又成全父母要求，反映出新加坡多元文化和谐共存的特点。

新加坡华人还保留着婚后回门（回娘家）的习俗。新娘出嫁的当天下午即回娘家，并携带一对烧猪、两瓶酒以及龙凤饼等。娘家除收下猪身外，其余都送还婆家，并加送甘蔗和雌雄鸡各一对，祝愿新人永远恩爱，生活甜美。

## 三、峇峇娘惹婚俗

峇峇娘惹为海峡华人或土生华人的俗称——男称"峇峇"（Baba）女称"娘惹"（Nyonya），是祖辈由中国华南迁徙至马来半岛，与当地土著妇女通婚，经三四百

---

① ［新加坡］玛丽恩·布拉沃·贝辛:《文化震撼之旅新加坡》，赵菁译，北京:旅游教育出版社，2008年1月第1版，第59页。

② 穆军:《在新加坡出席婚礼》，西安日报电子版，2003年11月25日。http://www.xiancn.com/gb/rbpaper/2003-11/25/content_63667.htm

年发展，吸收马来语言和生活习惯而形成的一类族群。新加坡峇峇娘惹的婚俗既保留了华人的传统习惯，又深受东南亚文化影响，衍生出丰富多彩的综合婚庆文化。

娘惹们出嫁前通常会按照华人习俗亲手为夫家缝制绣珠鞋（Kasut manek）等女红，珠鞋上每颗珠子都是手工缝上去的，耗时很久，显得非常华贵复古。所用的珠子为产自欧洲的切割珠（Manek potong），造型立体而富有光泽，易于缝纫且熠熠生辉。新房所用家具和饰物以及娘惹的嫁妆，多沿用寓意吉祥的华人传统图案，比如蝙蝠象征"福"，鹿象征"禄"，鹤象征"寿"，麒麟象征"送子"，而蜻蜓、蚱蜢和蝉则象征"多子多孙"。婚礼当天的午餐宴席是华巫传统结合的长桌宴（Tok Panjang，"Tok"是福建方言，意为"桌子"；"Panjang"是马来语，意为"长"），餐桌上摆放着成套的餐具。而华人传统婚俗中的"纳采"仪式也在峇峇娘惹的婚礼习俗中得以保留——男女双方在婚礼前互相交换结婚礼物，包括珠宝首饰套装、酒水和一个装着象征性聘金的红包。由于峇峇娘惹文化认为"6"是吉祥数字，所以聘金都是6的倍数，但是数额非常少，一般为6元、12元或24元不等，象征意义大于实际意义。男方送的彩礼还有凤凰蜡烛，女方则回赠以祥龙蜡烛。橘子因为象征多子多福也成为彩礼中的必备组成。此外，男方还会赠送布料，让新娘缝制成整套新衣，借此考验娘惹新妇的女红水平。

峇峇娘惹正式的全套婚礼会持续12天，"上头"是其中最重要的仪式，相当于新郎与新娘的成年礼，通常于大婚前一晚或者当日仪式前，在新郎和新娘家分别举行。给新人梳头的必须是"全福"之人（即父母双全、子女健在、婚姻和睦的女性长辈），边梳边说吉利的"上头歌"，祝福新人白头偕老、子孙满堂、婚姻美满。仪式中还会用到通书、秤、尺、剪、剃刀、镜、梳和红头绳等物件，象征着成年人必须具备的品德及应尽的义务。比如秤代表要权衡自己的言行，镜子代表要举止光明磊落，子孙尺代表后继有人。这些物件会象征性地逐个梳过新人头部，最后用红头绳把新人的头发束好。举行梳头仪式时，新人要坐在米斗（Gantang）上，米斗的开口端代表女性，封口端代表男性。因此在新郎家，新郎坐在倒立的米斗底部，面朝屋内；而在新娘家，新娘则坐在正立的米斗开口端，并且面朝屋外，表示即将离开娘家出嫁。按照华人礼仪传统，上头仪式后，一对新人就正式步入成人行列，将担负起组建新家庭和为家族延续后代的使命。

### 四、马来人婚俗

受多元社会环境与现代化进程影响，如今的新加坡马来人相当开明，自由恋爱非常普遍。虽然举办马来传统婚礼仍需经过一系列繁复的程序，但在时间上已经压缩。

首先是相亲。与华人传统中年轻人初次见面的相亲不同，马来婚俗中的相亲指男女双方父母初次正式会面。男方在约定好的日子带着礼物和媒人一起去女方家，然后双方家长进行会面交流。如果这次相亲成功，那么男方就可以将准备好的聘礼送到女方家，以定下这门婚事。聘礼一般包括：聘金、婚礼费用、一枚钻石戒指、布料和衣服、糕点、水果、槟榔盒、行礼用的喷水器和蜡烛等。聘礼被摆在将来行礼用的"并坐台"前，由伊斯兰教法官查点，女方派两位证人在场，其中一位负责把查点好的礼品放进里屋，外面仅留槟榔盒和喷水器等婚礼仪式上会用到的东西。男方向女方交付聘礼是一项礼仪，也是伊斯兰教法中的规定——男方有义务在结婚前付给女方一定数量的聘礼，以表明他有瞻养妻子和家庭的能力。女方接受聘礼就表示接受这门婚事，并与男方定下结婚日期。

在传统马来婚俗中，誓婚仪式（Akad nikah）[①]和并坐礼（Bersanding）是婚礼最重要的两个组成环节。前者代表婚姻被伊斯兰教法所认可，后者则是向世人昭示新郎新娘已成婚。在现代法治社会的新加坡，马来人结婚又增加一个必经程序——注册登记。位于福康宁公园的穆斯林婚姻注册局，依据新加坡法律被授权登记所有的穆斯林婚姻，颁发结婚证，审理和判决离婚案件。准备结婚的新人先要来此向户籍员提出申请，然后进行面试看是否符合《穆斯林事务管理法》的相关规定。需要指导的人可以去所在社区的清真寺参加婚姻咨询课程。通过面试的伴侣就可以登记注册成为合法夫妻。登记注册手续一般由伊斯兰教法官在为新人主持誓婚仪式的同时一并办理。由于誓婚仪式是比较私密的仪式，多数时候只有双方直系亲属参加并担任见证人，通常在新娘家里或清真寺进行，现在也可直接在穆斯林婚姻注册局举办。注册局设置有专门的誓婚仪式厅，可为穆斯林新婚夫妻提供方便周到的服务。厅里的装饰尊贵华美，宣读婚约的讲台和其他所需设施一应俱全，完全可以举办一场完整的马来婚礼，体现出新加坡政府对穆斯林家庭深

---

① 誓婚仪式，是马来人传统婚礼中新郎新娘宣读婚约誓愿结合为夫妻的仪式。这是宗教意义上的仪式，由当地教区的教长主持。按照伊斯兰教法，这个仪式之后双方就是合法夫妻，所以又称"法定婚约"。

切的人文关怀。

根据伊斯兰教法和新加坡《穆斯林事务管理法》规定，新郎新娘宣读婚约并由教法官登记和颁发结婚证书后就成为合法夫妻。但是按照马来风俗，新婚夫妇只有在举行并坐礼之后才能住在一起。所谓"并坐礼"，是指马来新婚夫妇在公开宴请宾客的婚宴上盛装并坐高台，以接受来宾祝福并向宾众宣示二人结为夫妻的仪式。并坐礼是马来人婚礼的最后环节，也是整个婚礼仪式的最高潮，并坐礼完毕婚宴才能圆满结束。传统马来婚礼一般为期3天，即从周五"主麻日"开始，到周日结束。

图7-2　马来婚礼并坐仪式

现在因为五天工作日制度，已不约而同改为周六和周日两天举行。第一天只有近亲参加，第二天才会公开宴请宾客并举行隆重的并坐礼。此外，传统马来婚礼前两三天准备阶段的"饰发礼"和"染手礼"也往往被简化，新娘更愿意选择去美容院或者把美发师请到家中做头发。

马来人婚宴及并坐礼通常在女方家举办，婚宴从中午开始持续至傍晚，下午三点时行并坐礼。热情好客的马来人会邀请所有亲友出席婚宴和新郎新娘并坐礼。受邀请的人如果带上自己的朋友或客人一起去，会受到同样的欢迎。前往观礼的宾客一般都会提早赴约并带来礼物：米、油、蛋、面粉等食物可以直接用来做婚宴饭食，杯、碟、布匹等物品直接用作婚宴餐具或者用于现场摆设布置。也有的直接送现金，视关系亲疏而定礼金数额。马来人认为双数为凶，因此婚礼上忌讳双数，无论是参加婚礼的人数，还是所送的礼品数目都要是单数。婚宴一般采用自助餐形式，现场摆放十几到几十张的桌子，宾客取食后自由落座，观看新人行礼，欣赏乐队表演。现场支锅搭灶不停火地烹煮食物，保证观礼宾客随到随吃。除了必不可少的马来油饭（Nasi minyak）、姜黄饭、椰浆饭（Nasi lemak）或者白米饭等主食外，还备有鸡肉、羊肉、牛肉等传统菜肴，各种新鲜的水果、西式糕点和调配饮品也供宾客随意取用。相对华人传统婚宴的奢华铺张，马来人婚宴显得简单而亲切。这也是新加坡华人和马来人思想观念与生活习惯差异在婚庆文化中的体现。

马来人婚宴举办场所过去是在女方家住宅周围临时搭建彩棚。独立建国后新加坡组屋的一楼因其环境空旷宽敞而成为马来人摆设婚宴的最佳选择。虽然条件相对简单，但是马来人会用大量的布料和艳丽的假花把婚礼现场布置得富丽堂皇。组屋的大柱子一般用绿色或者金色的缎子整段包裹起来，现场入口处扎着漂亮的花门，旁边的方桌上整齐地摆放着客人给的礼金包和回送客人的礼品袋。从入口处到新人的并坐台一路铺着鲜红的地毯，并坐台上摆放一对华丽的椅子（有时候用一张西欧风格的长沙发椅代替）。组屋外的路口则会插上两根像棕榈穗状的礼花树（Bunga manggar）[①]，作为马来人的喜庆标志让人一目了然。

鼓乐手（Kumpulan hadrah）是婚宴必不可少的元素，无论是新人出现时的热闹还是婚宴上的助兴表演，都少不了他们的伴奏。并坐仪式一开始，鼓乐手就用力敲鼓宣布新娘的到来。在亲友和举着礼花树的人簇拥下，新娘身着马来传统民族结婚礼服款款走上并坐台，在左边的椅子上坐下。随后，新郎率娶亲队来到婚礼现场。娶亲队由一群鼓手、一名手持槟榔盒的人和两名手持烛台的人组成，一路上敲敲打打热闹非凡。新郎也穿着华贵的民族传统礼服，坐上并坐台右边的椅子。这时，前去迎亲的娶亲队要念诵《古兰经》。新娘的母亲从高脚铜盘上取一点姜黄饭放在新娘二指之上，抬起手作喂新郎状，然后用同样方法，抬起新郎的手作喂新娘状。前来观礼的亲友则会在新人夫妇身上抛撒花瓣和黄米，希望他们早生贵子。并坐礼结束后，婚宴仍将继续，直至宾客尽兴而归。每一位宾客在离开时都会得到一份新人的回礼。以前往往是一个下盛米饭、上放熟鸡蛋的小杯，寓意多子多福。现在则是一个包装精美的小礼袋（Goodie bag），除熟鸡蛋外，还会装有一些糖果和西式蛋糕，让来宾分享新人的甜蜜和幸福。

最后需要特别指出的是，"并坐礼"并非伊斯兰教法对婚姻程序的规定，这个仪式实际上是在印度教的影响下演变而来，因此带有伊斯兰教和印度教的双重色彩，反映出新加坡多元宗教文化交流融汇、各族风俗习惯兼容并蓄的特征。

## 五、印度人婚俗

与伊斯兰教一样，印度教不仅是一种宗教，也是一种哲学和生活方式，在印度人的生活习惯和社会风俗中烙下深刻印记。不过与马来人全民信奉伊斯兰教不

---

[①] 又叫"欢迎花"，每当马来人有庆典或喜事时，都能看到它的身影。下面是一支竹竿，上面是用闪亮的彩纸装饰成的像棕榈穗状花样的假花。参见梁旭华：《玩民宿 多了家感觉》，载《广州日报》，2009年10月27日。

同的是，新加坡印度人的宗教信仰不尽相同，超过半数信仰印度教，其余主要信奉伊斯兰教、基督教及其他宗教。因此大部分印度情侣按照《妇女宪章》有关条款在婚姻注册局登记结婚，印度裔穆斯林则依据《穆斯林事务管理法》之规定进行登记注册。不过在婚礼仪式操办上，他们仍然遵循印度族群传统习俗。在印度人的文化中，婚礼是两个家族之间的大事，即使是已经接受西方现代教育的印度青年，也对婚姻的神圣深信不疑。不过由于新加坡现代文明环境的影响，印度传统婚姻习俗中诸如包办婚姻、攀比嫁妆甚至因嫁妆少而打死妻子等情况，在新加坡已近销声匿迹。新加坡的印度人婚礼表现出的更多是印度婚礼的神圣和新郎新娘的幸福。

在婚礼前，印度新娘要用特制的宗教神油沐浴，用豆粉清洁皮肤，用牛奶浴足，并在手和脚上画上鲜艳的图案，打扮得非常美丽。婚礼仪式上新人通常身穿艳丽的民族传统服装。来宾的衣服颜色也非常鲜艳，一片花团锦簇，充满喜庆气氛。当然，衣服的样式要保守，避免过短或太过暴露。婚礼（Vivaha）开始后，新郎载歌载舞，往新娘的方向过来。新娘的父亲执起女儿的手交给新郎，这个仪式被称作"康亚丹"（Kanyadan），象征女儿已归夫家。然后所有参加婚礼的人员和神职人员一起围着圣火坐下。圣火代表的是印度教中宇宙间最强大的神——火神阿基尼（Agni）。人们向火中投下香料、糖、秧苗或者谷物等祭品祭拜火神。然后新郎将象征婚姻的黄色丝线围在新娘的脖子上。这种黄色丝线是用藏红花粉或姜黄根粉染成的，上面系着金色的缀饰，印度北方把它叫做"芒加苏特拉"（Mangalsutra），南方则称之为"他利"（Thali）。新娘要选好吉时给丝带打上三个结，分别代表意志、精神和身体。吉时一般选在快节奏高音量的音乐伴奏响起时，以便掩盖住打结的异响。新娘成功系好丝带后，亲朋好友就向她和新郎抛撒黄米或者花瓣，祝愿他们身体健康、早生贵子，并送礼金[①]或者珠宝作为贺礼。

# 第二节　生育习俗

生育子女，是个体生命的延续，是人类社会繁衍生息的根本，也是家庭生活最重要的组成部分。古代社会，由于自然条件恶劣和科学知识缺乏，生育之事对

---

① 通常是吉利的单数，如51新元、101新元或251新元。

于女性本身、乃至整个家庭来说都是一道重大的难关，显得神圣而神秘。而关于生命孕育和诞生的众多神话和传说，更增添生育的神秘性和不可知性。与生育相关的各类禁忌和习俗由此产生。

## 一、华人生育习俗

华人自古有云："不孝有三，无后为大。"对于华人而言，生儿育女不仅是夫妻俩和家庭的事，还是一个家族甚至整个氏族的头等大事。因而华人把女性怀孕称为"有喜"、"得喜"，产下孩子叫"添喜"，向亲友告诉这一消息叫"报喜"，就连给孕妇检查身体也称作"把喜脉"。如果女性婚后迟迟没有怀孕，则要举行各种传统的或宗教的"求子"仪式以祈求能如愿怀孕生产。

受新加坡多元化现代化社会环境影响，华人尤其是新一代年轻华人在很多方面已不再拘泥于传统习俗限制，但对于涉及怀孕的各种妊娠礼规禁忌和胎教仪式，准妈妈及整个家庭都会异常重视，严格遵从传统，直至婴儿安全诞生。例如准妈妈不可接触胶水和任何黏性物质，否则会导致产后并发症；不可敲钉子，否则会导致胎儿畸形等。在饮食上也有诸多"忌口"，包括不能吃生姜，否则宝宝会长多余的指头；不能吃兔肉，否则孩子会豁唇；不能吃酱油、喝咖啡，否则会导致产下的孩子皮肤黑；要多喝豆浆，所产宝宝才能白净漂亮等。其次在行为举止方面孕妇也须遵从相关礼规，不仅要在物质生活上密切关注胎儿生长发育情况并随之调整饮食和起居，而且要在精神文化的培养上做到"弹琴瑟，调心神，和惰性，节嗜欲，庶事清静"等，方可"生子皆良，长寿，忠孝节义，聪慧无疾。"

孩子出生后，新加坡华人妇女仍然奉行"坐月子"的古老传统，将"月子坐得好，健康活到老"视为至理名言。同时，新加坡政府推行鼓励生育的政策，规定妇女可享受4个月带薪产假和2个月无薪产假，在政策上确保新生育的年轻母亲可以安心坐好月子。华人传统习俗中，产妇一般在母亲的帮助照顾下坐月子，坐月子的禁忌和规矩也是口头上代代相传，比如要注意保暖，不能吹风受凉. 要适当进补并吃些催奶的食物等。现在新加坡也有专职照顾坐月子的保姆，俗称"月嫂"。她们受过专业的岗位培训，负责照顾新生儿并给产妇做月子餐，帮助产妇注意坐月子期间的饮食、锻炼和日常活动，确保产后恢复避免留下后遗症。

新加坡华人在给新生儿家庭贺喜的时候，一般都会送上坐月子用的营养品或是新生儿用品。按照传统习俗，给婴儿的礼物常常是金制或者玉制的首饰，象征金玉满堂。也可以直接送红包，现金或支票的数额最好是双数。与马来人的传统不同，双数在华人传统中是代表吉利的数字，"好事成双"、"双喜临门"是他们爱说的吉祥话。在古代恶劣的自然环境和生活条件下，顺利度过月子期的婴儿大多能够健康存活下来，而坐完一个月子的产妇也恢复了体力，要开始出门进行正常劳作。因此，庆祝满月就成为新生儿诞生后的第一个重要仪式。新加坡华人也承袭这一传统，一般在婴儿满月后置办满月酒宴。染红的鸡蛋是满月酒宴必备的回礼，被称为"喜蛋"，红色象征喜庆吉祥，鸡蛋则代表新生和多产。过去向贺喜宾客回送喜蛋习惯搭配荔枝、龙眼和花生同送，现在则大多配上蛋糕和糖果。有时候也会在婴儿刚出生时就向亲友尤其是孩子的外婆家送红鸡蛋报喜。如果生的是男孩，送的鸡蛋为单数；生的是女孩，则为双数。

## 二、马来人生育习俗

马来人的生育文化历史悠久，并带有浓厚的宗教色彩。在古老的传统观念中，孕妇怀孕后需要驱除不祥的噩运和负面的能量。她们会举行上步摇篮仪式（Lenggang perut），在洒满鲜花的水中进行沐浴，然后躺在七层叠加的纱笼上，每件纱笼长约7英尺。助产婆抓住纱笼的两端轻轻摇晃．然后把纱笼从孕妇的身下抽出来，然后再摇晃纱笼六次，最后用最底下的那块纱笼裹住孕妇的腹部，据说这样能够使胎儿定位，以利顺产。这个古老的仪式现在更多的是停留在传说里，只有少部分的马来妇女会在家里老人的要求下参加这种仪式，尤其是第一胎的时候。大部分马来妇女都是举行一个小型的祈祷活动，召集家人为产妇的健康和顺产一起虔诚祷告。

马来妇女分娩后与华人妇女一样，需要遵守饮食和日常生活中的禁忌和礼规。她们会按照传统习惯进食，进行一种专业的产后按摩并绑上束腹带，据说这样可以驱除体内的"风"并达到收腹的效果，能够尽快恢复健康和体形。虽然没有坐月子的说法，但马来产妇也同样要在家静养。按照传统习惯，马来族婴儿降生时洗了第一个澡后，婴儿的父亲要在孩子的右耳轻轻吟诵azan（伊斯兰教的唱祷），在左耳吟诵iqamat（祈祷之前的祷词），这样新生儿一出生就被宣布成为穆斯林，并得到真主的庇护。新生儿的嘴唇会被抹上蜂蜜等甜的东西，这样将来他

（她）的言语会很甜蜜动人。孩子出生一周或一个月后，父母会举行一个仪式为新生儿理发或者剪下一小缕头发，然后设宴款待所有的亲戚和朋友。根据伊斯兰教传统，马来男孩要进行割礼，通常在其青春期前后，也有的刚生下来就进行割礼。

新加坡马来人另一个古老的传统习俗是举行庆生宴会。马来父母会在新生儿出生后举行长达七天的宴会招待道贺的亲友。如果生的是男孩，就杀掉两只山羊或绵羊庆祝，如果是女孩则杀一只羊。这种献祭宴会在新加坡保留至今。不过随着家族成员迁居各地开枝散叶，现在也有的父母为了方便，直接给在马来西亚或者印度尼西亚的亲友寄钱，相当于以孩子的名义举行仪式。当然这种行为都是自愿的，也是在经济条件允许的情况下才会这么做。[①]乐善好施的马来人认为，这样会给孩子带来好运。

## 三、印度人生育习俗

与马来人一出生就成为穆斯林一样，印度人也是生为教徒，严格按照教义生活。除部分信仰伊斯兰教、基督教及其他宗教外，新加坡的印度人大多是印度教徒，一生中要经历16道神圣的礼仪（Sanskars），包括受胎、盼子、胎教、诞生、命名、浴光、食饭、剃发、穿耳、入门、入学、居家、结婚、隐居、脱俗和葬礼等。

受胎礼（Garbhadhana）是这16道圣礼里的第一项，也是新生命形成的第一步。怀孕后第三个月则要举行盼子礼（Punsavana），夫妻双方对神灵起誓，即日起绝不做使胎儿堕落之事，祈求得到一个健康漂亮的男孩。在孕期的第八个月要举行胎教礼（Simantonnayana，或译为梳洗礼），由丈夫按照祭司的指点为受孕的妻子进行梳洗，而孕妇通过这个仪式积极调整自己的思想活动、生活方式和行为举止，为腹中胎儿做出良好的榜样。亲友们前来观礼，并送上祝福和礼物，为产妇和胎儿祈祷平安顺利。待婴儿一出生，父亲要在剪断脐带前为其举行诞生礼（Jatakarma），庆祝家庭新成员的到来。而在新生儿出生十天后，要举行为其起名的命名礼（Namakarana）。这是印度人一生中最为重要的礼仪之一，因为按照教义，只有举行了这道圣礼后，婴儿才被视为一个独立的人格，名字则是他（她）参加世俗活动的重要标识。新加坡的政策规定，可以在婴儿出生后两周内注册登记姓名，所以传统的印度家庭往往都先举行命名礼，然后才正式称呼婴儿的大名。看

---

① ［新加坡］玛丽恩·布拉沃·贝辛：《文化震撼之旅新加坡》，赵菁译，北京：旅游教育出版社，2008年1月第1版，第63页。

望印度人的新生儿时，旧时习惯以金、银制作的杯子作为礼物。而现在在新加坡，除了旧时的传统礼物外，还可以送婴儿服装、用品和玩具等，这也是各族群都能普遍接受的礼物。[①]作为世界上最古老的种族之一，印度人的生育习俗显得神秘而复杂，反映了宗教文化对印度人社会风俗习惯的深远影响。

# 第三节　丧葬习俗

生存与死亡，是人类永恒的谜题。不同文化和宗教对待死亡有不同的态度和解读，反映在丧葬习俗上就呈现不同的仪式和程序。新加坡多元民族宗教文化并存，丧葬仪式也各不相同。根据死者的民族、宗教信仰、社会地位等，通常在住家附近的组屋楼下或公共停车场，也有的在专门的宗教场所举行吊唁仪式，然后再送往火葬场或是墓地安葬。新加坡各族群对丧葬礼仪都非常重视，因为它不仅寄托生者对逝者的无限哀思，还体现各族人民对本族传统文化习俗的追思和传承。

## 一、华人丧葬习俗

华人文化自古便有祖先崇拜的传统。华人传统观念认为，"百善孝为先"，一个人首先要做到孝敬父母，重视亲情，爱护家庭，才能够真正做到遵纪守法，报效祖国，服务社会。孝敬父母，就是要做到"生，事之以礼，死，葬之以礼，祭之以礼。"（《论语·为政》）为逝世的父母举办隆重而合乎礼仪的葬礼，是华人孝行的重要表现之一，也是祖先崇拜的重要组成部分。丧葬礼仪是社会对逝者身份地位、一生成就进行总结评价的过程，反映了逝者生前的社会地位和影响力，并进而反映出逝者的家庭、家族乃至所属群体在社会中所处的地位。前来吊唁的人越多，来宾的地位越高，仪式越隆重，祭品和花费越多，逝者及其家族就越有面子和荣耀。同时，通过邀请与逝者相关的个人和团体参加葬礼，逝者所在的家庭和家族也可以展现其所处社会地位和影响力，并进一步巩固和加强与社会各界的关系，获得更多的社会资本，这也是华人传统葬礼的重要社会功能。

在新加坡开发初期，由于华人移民并非宗族性迁徙，无法组成血缘亲属团体，

---

① ［新加坡］玛丽恩·布拉沃·贝辛：《文化震撼之旅新加坡》，赵菁译，北京：旅游教育出版社，2008年1月第1版，第66页。

而且早期移民很多是穷苦劳工，甚至没有能力结婚成家，身亡后没有后人处理后事和祭拜，也很难运回故乡安葬，大多葬在由宗乡团体捐助共建的社团总坟中。宗乡团体出于人道主义，共襄义举，组织捐款购置坟地以安置这些无后代的孤老华人，并由社团在清明和中元节为他们公祭（称为"社团共祖"）。因此，这种坟地被称为"义山"，而这些无后华人的坟墓被称为"义冢"①。在中国本土，丧葬仪式中的祖先崇拜维系的是有血缘关系的人群。而在新的社会环境条件下，新加坡华人的丧葬礼仪不仅维系着有血缘的姓氏宗亲组织，还进一步扩大到地缘性的宗乡会馆和业缘性的行业公会，增强了社群组织的凝聚力和认同感，构建出一种新型的孝义兼备的华人文化传统。

现代新加坡华人的葬礼通常租借组屋的底层或是在殡仪馆举办，时间持续三至七天，以便亲友都能赶来参加。在组屋举办葬礼，要请专业的搭棚公司按照逝者的宗教信仰或民族习俗搭设灵堂，并由餐饮公司置摆自助餐桌，以款待吊唁者。无论红白之事，乐队的表演是必不可少的，在表演间隙也会用喇叭播放一些现成的乐曲。灵堂中火烛不息，因为随时都会有人来吊唁。吊唁者一般向逝者遗体或灵位鞠躬行礼，只有晚辈亲戚和关系亲密的朋友才会跪拜磕头。此时家属要跪坐在棺材前，在火盆中烧纸钱，并向吊唁者回礼。整个葬礼期间要一直焚烧纸钱，据说这样能让逝者在黄泉路上无缺钱之虞。逝者的近亲着丧服，并在臂上别上黑布。吊唁者一般也穿黑色或白色等素色衣服，避免着红色或金色等节庆常用的颜色。吊唁者送的礼金数额为单数，装在白色或棕色的信封里交给逝者家人或者葬礼上专门负责收礼并登记的人，还有的送花圈或毛毯并附上挽言。死者的身份地位越高，灵堂内摆放的花圈和毯子就越多。主人会招待吊唁的客人吃饭，饭后告别不能与逝者亲属握手或说"再见"。吊唁者离开时会得到一根红线或一个包着硬币的红纸包，回到家中之前要把红线扔掉，把硬币花掉，据说这样可以驱除霉运带来好运。有的灵堂桌上还会摆些糖果，吊唁者可以拿走一两颗，据说也会收到与上相同的效果。

举行葬礼期间人们会进行祈祷。由于所受教育不同，新加坡华人一家之中多种宗教并存的现象不算少见。一般是父母与子女持有不同的宗教信仰，也有的夫妻信仰不同。②新加坡华人在此问题上采取包容的态度。基督教、天主教的华人宗

---

① 曾玲：《坟山崇拜与19世纪新加坡华人移民之整合》，载《思想战线》，2007年第2期第33卷。

② 曾玲：《阴阳之间——新加坡华人祖先崇拜的田野调查》，载《世界宗教研究》，2003年第2期。

教团体也在诠释教义时把祖先崇拜和宗教信仰区别开来，鼓励教徒参与家族祭拜活动。所以现在新加坡华人的葬礼上，既有焚烧纸器和祭品的传统仪式，也有根据逝者宗教信仰请来的神职人员主持的祈祷仪式。不过不管是哪种仪式，都要保持肃穆。葬礼后按照传统还有一段为时一月至一年的守丧期，期间必须着深色衣服，并在臂上别一块黑布以示哀悼。[1]

峇峇娘惹土生华人家庭的服丧习俗传承华人传统，服丧期长达3年，儿媳妇还要再多4个月。家庭成员服丧第一年的衣着多为黑色，之后可逐渐过渡到着蓝色、绿色、浅黄或浅橙色服装。女人禁止佩戴黄金首饰，只能戴珍珠和银饰。

## 二、马来人丧葬习俗

新加坡马来人信奉伊斯兰教，遵从伊斯兰教不允许火葬的教义。他们认为，人的躯体应是完整的，不能经受任何改变或伤害，这样有助于灵魂进入下一个轮回。马来人一般会将逝者尽快下葬，通常在24小时以内。逝者的遗体由同性近亲帮助清洁，有的会请一位熟谙各种程序和祈祷词的穆斯林帮忙。遗体一般用三到五块没有缝合的白布从头到脚包裹起来，撒上樟脑、檀香和香水，以头朝麦加的方向放好。遗体下葬时不使用棺材，而是直接埋入土里。包裹头部的裹尸布松紧须适中，以便逝者的脸颊能靠近泥土并面朝麦加。逝者家属通常会通知亲友参加下葬仪式，非穆斯林也在邀请之列。葬礼通常简朴而克制，无论是亲属还是来吊唁的朋友，都只是默默地站着哭泣或祈祷，很少有人大放悲声。吊唁者一般穿白色或素色服装，前来送上花（而不是花圈）或者礼金，向灵堂鞠躬并默默祈祷。有时候逝者的家人会组织祈祷和背诵《可兰经》的仪式为逝去的亲人祈福。在葬礼后第三天、第七天、第四十天和第一百天，逝者家人要为其举行名为"kenduri arwah"的祈祷仪式，其后每年逝者忌日也要举行类似祈祷活动。[2]

新加坡人口密度大，用地紧张，但政府仍然尊重穆斯林的丧葬习俗，允许他们入土为安，反映了政府推行多元文化、尊重各族宗教信仰的民族政策。

## 三、印度人丧葬习俗

新加坡印度人的葬礼通常在家里举行，由一位梵文学者（Pundit）和逝者的长

---

[1] ［新加坡］玛丽恩·布拉沃·贝辛：《文化震撼之旅新加坡》，赵菁译，北京：旅游教育出版社，2008年1月第1版，第60页。
[2] ［新加坡］玛丽恩·布拉沃·贝辛：《文化震撼之旅新加坡》，赵菁译，北京：旅游教育出版社，2008年1月第1版，第65页。

子主持，气氛悲伤肃穆。逝者的遗体经清洗后抹上檀香膏，换上一套新衣，以头朝北或朝南的方向摆放，灵床周围装饰着鲜花和花环。人们举行各种仪式，吟唱着能够帮助逝者洗涤罪恶的圣歌。亲友瞻仰逝者的遗容并向他（她）告别。印度教徒死后一般要火化，但儿童会被土葬。成年人的遗体于葬礼当天进行火化，骨灰会被抛入河流或大海。在所有葬礼仪式结束后，吊唁者还要专门向在场的鳏夫或寡妇致意后才能离开。新加坡印度人吊唁时一般送鲜花或花环，不用送礼物或金钱。衣着素色，不穿颜色鲜丽或图案花哨的衣服。[①]

# 第四节　社会风俗礼仪

习俗礼仪是一个地区或特定团体的民众为维持正常生活秩序而约定俗成的行为规范，它是风俗习惯在社会生活中的具体体现，是社会文明发展到一定阶段的必然产物。遵守礼仪，人们的社会活动就有章可循，井然有序，人们之间的社会关系也更加稳定和谐。因此，新加坡前总理李光耀在新加坡经济腾飞之后就呼吁："我们较优裕的物质生活，促使我们在人与人之间建立更好的关系。如果我们下定决心，我们是可以在80年代成为一个更懂礼貌的社会。"[②] 如今，新加坡已经成功地做到这一点，每个到过新加坡的人，都对这个整洁有序的国家印象深刻，并亲身感受到新加坡人的礼貌和亲切。街头随处可见文明礼貌的宣传画和诸如"处世待人，讲究礼貌"、"人人讲礼貌，生活更美好"、"真诚微笑，处世之道"等广告标语牌。就连警察对违章者进行处罚时也是笑容可掬。处处都是笑脸相迎，使人充分感受到新加坡社会的和谐与包容。

## 一、问候礼仪

新加坡非常重视礼貌教育，在这个新兴的礼仪之邦，以礼相待是每个新加坡人日常行为的基本准则。虽然各族群表达礼节的方式不同，但所传递的诚意是相同的。在面对面问候时，新加坡华人通常是面带微笑拱手作揖，并微微鞠躬。马来人的传统则是一方先向另一方伸出双手，另一方也伸出双手轻轻触摸一下对方的双手，然后各自将双手放回胸前，指向自己胸口，表示衷心欢迎。与马来妇女

---

① ［新加坡］玛丽恩·布拉沃·贝辛：《文化震撼之旅新加坡》，赵菁译，北京：旅游教育出版社，2008年1月第1版，第68页。
② ［新加坡］《联合早报》：《李光耀40年政论选》，北京：现代出版社，1994年3月第1版，第400页。

打招呼一般不握手，仅略微弯腰或点头示意即可，除非是女方先伸手示意对方回握，不过在伸手相握前，马来妇女会先用手巾把自己的手掌盖住，以免有肌肤接触。印度人一生恪守宗教礼仪，见面打招呼时也行合十礼。不过在现在的新加坡，西式的握手礼已经为各族群普遍接受。

在向新加坡人致以问候时，普遍采用姓氏或名字加上"先生"、"太太"或"小姐"的称呼。在需要相互介绍的场合，按照尊者居后的传统要求，先向身份高者介绍身份低者，先向年长者介绍年幼者，先向女性介绍男性。与新加坡人寒暄时，交谈的话题要注意回避个人的隐私，如年龄、性格、配偶情况和宗教信仰等，新加坡人也不太热衷议论政治和种族问题。最稳妥适当的社交话题可从新加坡特色美食、旅游胜地、文化艺术或者对方感兴趣的业务领域等开始。

## 二、待客做客礼仪

新加坡政府对培养民众的礼仪习惯非常重视，甚至颁布《邻里礼貌守则》，具体规定到"见到邻里要互相问候，逢年过节要请邻里来访"，[①]谆谆教导人们在日常生活中养成互帮互助的礼节礼貌。受邀到新加坡人家中做客，一定要准时赴约。快节奏的生活使新加坡人很注重时间管理，认为准时赴约是对主人的尊重和礼貌。赴宴时最好带件礼物表达谢意。鲜花、葡萄酒或巧克力是常见的选择。要注意的是到华人家里做客不能送菊花，因为在他们的习俗中那是葬礼时才用的。送给穆斯林家庭的礼物如果是食品，就必须要有清真标志。如果到印度教徒家中做客，不要送任何与牛相关的礼物，因为牛在印度是神圣不可侵犯的神物。

新加坡人请客吃饭一般安排为午餐或晚饭。主人应提前与客人确定好吃饭的准确时间，如果有着装要求，要提前通知客人。华人设宴时主菜数量一般为偶数，因为华人传统中偶数为吉。到马来人或印度人家中做客则不要带酒精饮料，因为他们的教法禁止饮酒；也不能用左手传递物品或进食，因为左手用于处理不洁之事。另外，到马来人家做客，进门前要脱鞋，如果是女士，坐下时要注意曲膝斜坐，因为只有老年妇女才可以像马来男人那样盘腿而坐。

华人有句俗语：礼多人不怪。在现代新加坡，各个家庭因为个体认识的差异和各自家庭传承的影响，对传统习俗礼仪的重视程度不尽相同。但在双方私交不

① 徐歌：《新加坡·阳光照耀鱼尾狮》，南宁：广西民族出版社，2006年10月第1版，第63页。

深的情况下，尤其是不同族群人们之间的交往，还是遵循传统的待客做客礼仪显得更加礼貌、更有诚意。

## 三、商务礼仪

作为商业化的大都市，新加坡一直注重商务礼仪。在《店员礼貌守则》里细致规定：顾客临门，笑脸相迎；顾客选购，主动介绍，百挑不厌；顾客提问，留神听取，认真解答；顾客离去，热情欢送，礼貌道别。[①]要求服务行业从业人员以热情周到的礼貌服务吸引更多来自世界各地的顾客。而新加坡当地工商界人士也很注重礼节礼貌。他们在初次见面进行自我介绍时，通常用双手递交并接收名片，如果无法用双手接送，则必须用右手处理。接过对方的名片后，先认真看一下上面的内容再收进包里，或者放在身前桌子上待会谈结束后再行收起，以示尊重。一般不允许在对方名片上写字或者把名片放入身后的口袋里。名片通常使用英文，如果要与华人或马来人、印度人方面打交道，则最好印制双语名片。

新加坡华商深受儒家传统文化影响，比较注重两个关键词："面子"和"关系"。打交道时得体的举止和稳重的态度，会让他们觉得受到尊重，比较"有面子"，于是投桃报李，也很"给面子"，交易得以顺畅进行，双方的友好合作关系也开始建立。反之，如果举止失礼、行为不当，他们就会觉得很"没面子"，生意也就很难谈成，双方的合作关系就面临破裂。在新加坡参与商务会谈过程中一定要注意坐姿，切忌跷二郎腿，也不要将鞋底朝向他人，否则会给人一种漫不经心、不尊重对方的感觉。与马来人和印度人会谈时，不要吸烟，因为那是他们的教法所禁止的。如果安排商务宴请，不要太"讲排场"造成铺张浪费，而答谢的宴会也不宜超过原宴请的规格，以免盖过主人的"面子"。

---

① 《新加坡商务习俗》(来源：广西日报)，中新经贸合作网(中华人民共和国商务部公共商务信息服务)，2008年7月4日。
http://www.csc.mofcom-mti.gov.cn/csweb/csc/info/Article.jsp?a_no=135889&col_no=172

# 第八章　文化节会

　　节会是指社会生活中约定俗成或特别规定的，具有特定习俗内容，以年为周期周而复始开展的系列文化活动。节会根植于文化土壤之中，以特定的仪式纵向传承并横向传播文化，对文化系统的运行起着不可替代的效用。作为传统文化传承传播的重要载体，各民族、宗教节会是构建新加坡多元社会文化的重要组成部分。而独立建国后新形成的各类纪庆、社交游乐等现代节会，则是新生的新加坡几十年发展历程的结晶瑰宝及其向世界展示自身独特文化最直接、最重要的窗口和平台。新加坡的节会不仅具有深厚的历史文化背景，还具有重要的社会现实意义，从节会内容大致可分为民族节会、宗教节会、纪庆节会、社交游乐节会等。

## 第一节　新加坡节会概述

　　新加坡是一个多民族国家，政府推行多元融合的民族、宗教政策，在节假日安排上也体现这种文化的多元性。新加坡日历上印有公历、中国农历、印历和马来历4种历法，依照不同历法举行不同节会。在承认并积极保护各族传统节会文化的同时，政府又鼓励民众向新加坡国家共同的文化习俗演变。新加坡法定公共假期为10个节日11天，包括四大族群和三大世界性宗教的节日，平均每个族群或宗教2天，全民共同节日则有3天，以示种族平等、公正和谐。

　　华人节会为农历新年，即春节，法定正月初一、初二两天为假日，并根据华人的农历纪元来确定公历的放假时间，一般在公历1、2月份。马来穆斯林节会包括开斋节与哈芝节，法定假日各1天。开斋节也称肉孜节，是穆斯林庆祝斋戒月结束的节日，在伊斯兰历闪瓦鲁月（十月）的一日，公历约在8月份前后。哈芝节又称宰牲节、古尔邦节，根据伊斯兰教希吉拉历，从朝圣月的第10日、斋戒月后的第70日正式开始，公历一般在10月份。佛教印度教节会包括卫塞节和屠妖节，法定假日各1天。卫塞节是纪念佛教创始人释迦牟尼佛祖诞生、成道、涅槃的传统节日，通常在公历5月的月圆日，即华人农历四月十五日。屠妖节又称为排灯节、万灯节、印度灯节，也称光明节，相当于印度教徒的新年，在印度历七月一日，即公历10月下旬或11月上旬，新加坡耆那教、锡克教和部分佛教信徒也庆祝这个节日。西方基督教节会包括耶稣受难日和圣诞节，法定假日各1天。耶稣受难日是基督教信徒纪念耶稣被钉在十字架上受难的日子，在复活节前的星期五，大概在公历的3、4月份。圣诞节是基督徒庆祝耶稣基督降生的节日，新加坡的圣诞节为每年的12月25日。

全民共同节日有3个，法定假日各1天，包括：元旦、国际劳动节和国庆节。元旦也称为新年、公历新年、阳历新年、新历新年或国历新年，是新的一年的开端，在公历1月1日。国际劳动节是世界上大多数国家的法定节日，在每年的5月1日。新加坡国庆节在每年8月9日举行，以纪念新加坡于1965年8月9日脱离马来西亚联邦而独立建国。

除了上述法定节会外，新加坡各族群民众还举行部分民族特色节会和宗教祭祀性节会，包括：清明节、端午节、中元节、大宝森节、蹈火节及龟屿进香等。政府也新增新加坡艺术节、文化遗产节、热卖会、花园节以及世界一级方程式（F1）赛车新加坡大奖赛等社交游乐节会，以丰富民众文化生活，促进经济及旅游业增长。

新加坡多元化的社会文化环境，使其对各族移民带来的不同节会有很大的包容性，并不断充实这些节会的文化内涵。各类传统、宗教节会在新加坡得到发扬光大的同时，也被赋予新的文化和社会功能。多姿多彩的节会活动，不仅传承传播各族群文化传统与伦理观念，还发挥着消弭种族间矛盾，维护民族团结和谐，促进社会多元融合的作用，并日益成为新加坡吸引众多国外游客以及向世界展示本土特色文化最直接、最重要的窗口和平台。

# 第二节　民族节会

## 一、华人农历新年

华人农历新年，正值二十四节气的"立春"前后，旧岁已完，新春复始，因此也被称为"春节"。集祈年、庆贺、娱乐为一体的春节，是中华民族文化传统的重要载体，凝聚着海外华人的情感追求和灵魂寄托，传承着华夏民族的家庭伦理和社会伦理观念，不仅是新加坡华人、也是全世界华人最为隆重的传统佳节。

## （一）历史传承

作为华人最重要、最隆重、最热闹的一个古老传统节日，华人农历新年已有4 000多年的历史，古称"元旦"。《晋书》记载："颛帝以孟夏正月为元，其实正朔元旦之春。"这是华人新年最早的由来。

元旦又称作"元日"，另据记载，公元前2000多年的虞舜时代，舜帝继承天子位，带领部下祭祀天地和先帝尧，那一天被后人当作一年的开始之日，《书·舜典》中谓之为"元日"。历代皇朝都要在这一天举行盛大的庆贺典仪祈祀等活动，民间也逐渐形成祭神祭祖、贴春联、放鞭炮、吃团圆饭、守岁以及众多的"社火"等娱乐欢庆活动。元旦还有"元正"、"岁旦"、"元辰"、"岁日"、"三始"等叫法，其日期在各个朝代也不一致。直到公元前104年，西汉天文学家落下闳、邓平等人制订《太初历》，将原来以十月为岁首改为以孟春正月为岁首，第一次将二十四节气纳入历法，从而奠定了春节的基础。后人在此历法基础上逐渐完善形成当今使用的农历（又叫阴历、夏历），落下闳也因此被称为"春节老人"。此后中国一直沿用此纪年，直到清朝末年，长达两千余年。[①]中华人民共和国1949年成立后，为区分阳历和阴历两个"年"，把阳历一月一日称为"元旦"，农历正月初一正式改称"春节"。如今，这一叫法已被全世界华人广泛接受，而有着几千年悠久历史的中国春节文化，也逐渐成了一种世界性的节日文化。

春节作为华人四大传统节日之首，对于汉字文化圈的一些国家和地区有着更为深刻的文化和社会影响。据不完全统计，亚洲地区约有8个国家将农历新年列入法定节日。[②]作为以华人为主体的国家，新加坡非常重视春节，将华人农历纪元正月初一、初二两天定为新加坡法定假日，这也是新加坡法定节日中唯一有两天假期的节日。

## （二）主要习俗

新加坡每年的春节从华人农历的一月一日即正月初一开始，至正月十五结束，通常在公历的1月底至3月初之间。其中农历正月初一、初二是新加坡的公共假日。根据华人传统习俗，实际上从前一年的农历十二月（腊月）二十三祭灶

---

① 《落下闳》，百度百科，2014年3月4日。http://baike.baidu.com/view/39944.htm?fr=aladdin
② 韩国、朝鲜、日本、越南、新加坡、马来西亚、印度尼西亚和菲律宾，参见百度百科"春节"词条，2014年4月28日。
  http://baike.baidu.com/view/3108.htm#refIndex_2_3108

"过小年"起，新加坡华人家庭便开始"忙年"：大扫除、办年货、买新衣、沐浴，为过年做准备。外地的游子纷纷赶在农历腊月三十晚上（除夕）之前回到家，家家户户阖家欢聚一堂，共享丰盛讲究的"年夜饭"，一起团坐"守岁"。到了初一则暂停一切劳作，长辈给孩子们分发"压岁钱"，尽情享受吃喝玩乐的过年假期。信奉佛教的善男信女还会到庙宇抢上头香，求神佛保佑来年吉祥如意。人们在过年期间都会出门串亲访友，互相拜年。初二则是已婚女子回娘家之日，女儿女婿带着外孙、外孙女一起到外公、外婆家拜年。初三通常不会外出拜年，因为这一天是"赤口"日，要避免与人发生口角争执，若有亲朋好友尚未拜年的，可以在初四继续。初五是"破五"，当天要送穷神，迎财神，在这一天开市必将招财进宝。初九是"天公生"，即天界最高神祇玉皇大帝的诞辰，初八夜晚子时后，各家便开始把准备好的香烛鲜花和斋碗摆在天井巷口露天地方膜拜苍天，求天公赐福。十五的元宵节和七夕一样被新加坡人称为"中国情人节"，除传统的吃元宵，未婚女性会结伴到河边抛柑祈求姻缘，未婚男性则抛香蕉。这个抛柑习俗源自中国福建，古时有首福建歌谣唱道："抛柑嫁好昂（音，意指好老公），抛苹果娶好某（音，意指好老婆），抛土豆吃到老，抛石头就起洋楼……"最早是女抛柑，男捞柑，后来男的也来抛苹果。后来不知何时改为抛香蕉。未婚男女用防水笔在香蕉皮和柑皮上写下自己的联系电话，有的还特意画上卡通形象或者写些新奇字句引人注目，期望能被有缘人捞出，缔结一段好姻缘。

整个春节期间，新加坡各地的华人社区张灯结彩，到处装饰着喜气洋洋的中国红，整座城市都沐浴在欢乐喜庆的节日气氛中。丰富多彩的春节民俗，蕴含着华族文化的智慧结晶，千百年历史文化的积淀积累，加上入乡随俗后的新生衍化，形成新加坡底蕴深厚且独具特色的春节节庆文化。由于新加坡华人主要来自广东、福建、海南等中国华南沿海省份，新加坡春节节庆更多融合这些地区的习俗。

1. 热闹的年货集市

每年1月中旬到除夕，早期中国人聚居地的牛车水总是车水马龙、人潮涌动、川流不息，因为这里有最地道最齐全的年货，是新加坡人"忙年"的首选地。应时而设的年货大街上海鲜干货、腊肉、柑桔、年糕和各式糕点琳琅满目，还有红灯笼、对联福字、鞭炮挂件、利是包等也堆满各家店铺，老字号的商铺如"林志源"腊肉店等更是每天顾客盈门、大排长龙。部分店家通常通宵营业，让忙于奔波的人们也能赶得上采办年货，甚至最后一天还有降价甩卖。

### 2. 精彩的文艺活动

临近农历新年时，牛车水入夜后的街道灯火通明，体现华人生肖文化的主题彩灯和大红灯笼将中国城装饰得喜庆非凡。这里每天晚上在露天舞台举办综艺晚会和歌舞表演，来自世界各地的艺术家和艺术团体各展绝技，为观众献上精彩绝伦的表演。有时节庆活动的组织者还会举办各类展览会，通过介绍农历新年的由来传说和传统习俗，展示新加坡的城市风貌、民俗文化和生活方式等内容，让人们对新加坡的节庆文化有更为深入的了解。除夕夜里的倒数庆典将节庆气氛推动到最高潮，在热闹的爆竹声和壮观的烟火大汇演中，新加坡华人和来自世界各地的游客一起高声倒数，迎接新年的到来。

### 3. 真切的全民同庆

在全民欢庆新春佳节的同时，新加坡社会不忘关注弱势群体。新春筹委会专门为贫困者和孤苦老人主办由某些财团赞助的大型团圆饭，还会特别邀请新移民参加。对于儿童则专门推出适合儿童参观和游玩的景点，并举办专为儿童准备的新春活动，让小朋友能与家长同享游春的乐趣，度过一个开心充实的新年。

### 4. 热火朝天的大扫除

辞旧迎新之际，首要除垢净尘。新加坡华人早在过年前就会进行"春节大扫除"，将家舍彻底打扫干净，然后贴上财神、门神和春联、福字等各种春节饰品，把门户装饰得焕然一新。由于新加坡禁止燃放鞭炮（违者罚款1万新元），所以很多人就在门口挂上鞭炮模样的装饰品。同时还会去花市挑选寓意美好的植物盆栽，比如"桔""吉"谐音、寓意吉利的柑橘树，造型生动、带来好运的开运竹，象征招财进宝、荣华富贵的金钱树等等，摆在自己家中或者赠送亲朋好友，祝愿来年生意兴隆、吉祥如意。

### 5. 最受期盼的派红包

正如旧时竹枝词中所描述："惟有儿童喜过年，腰中压岁几多钱。买来鬼脸相群戏，或舞枪刀或舞鞭。"[1]在华人节日文化传统中，最受小朋友期盼的莫过于春节派红包。每逢新年临近，新加坡各大银行总是排满要求兑换簇新零钞的成年人。换来的新钞被装入印有吉祥祝愿话语或图案的红纸包，以作为派发给晚辈的"压岁钱"。在除夕夜或新年期间，长辈把压岁钱分送给前来拜年的晚辈们，数额从5新元、10新元到20新元不等。未婚青年不用给晚辈红包，但已婚人士要给自

---

[1] 参见《各地竹枝词编》，2006年4月7日。http://www.shici.org/t/331748

家晚辈红包。有些有孝心的晚辈还会在新年给自己的父母送上一个红包，或是请父母去餐馆享用美味佳肴甚至送他们出国旅游。

随着时代的发展，红包里的压岁钱形式变化也很大，古时候红包里的压岁钱是专门订制的钱币形状的配饰，清代发展成为用彩绳穿成龙形的真正钱币，到民国统一使用纸币之后人们喜欢用连号的新钱做压岁钱，寓意连连好运、连连高升。现代新加坡人的压岁钱种类更是多种多样，除了通用钱币，购物卡、银行礼券，甚至是地铁车资卡、纪念邮票等统统都可以拿来当压岁钱。不管红包里的内容如何千变万化，长辈对晚辈的祝福永远不会改变。

6. 讨"彩头"的年货食品

新加坡华人多为中国福建、广东、潮州和海南移民的后裔，还有部分客家人。他们秉承祖先的传统，过年习俗不尽相同，春节食品也各有特色。潮州人的卤味，客家人的豆腐，海南人的鸡，已经成为区分他们祖籍的标志性菜肴。不过有一道菜是所有华人过年都必不可少的，那就是鱼。烹饪时要保留鱼的完整性，整条端上桌，而且大年三十晚上不能吃光，必须留下一些到初一之后再吃，寓意"年年有余"。新加坡人爱在外吃饭，年夜饭也不例外，许多华人早早在餐馆预订年夜饭，大年三十全家齐聚饭店享用美食，也省却买菜做菜、刷锅洗碗的辛苦。华人喜欢讨口彩，过年更是要说吉祥话。餐馆与酒店投其所好，推出有好口彩的各式盛宴，如"喜悦祥和宴"、"富贵满堂宴"、"骏业宏图宴"等，菜价尾数也多为8，与"发"谐音，祝福就餐者事业发达，新年发财。

过年的小食也要有个好口彩，如祝愿年年高升的九层糕，谐音"旺来"的黄梨挞[①]，还有新加坡华人过年必吃的猪肉干，这是用猪肉做成的烧腊，因为特制成了浓酽的红色，象征日子红红火火，加上香甜可口的独特口感，易于携带和保存的优点，深受新加坡华人喜爱。新加坡肉干最著名的品牌是"美珍香"，已有70多年的历史。始创于1938年的"林志源"肉干，因其肉质鲜嫩多汁、美味异常，也成为人们竞相购买的新年食品。[②]

7. 摩天轮上的捞鱼生

新加坡华人为了给过年讨个好彩头，专门发明一种过年菜肴的新吃法——在

---

① 菠萝在新加坡又被称作黄梨，与福建话的"旺来"谐音，寓意家业兴旺。

② 《新加坡：华人过年传统与现代并存》，新华网，2008年2月6日。http://news.xinhuanet.com/newscenter/2008-02/06/content_7575793.htm

摩天轮上捞鱼生。用生鱼条配上各色蔬菜丝和水果丝，加入花生、腰果等干果，撒上白芝麻、五香粉和胡椒粉等调料，一份象征好运吉祥的鱼生就可以打包带上摩天轮。新加坡拥有世界上最高的摩天观景轮，每个观景舱内可坐20人。当摩天轮观景舱升到165米最高处时，大家一边将鱼生拌好高高捞起，一边大声喊："捞起！捞起！捞个风生水起！"，借着"捞喜"的谐音讨个大大的好彩头，在这个高度上捞鱼生，来年的好运可就要旺得爆棚啦。

8. 成对柑橘拜大年

在新加坡拜年不用提着大包小兜，只要用纸袋装上两个柑橘，进门捧向主人即可。而主人在客人告辞时，也要奉还一对柑橘。这是源自广东潮汕地区的习俗。柑橘在潮汕方言中叫"大吉"，过年送"大吉"当然大吉大利。潮汕人拜年送"大吉"都是论"对"送的。一般不管送来多少主人都只收取一对，寓意"大吉大利"、"好事成双"，然后再从家里拿出一对送给客人，讲究有来有往，图个吉利。新加坡华人社会也秉承这个传统习俗，有时候还会为父母长辈奉上用精美纸袋包装的四颗柑橘，更显隆重。

### （三）大型庆典

作为新加坡最隆重、最盛大的节日庆典，华人社区牛车水的"华庆春节庆祝活动"从年前开始就陆续展开各种庆祝仪式，直到元宵节收尾。

1. 拉开序幕——"牛车水亮灯仪式"

亮灯仪式为牛车水春节系列庆典活动的开幕仪式，每年都由新加坡总统或总理亲自启动，其重要性不言而喻。通常在过年前三周举办，嘉宾在新桥路牛车水入口处搭建的露天舞台上徐徐按下按钮，牛车水大街小巷的装饰性灯饰纷纷亮起来，并将一直亮到正月的最后一天。期间还会举行灯饰装饰比赛等活动，来自新加坡和中国各地艺术团体的精彩表演将庆祝活动推向高潮，热闹非凡。

2. 传承文化——"春到河畔迎新年"

"春到河畔迎新年"是华庆系列活动中的主要亮点，由新加坡宗乡会馆联合总会、新加坡报业控股、新加坡旅游局、中华总商会和人民协会联合主办，1986年首办。[1] "春到河畔迎新年"系列庆典活动从除夕夜开始，持续11天。新加坡华

---

① 《新加坡"春到河畔"举行亮灯仪式》，新华网，2014年1月29日。http://news.xinhuanet.com/overseas/2014-01-29/c_126080311.htm

人齐聚新加坡城的起源地——新加坡河，共同庆祝新年的到来。滨海湾的浮动舞台周围摆放着具有华人特色的巨型灯饰，每年都以生肖为主题。在嘉宾点亮灯饰的同时，还会在滨海湾燃放璀璨夺目的大型烟花表演。还有猜灯谜、现场制作工艺品和品尝本地传统美食等互动活动，让人们能够更加直观深刻地感受到新加坡华人的过年氛围，使传统年节文化不断传承下去。

3. 举国同庆——"奇思梦想妆艺大游行"

妆艺大游行是1973年新加坡华人开创的庆祝农历新年的独特方式，"妆艺"来源于福建方言，意为"服饰和装扮的艺术"。这场为期两周的盛大嘉年华式游行在农历新年后举行，有着精心设计的游行花车、载歌载舞的民艺表演、激情四溢的桑巴舞以及技艺高超的传统舞龙、舞狮等，身穿奇装异

图8-1　春节妆艺大游行

服、画着鲜艳彩妆的表演者们带领新加坡四大族群和游客一起通宵欢庆，足迹遍及欧南园、乌节路、牛车水和政府大厦等新加坡中央区域，最后以壮观的灯光和烟火表演结束游行。进入新世纪以来，来自加纳、巴西和斯洛文尼亚等国的异国团队也在游行中登台表演，受到新加坡人和游客的热烈欢迎，展现了新加坡社会的多元包容。

4. 各显神通——"牛车水新春国际狮王争霸邀请赛"

在所有庆祝春节的活动中，最具华人特色的莫过于"牛车水新春国际狮王争霸邀请赛"[1]。每年都有来自新加坡和全球各地的十数支舞狮团队齐聚狮城，他们阵容强大，技艺高超，在1.2至2.8米高度不等的梅花桩上各显神通，以各种高难度动作挑战对手，上演一场惊心动魄、精彩绝伦的狮王争霸赛。比赛现场鼓乐喧天，只只雄狮踩着鼓点跳跃腾挪于梅花桩阵上，观众屏息凝神观看，不时报以热烈的掌声，为舞狮者加油助威。热闹的气氛、精彩的表演不仅吸引成千上万的新加坡民众，也让不少西方游客驻足观看。

---

① 《新加坡狮王争霸迎新春》，新华网，2013年1月27日。http://news.xinhuanet.com/world/2013-01/27/c_114512425.htm

## 二、清明节

移民新加坡的华人依旧秉承中国传统礼教，遵从"百善孝为先"的古训，对过世的先人也如在世时一样尊敬，视扫墓祭祖为孝道的一种表现。每年清明节，对于新加坡华人来说，是"缅怀先人，慎终追远"的重大节日。[①]即使是接受西方教育、思想已经西化的现代华人青年，仍然会在清明时节赶回家与家人一起扫墓祭祖。清明节虽然与中元节、寒衣节（农历十月一日）并列为三大悼亡节，但清明节一般不称"鬼节"，因其更重在表达孝义和追思。

### （一）历史传承

清明节大约始于中国周代，上古时期祭仪中已有春季祭祀宗庙的大礼，民间亦有墓祭之风，后来历代沿袭而成为一种固定的风俗。《孟子·齐人篇》讲述了一个齐国人常到墓地向扫墓者乞食剩余祭品的事情，可见战国时期扫墓风气已经盛行。《汉书·严延年传》中记载，严氏即使离京千里也要在清明"还归东海扫墓地"，说明汉代上坟祭扫已成为民间风俗。到了唐代，玄宗下诏寒食节"士庶之家，宜许上墓，编入五礼，永为常式"，从此编入《大唐开元礼》，成为国家礼制的一部分，民间扫墓的风俗也随之固定在清明前的寒食节，并将寒食、清明并称，如白居易《寒食野望吟》诗中写到："乌啼鹊噪昏乔木，清明寒食谁家哭。"而且朝廷为避免扫墓耽误官吏职守，专门规定"寒食、清明四日为假"。[②]因此清明作为节日的正式形成是在唐朝。也是在唐代，清明与寒食、上巳（农历三月三日）节日完成整合，逐渐统一为清明节。唐代诗人王维《寒食城东即事》云："清溪一道穿桃李，演漾绿蒲涵白芷。溪上人家凡几家，落花半落东流水。蹴鞠屡过飞鸟上，秋千竟出垂杨里。少年分日作遨游，不用清明兼上巳。"可见上巳节的汇入极大加强了清明节的文化内涵，许多传统的娱乐项目如荡秋千、蹴鞠、击鞠、踏青、放风筝、插柳等，也成为清明节的重要活动内容。宋代画家张择端的《清明上河图》，就描绘了北宋都城汴京在清明时节的热闹活动和繁华景象。元朝以迄明清，延续清明节扫墓祭祖风俗。

---

① 《缅怀先人、慎终追远——新加坡华人清明节忙祭祖》，环球在线，2008年4月2日。http://www.chinadaily.com.cn/hqgj/2008-04/02/content_6585691.htm
② 《唐会要》卷八十二："（开元）二十四年二月二十一敕：寒食、清明四日为假。"大历十二年又下诏："自今以后，寒食通清明，休假五日。"到贞元六年，假期又增至七天。

### （二）主要习俗

清明是华人重要节日，又是二十四节气之一，一般在农历三月初一前后（公历4月4至6日）。《淮南子·天文训》云："春分后十五日，斗指乙，则清明风至。"但作为节日的清明节期很长，有"十日前八日后"及"十日前十日后"两种说法，这近二十天内均属清明节。清明节又叫扫墓节、踏青节、植树节、插柳节、秋千节，从名称上可以看出这个节日的丰富文化活动内涵。

早期华人移居新加坡后大多难回故土，他们生前喜欢聚居，身后害怕孤单，于是就共同凑钱置地建成坟山，同族和同乡逝后都可葬在这里，相当于免费公墓，称为"义山"。各籍移民有各自的义山，比如咖啡山是福建人义山，碧山亭是广东人义山，而著名的乌节路当年是潮州人的义山。东南亚其他国家也有类似的义山，如马来西亚的马六甲、槟城可以看到多处挂着"福建义山"、"潮州义山"牌子的坟场，在槟城最大的泰国卧佛庙里，还可以看到墙上层层排列的骨灰坛，因为将骨灰寄在庙里也是南洋华人的习俗。华人的传统逢年过节要共同祭拜祖先，还要拜管理土地的神灵，于是就盖起了大伯公庙。要管理这些坟场和庙宇又要成立理事会，于是对华人社群起到重要凝聚作用的宗乡会馆就这样逐渐形成。[1]

新加坡独立建国后，由于土地资源有限，华人又占人口四分之三强，因此政府规划建设新城市时大力倡导华人移风易俗，以火葬代替土葬，并在郊区建造大量骨灰瓮安置所，将市区坟山迁葬，于是市区内的坟山渐渐消失。华人清明扫墓场所更多由传统义山转至政府新建坟场，以祭拜祖先骨灰瓮和牌位为主。

由于清明节不是新加坡法定节假日，因此华人扫墓仪式多在周末进行，一般秉承家乡传统习俗，与亲戚相邀举家同行。先到庙里祭祀大伯公，然后在亲人墓前摆上酒茶饮料、食品、水果和鲜花，燃起香烛，叩首行礼，再到政府统一设置的铁桶前焚化纸钱，最后分食祭祀食品。祭祀食品一般会准备五牲，有蛤、螃蟹、鸡鸭等。分食完毕遗留下的蛤壳一般留在坟前，表示子孙已来扫过墓。

近二三十年新加坡还兴起回中国祖籍地寻宗认祖、祭拜先人的潮流。清明节回中国祭祖，看看故乡的变化，已经成为一些新加坡华人尤其是老年人的节日活动。清明节前，常常能听到新加坡华人之间用方言相互询问："回家乡过清明吗？"

---

[1] 拓海：《清明节在新加坡有什么习俗？》，三联阅读，2013年3月29日。http://www.3lian.com/zl/2013/03-29/140925.html

近年做了大量清明节俗研究的北京联合大学北京学研究所副教授张勃说："许多传统节日式微了，清明节却拥有存续的活力！这活力主要来自于清明节的独特气质。作为一种社会安排，清明节是对死亡和生活的并置。在生中感受死，在死中感受生。与此同时，人们获得了一个家庭、一个家族、一个地区、一个国家，乃至民族的认同感和归属感。"[①]

## 三、端午节

### （一）历史传承

农历五月初五端午节是中华民族古老的传统节日之一。在每年这一天，世界各地的华人都会举办多种活动来纪念自沉汨罗江的中国古代伟大诗人屈原。新加坡华人的祖辈多为来自中国华南闽粤地区的移民，南下新加坡拓荒的同时也将家乡五月五度端午的习俗带到新加坡。但随着时间推移，端午传统习俗被逐渐简化，部分已淡出新加坡人的生活，如喝雄黄酒、佩带香囊、悬挂艾叶菖蒲等老一辈华人的风俗如今在新加坡已很少见，而吃粽子和赛龙舟等项目则完好保留下来。

### （二）主要习俗

#### 1. 食粽子

新加坡华人来自不同地区，包的粽子也各式各样。既有传统的福建肉粽、广东咸水粽、豆沙粽等，还有土生华人发明的娘惹粽。娘惹粽通常以切碎炒好的肉末和冬瓜为馅料，配上虾米和辣椒捣成的调料，最后用班兰叶代替普通粽叶包裹而成。食用时散发阵阵清香，吃起来则香辣扑鼻，颇具南洋热带风味。如今自己包粽子的新加坡人已经不多，大多在市场购买粽子回家拜神祭祖及食用。现代化的生产方式使得粽子不再局限于粽叶飘香的季节才能品尝，在全年任何时候都可以买到，并被列入新加坡人早餐或点心的菜单里。甚至还出现一些粽子专卖店，所推出的迷你粽子特别受年轻人的欢迎。

#### 2. 赛龙舟

南朝梁宗懔《荆楚岁时》云："五月五日竞渡，俗为屈原投汨罗日，伤其死，故命舟楫以拯之。"《隋书·地理志》亦有详细记载："屈原以五月望日赴汨罗，土人追至洞庭不见，湖大船小，莫得济者，乃歌曰：'何由得渡湖'？因尔鼓掉争归，

---

① 郑娜：《细雨杏花飞》，人民日报（海外版），2011年4月5日，第5版。

竞会亭上，习以相传，为竞渡之戏，其迅楫齐驰，棹歌乱响，喧振水陆。诸郡皆然，而南郡尤甚。"由此可见，龙舟竞渡在古代中国就已经由纪念活动发展成为水上赛事。在现代新加坡，赛龙舟更是一项全民性的体育运动，除了华人，其他族群的人也都参与这项活动，而且举办时间不限于端午节。

新加坡有很多龙舟俱乐部，如人民协会和战备军人协会都有自己的龙舟俱乐部。这些俱乐部经常举办龙舟竞赛，并邀请其他国家的龙舟爱好者参加。一年一度的新加坡国际龙舟赛，分为男子组、女子组、混合组和公开赛。来自世界各地的龙舟队齐列水上，场面壮观。每支龙舟队由22名强健队员组成，相互配合默契，动作整齐划一。每场比赛前，龙舟队长都会以水沐浴船头龙首，祈求平安得胜。赛龙舟时震撼人心的鼓声、龙舟队员激昂高亢的呼喝以及相互鼓舞激励的战斗豪情，都令观众血脉偾张。合家观看赛龙舟，对于新加坡华人家庭而言，也是促进亲子关系、传授民族文化的良好时机。

## 四、中秋节

中秋节虽然不是新加坡法定节假日，但节日氛围非常浓厚。每年中秋临近，牛车水、新加坡河畔及裕华园等地便张灯结彩，入夜之后，大街小巷灯火辉煌，五颜六色的灯笼挂满都市，缤纷绚丽的烟火照彻夜空。热闹非凡的游园灯会、精彩纷呈的舞台表演、精致美味的各式美食，使得新加坡的中秋盛会就像这座花园城市一样美丽非凡，令人流连忘返。

### （一）历史传承

农历八月十五日正值秋季三月之中期，因而被称为中秋。这一天正值满月，且秋高气爽，月色分外皎洁，是为"一年月色最明夜，千里人心共赏时"。中国古代以月圆作为美满、团圆的象征，有祭祀月亮的礼俗。据《周礼》记载，早在周代就有"中秋夜迎寒"、"秋分夕月（拜月）"的活动。唐代称中秋节为"端正月"。而正式定八月十五日为中秋节是在北宋时期，当时已经有了赏月、看灯、吃月饼等固定习俗。明清时期，中秋与春节、端午并称为华人三大传统节日。华人远渡重洋，把中秋节的传说与风俗带到世界各地，并在延续传统习俗的基础上，新添一些具有当地特色的节庆文化。在新加坡，随着现代社会多元文化交融并汇，中秋节呈现出传统与现代结合的独特节庆氛围，既是亲朋好友欢聚团圆的佳节，又是职场和商界联络感情的良机，受到新加坡各族、各界人民的普遍欢迎。除游赏中秋灯会，一些非华人族群也会像华人一样互赠月饼表达祝福。

### （二）主要习俗

#### 1. 寓意美好的多彩月饼

最能反映中国民谚"民以食为天"的现象，就是不同的节日有着各自的节令食品。中秋吃月饼，与春节吃饺子、端午吃粽子一样，是华人的传统习俗，有着各自的由来和寓意。月饼作为吉祥、团圆的象征，寄托着人们的美好愿望。历史上首次中秋吃月饼发生在中国古代唐朝，大将军李靖征讨匈奴得胜回朝时正值八月十五日，吐鲁番商人献饼祝捷，唐高祖李渊见饼如圆月，遂接饼笑指天上满月："应将胡饼邀蟾蜍"，并将饼分与群臣共享，成为中秋吃圆饼的肇始。宋朝皇家把中秋节吃的圆饼称作"宫饼"，民间俗称"小饼"，苏东坡有诗云："小饼如嚼月，中有酥和饴。"南宋文学家周密在《武林旧事·蒸作从食》中首次提到"月饼"的名称。传说元末人们还利用月饼来传递反元信息，说明中秋吃月饼已成为民间风俗。明代田汝成在《西湖游览志馀·熙朝乐事》中记载："八月十五日谓之中秋，民间以月饼相遗，取团圆之义。"明清时期，月饼上已经出现嫦娥奔月等神话故事的图案。清朝富察敦崇著有《燕京岁时记·月饼》："至供月月饼到处皆有，大者尺餘，上绘月宫蟾兔之形。有祭毕而食者，有留至除夕而食者，谓之团圆饼。"到近代，不仅出现专门制作月饼的作坊，还发展出苏式、广式、台式等不同风味。中秋节阖家分吃月饼和亲友互送月饼也已成为华人重要的传统习俗，一直延续至今。

新加坡传统的月饼和中国月饼差不多，但随着节会文化的商业化，月饼也迎合当地民众口味而推陈出新。现在新加坡市面上最流行的月饼饼皮是彩色的，不同的颜色代表馅料的不同，例如绿色的月饼是抹茶馅，粉色的是芋头馅，黄色的则多是榴莲馅，褐色的自然就是巧克力馅。牛车水的商场里随处可见花样繁多、美味可口的月饼。新加坡不少中式餐厅、糕点店和酒店都有月饼出售，一些比较知名的店铺如莱佛士酒店（Raffles Hotel）、牛车水硕莪街的大中国饼店（Chop Tai Chong Kok）以及摩士街（Mosque Street）的大东饼店（Tai Thong Cake Shop）制作的月饼都广受追捧。位于乌节路上的新加坡最大购物中心义安城是月饼口味最齐全的地方，既有莲蓉、豆沙和蛋黄等传统风味，也有冰淇淋、巧克力、咖啡、绿茶和燕窝等新口味的月饼，最具南洋特色的榴莲月饼更是游客和榴莲爱好者必购的中秋美食。

新加坡华人视中秋节为重要节日，要在这一天与家人团聚共庆佳节。亲朋好友或者商业合作伙伴会借中秋节庆之际相互馈赠月饼，表达感恩之情和美好祝愿。同事之间也常常互赠月饼，不过通常都是包装精美的一枚月饼，甚至是自制的月饼。礼虽轻情却重，体现新加坡人质朴友善的国民性格。

2. 五彩缤纷的主题灯会

除赏月与品尝月饼外，逛灯会是新加坡中秋另一个主要习俗。"滨海花月庆中秋"是新加坡庆祝华人中秋节诸多灯会中规模最大的一项，原名"月圆河畔庆中秋"，从2007年首办至今，已举办六届。每届均邀请中国的省、市或地区作为主宾①参加，借此增进新加坡人对华人文化和传统的了解，也促进中国各界对新加坡的文化、卫生、旅游、商贸等各方面情况了解，将文化交流、招商引资、旅游推介等内容有机结合，促进中新两国开展更深层次、更多层面的交流。活动由《联合早报》《联合晚报》《新明日报》、新加坡宗乡会馆联合总会、中区社理会、新加坡旅游局以及新加坡社会发展、青年和体育部联办，时间约为十至十五天，全程免费入场。2013年以前是在热闹但相对拥挤的新加坡中心商务区举办，彩灯组主要设置在新加坡河畔克拉码头和芳林公园。为了给灯会提供更大的展示空间，2013年改到相对开阔的滨海湾花园举行，并开展更多参与性的互动活动，如猜灯谜、制作灯笼比赛、象棋表演赛、摄影比赛、健身挑战等，此外中国主宾也献演精彩纷呈的特色节目。开幕式的背景、歌舞表演的舞台场景、新加坡河畔的灯饰、活动场所里的工艺品和地方小吃展销现场等等，处处采用中国主宾省市的特色文化因素，营造出浓厚的节日文化氛围，让新加坡普通大众足不出户也能欣赏到中国各地的文化风情。

除"滨海花月庆中秋"主题灯会外，在新加坡颇具中国古代园林风韵的裕华园，也会举办规模宏大的中秋彩灯会。随着文化交流和互动加深，近年展出彩灯既有北京天坛和巨龙样式的大型灯饰，也有深受小朋友喜爱的迪斯尼卡通人物灯饰，造型丰富，取材多样，吸引了不同族群和不同年龄段的观众。主办方还会举办一些别有创意的小活动来赋予这个节日特别含义，比如有的地方出售两元钱一盏的"爱心许愿灯"，可以挂在河畔的绳索上祈愿祝福，售卖所得则捐

---

① 分别为：2007年四川省，2008年上海直辖市、云南省，2009年没办活动，2010年北京直辖市，2011年重庆直辖市，2012年贵州省，2013年海南省。

给福利组织。

在新加坡华人聚居地牛车水，每年中秋都会组织舞龙舞狮表演、放河灯、踩高跷、彩灯展示等活动，节日气氛非常浓厚。其它许多社团、公会、善堂、寺庙等，也都纷纷加入庆祝中秋的行列。洛阳大伯公宫就曾举办过盛大的万人中秋晚会，众多信男善女和各族人士踊跃参与，盛况空前，共派送了数万个灯笼、数万个月饼，华人与非华族的来宾一起分享美味的中秋节庆食品，共同许下对未来的美好祝愿，展现了新加坡各族和谐融洽的一面。

## 五、泰米尔丰收节

泰米尔丰收节（Tamil Thai Pongal Day，音译为"庞格尔节"），或称桑格拉提节（Sankaranthi），起源于印度泰米尔纳德邦，至今已有一千多年历史。泰米尔文化历史悠久，较少受到外族影响，可谓是非常纯粹的印度教文明代表。丰收节相当于泰米尔人的新年，是以农耕为生的南印度人民庆祝丰收的节日，也是唯一按照太阳历来计算的印度人节日，每年从1月13日至16日连续庆祝四天。

丰收节每天都有不同的含义和庆祝活动。第一天叫做"Bhogi Pongal"。主要祭拜雷雨神因帝拉（Indra），因为对于农业耕作，如果没有足够的雨量，农作物就不能收成。新加坡的印度人不用忙农事，就一家人一起进行大扫除，并把旧衣服和不要的东西丢掉，象征除旧迎新。在这一天人们不论贫穷与富裕，都要沐浴更衣，干干净净迎接新的开始。第二天叫做"Pongal"或者"Surya Pongal"。主要祭拜太阳神苏利亚（Surya），如果缺乏日照，作物也不会丰收。一大早家家户户就生起炉火，先将陶罐中的牛奶煮沸，当牛奶沸腾并溢出罐子的时候，全家人一起高呼"'Pongal-o-Pongal"，并将新年的第一季稻米和糖撒入罐中。"Pongal"在泰米尔语中原意是"满溢出来"，人们通过煮粥的仪式祈祷新的一年五谷丰登、粮仓满溢、生活富足。这罐香浓的牛奶甜粥也被称为"Pongal"，可以撒上当地原产的腰果与香料作为点缀。首先盛出一份供奉给太阳神，其余的可由众人分食。所以当天人们常说的问候语就是："饭煮好了吗？"这一天也是泰米尔历泰月（Thai）的第一天，泰米尔人认为从这一天开始，太阳逐渐北归，万物开始复苏，辛勤劳作了一年的人们可以休息一下等待来年的丰收。如果说泰米尔丰收节的第一天相当于华人农历的大年三十，那么这一天相当于华人的大年初一。新加坡的印度人也会在当天走亲访友，互致问候。虽然各民族对新年的叫法和庆祝方式有所不同，但是辞旧迎新的节庆含义都是相似的。第三天名为 "Mattu Pongal"，是供奉神牛的日子，感谢公牛帮助耕耘土地、母牛提供牛奶。人们为牛沐浴，将牛角打磨光洁并涂上艳丽的颜色或者套上亮丽的套子，还给牛脖子系上铃铛、珠链与花环。这一天同时也要供奉湿婆的妻子雪山女神帕尔瓦蒂（Parvati）以及他们的儿子象头神甘奈施（Ganesha）。第四天是 "Kanum Pongal"。早上，家中所有妇女在庭院中集合，向太阳神供奉盛在芭蕉叶中的甜牛奶米粥和象征着生活甜蜜幸福的一束甘蔗，祈祷家中的男人们身体健康、家庭兴旺发达。祈祷结束后，妇女们去沐浴。随后大家开始走亲访友，晚辈向长辈行礼，而长辈会给晚辈一些钱来保佑他们平安。[①] 四天正式节庆过后的第五天被称为 "Kanya Pongal"，按传统是已婚妇女回娘家的日子，家中的兄弟将厚礼相待出嫁的姐妹。

对于新加坡的印度族群而言，在当地工商业社会环境下，丰收节的意义已不在于庆祝农事丰收，而是为了延续民族的传统文化，并且通过节日期间各种联系和交流，维系在现代化进程中日益淡化的邻里温情和族群凝聚力。丰收节期间，小印度社区会举办为期九天的系列节庆活动，包括供奉神牛、丰收节厨艺大赛等。位于实龙岗路（Serangoon Rood）前方的甘贝尔巷（Campbell Lane）节日期间禁止车辆通行，成为一片热闹的步行区，每天都有以丰收节为主题的各类文化表演。新加坡各大印度教寺庙也会在丰收节期间熬煮米粥，并举行特殊的祷告仪式。这个寓意美好的节日同时也是印度族群举办婚礼的最佳选择，很多印度年轻人在丰收节期间成婚，期盼未来的生活能得到神灵的庇佑，丰衣足食，幸福满溢。

# 第三节　宗教节会

## 一、卫塞节

卫塞节（Vesak Day）是佛教一年中最重要的一天，世界各地的佛教徒都要庆祝这一节日。在新加坡，人们通常在农历四月十五日即公历5月的月圆之日进行

---

① 《丰收节》，新加坡旅游局官网。http://www.yoursingapore.com/content/traveller/zh/browse/whats-on/festivals-and-events/pongal.html

庆祝，当天全城充满欢乐、祥和与冥想的气氛。

### （一）历史传承

卫塞节是佛陀诞生、成道和涅槃三期同庆的节日，也是佛教徒向指引他们迈向觉悟之路的佛陀和佛法表达敬意和感恩的日子。"卫塞"在印度古梵语中意为"月圆"，象征佛陀德智圆满、福慧具足，真理之光遍照世界，六道众生都能感受到佛陀真理的启示，破除烦恼黑暗，证悟佛性。1950年，国际佛教团体世界佛教联谊会（World Fellowship of Buddhists，缩写为W.F.B.）在斯里兰卡举行首届大会，一致通过庆祝卫塞节的决定，卫塞节成为国际性的节日。而在1999年的第54届联合国大会上，16个国家代表共同签署有关"卫塞节的国际认同"的文件，同年12月卫塞节正式获得联合国承认，称为"联合国卫塞节"（United Nations Day of Vesak），并于2004年由泰国和美国共同举办第一届联合国卫塞节年会，卫塞节也因而成为世界性的节庆。

### （二）主要习俗

卫塞节当天，新加坡所有的佛教寺庙都遍布香花、彩旗和彩灯，佛像也被重新装饰一番。虔诚的佛教徒和信众黎明前就聚集在寺庙前等候。当庆祝活动正式开始时，他们向佛像进献鲜花、蜡烛和香火等供品，并齐声高唱，颂扬神圣的三宝：佛陀、佛法和僧伽。卫塞节上通常会举行浴佛、放生和吃斋等仪式，青年信徒有时还会组织献血活动。佛教寺庙奉行的这些慷慨善事被称为"施"，据说在卫塞节行善事将来会获得加倍的善报。

新加坡佛教界宗派林立，过节的方式也各不相同。华人主要信奉大乘佛教，占佛教徒的大多数。大乘佛教在十九世纪末由来自中国南部省份的佛教徒传入新加坡，主张不仅可以通过自我修行，而且可以通过菩萨或"悟道者"的帮助实现涅槃。因此许多寺院会在卫塞节当晚举办传灯仪式。灯光象征着菩提光，代表了无上般若的智慧，能助教徒远离无知的路径，走向正等正觉的道路，从而脱离苦海。点燃自己的菩提灯，不但能提升智慧，也在慈悲地照亮十方法世每个黑暗的角落，照亮众生的希望。传灯仪式通常在日落后举行，佛教徒手持烛灯排列成行，一面绕着寺院或预定场所行走，一面持咒赞佛，意味着在迈向觉悟之路的修行中，把智慧之光传播到世界各个角落，以去除无明和黑暗。参与传灯仪式的教徒还可以在观世音菩萨前的莲花池发愿。[①]新加坡佛教总会曾在2012年举办万人传灯活动，以纪念佛诞2556周年。在灯光和烟花的交相辉映下，来自新加坡全岛各区和各族群的信众在后港体育馆点燃手中的莲花灯，并根据八大价值观排成八个列队，绕跑道步行一圈，共同祈愿世界和平、国泰民安、众生安乐，然后通过"佛光大道"前往许愿井，最后到体育馆门口进行了浴佛和鸣钟仪式。[②]

大乘佛教著名寺庙光明山普觉禅寺在卫塞节还会举行"三步一拜"的仪式。信徒们在光明山路上每跪行三步就叩首一次，祈求世界和平并许下个人心愿或对过往进行忏悔。这个跪行祈祷仪式历时两小时，对信徒的身心都是一种考验，但前来参加的虔诚信徒仍十分踊跃，甚至许多信徒提前一天就用一小包纸巾预先占好一个跪行开始的位置。同时，莲山双林寺、佛牙寺龙华院和被称为千灯寺院的释迦牟尼菩提迦耶寺也会举行各种仪式和活动来纪念神圣的卫塞节。[③]

新加坡还有一个主要的佛教宗派是小乘佛教，主要流传于新加坡的斯里兰卡和缅甸社区，侧重于寻求通向自我救赎之路。位于芽笼的缅甸玉佛寺和圣迈克路的锡兰寺庙都是小乘佛教寺庙，通常在卫塞节举行用牛奶煮粥的仪式，以纪念佛祖悟道前的最后一餐。据说释迦牟尼经过六年苦修尚未得道但已饿得奄奄一息，他在食完一位牧羊女送的乳糜粥后，在尼连禅河水中洗去积垢，在菩提树下打坐七七四十九天终悟大道。

随着时代变迁与社会发展，新加坡佛教界更注重拓展卫塞节的节庆文化功能，推动宗教和谐，致力于将卫塞节打造为凝聚所有新加坡人、共同建设和谐社会的平台。政府也乐见其成，李光耀、吴作栋等许多政要同新加坡高僧都有极深的交往。2011年新加坡佛光山与国际佛光会新加坡协会以"环保与心保"概念为主题联合举办卫赛节嘉年华会，劝导对自然环境的保护和对一切生命的尊重。这种紧密联系世界关注焦点的活动，意义重大，深受好评。2014年卫塞节新加坡佛教总会以"宗教和谐总动员"为主题，发动各族、各宗教、各阶层、各年龄层共同行善，以建设更美好与融洽的社会。

① 《卫塞节》，新加坡佛教总会官网。http://vesak.buddhist.org.sg/
② 《万人传灯卫赛节庆典登场》，联合早报网，2012年4月29日。http://www.zaobao.com/media/photo/storg20120429-137358
③ 《卫塞节》，新加坡旅游局官网。http://www.yoursingapore.com/content/traveller/zh/browse/whats-on/festivals-and-events/vesak-day.html

## 二、中元节

中元节（Hungry Ghost Festival），亦称"盂兰盆会"，民间俗称"鬼节"，是拜祭祖先亡魂的传统节日。新加坡的中元节源于中国，但是与中国只在七月半当天过节不同的是，新加坡的中元节从农历七月初一开始，直到七月三十日结束，历时整整一个月，其参加人员之广、涉及领域之多、持续时间之长、影响程度之深，都远超于其他华人传统节日。

### （一）历史传承

中元节是来源于道教的说法，道教认为产生天地万物的三个基本元素是天、地、水，即"三元"。其中，天官紫微大帝赐福，诞于正月十五，称上元节；地官清虚大帝赦罪，诞于七月十五，称中元节；水官洞阴大帝解厄，诞于十月十五，称下元节。《修行记》云："中元日，地官降下，定人间善恶，道士於是夜诵经，饿节囚徒亦得解脱。"这一天同时是佛教的盂兰盆节。据《佛说盂兰盆》经记载，佛陀弟子目揵连尊者发现去世的母亲堕落饿鬼道，即使送去食物，也入口即化为烈焰无法解除饥苦。目揵连求教于佛，为说盂兰盆经，教于七月十五日作盂兰盆供养及斋僧，合各大德威神之力，方使母亲得以脱离饿鬼之苦。中国自古民间又有"鬼月"之说，认为七月为一年阴寒之始，初一鬼门开，已故祖先可回家团圆，所以这月要祭祖、上坟、点河灯为亡者照亮回家之路，同时也要放些祭品和纸钱祭拜周围无家可归的孤魂野鬼或者战死沙场、有家难回的亡灵英魂。民间的鬼月习俗与道教的中元节、佛教的盂兰盆节，都发生在农历七月，都以奉亲、敬养、乐施、普渡为主题，在时间上重合，在精神文化上相通，因此很快同化融合起来，形成了这个被全体华人认同的节日。由于道教是纯粹的华人宗教，"中元节"的叫法更为华人普遍接受，成为这一具有祭亡、祀鬼、赦罪、普渡等丰富内涵的节日的通称。

### （二）主要习俗

新加坡人过中元节与其他国家地区华人的过节方式有所不同，最为热闹也历时最长。每年农历七月初一至月底，新加坡华人就以社区、庙宇或街道为单位，在全国各地举办"庆赞中元"活动。

1. 集体供奉

中元节期间，新加坡的大街小巷弥漫着香烛烟火的味道，是这个节日的独有气息。很多人家会在自家门前、组屋楼下或店面走廊点烛焚香祭拜，心中默念祈求平安，并供奉水果、肉品和米饭，有时还加上中元节专制糕点等，然后焚烧纸钱。为了便于清理纸灰，不影响公共卫生，新加坡政府专门定制了焚烧桶，每年七月摆放在组屋前供人们烧纸用。商家店铺和公司企业也在街头巷口贴上红色招纸，设坛酬神，虔诚祈祷"好兄弟"（当地人对鬼魂的讳称）保佑生意兴隆，阖家平安。因为中元节除超度先人外，还普渡十方孤魂，倡导多行善事，所以人们也愿意在公共焚烧桶烧纸以普施供奉。

2. 七月歌台

华人常以歌舞形式祭奠亡魂，这一文化特性在新加坡被发挥到了极致，整个七月"鬼月"夜夜载歌载舞。最初负责献演的是传统戏班。20世纪40年代，一些中国内地的歌舞团来新加坡避乱，他们举办歌舞表演为抗战筹款，并将演出称为"歌台"，但当时是在电影院里售票演出。到了60年代，演酬神戏的传统戏班为吸引观众，在演出中穿插歌台表演，最初是歌台表演1小时，戏班演出3小时。到了现代随着从中国和马来西亚等地新移民歌手的加入，歌台表演逐渐成了主流，舞台也由早先简单的卡车车厢相拼，变成了临时搭建的固定舞台。祭祀的沉重严肃气氛被热闹的歌舞冲淡许多，七月中元节更像是为全体新加坡人举办的一场娱乐盛宴。

七月初一，在很多社区的空旷地都搭建起一个标有"盂兰盆会"字样的歌台。左侧是拜祭用的供台，摆放着烧猪、鸡、鸭和水果、罐头、干粮杂果、素食斋品等供品，装饰着彩色的三角旗，供桌前还插着高香巨烛，高约二三米，排列整齐，蔚为壮观。太阳下山后，歌台的表演就开始了。演员多用福建方言，表演以神话故事、宗教典故为主题的地方戏曲或者现代歌舞，有时还邀请歌星到场演唱流行歌曲，以此酬神祭鬼。台下或坐或站挤满了周围社区的居民，有的伴着节奏挥舞手臂，有的边点歌边给歌手发红包，还有活泼可爱的小朋友们围着歌台嬉戏。热闹欢庆的气氛吸引了不少过路行人和游客驻足观看。千万要注意的是，哪怕站得再累，也不要去坐歌台下第一排空着的席位，因为那是专为"好兄弟"们准备的。[1]新加坡的中元节不同于其他地方的肃穆冷寂，烟火舞乐充满整个农历七月。

---

[1] 刘宏量：《了解民间文化　新加坡华裔新移民感受中元节习俗》，中国新闻网，2011年8月23日。http://www.chinanews.com/hr/2011/08-23/3278227_2.shtml

### 3. 投标晚宴

焚香烧纸祭奠完毕，欣赏着歌台上的表演，中元晚宴也开筵了。食物很丰盛，而且对所有人都开放，可以任意免费取用。在宴席中间会进行福物投标的活动，主办者通常邀请演艺界小有名气的人士来主持喊标，用来喊标的福物是据说会有好彩头的吉祥物，多为金色，如金龙或黄梨，本身没有什么价值，但往往最后投中的价格会高出市价数倍。投标者的目的在于施行善举且得个好彩头，期盼会有福报，增加好运财气。投标所得主要用于慈善事业，甚至有的中元宴会当场直接派发慈善礼包给生活较为贫困的人。新加坡人敬祖追远、倡导爱心的传统，重视优秀道德传承的风气，散发着这个移民国家的独特文化魅力。

## 三、开斋节

开斋节（Hari Raya Puasa，意为"欢庆的日子"），又叫肉孜节（肉孜是波斯语"斋戒"的意思），标志着斋戒月（Ramadan）的结束，是穆斯林非常重要的节日。伊斯兰教历九月（即斋戒月）是一年之中最为吉祥尊贵的月份，教规中规定所有健康成年的穆斯林应全月封斋，每日从拂晓至日落，禁绝饮食，封斋29天，第29天傍晚如见新月，次日即为开斋节，如不见新月，再把斋1天，次日为开斋节。开斋节为伊斯兰教历十月（Shawwal，音译为"闪瓦鲁"，意为"猎月"）一日，被称为穆斯林的"小年"，要欢庆三日，家家宰牛烹羊，做炸馓子、油果子等食品。

马来族群是新加坡最大的穆斯林群体。根据2010年人口普查数据显示，马来族群占新加坡穆斯林总数的83.5%，其余信众包括巴基斯坦和孟加拉人、阿拉伯人以及部分华人、印度人。[①]新加坡马来人绝大多数信仰伊斯兰教，大多数为逊尼派穆斯林。事实上，伊斯兰教已成为确定一个人能否被划分为马来人的主要标准之一。对以马来族群为主体的新加坡穆斯林而言，斋戒月是投身敬拜、行善与分享的神圣之月。为净化自己的身体和灵魂，白天禁止进餐喝水。日落后，家庭成员汇聚一起，进行黄昏晚祷并一同用餐。

开斋节当天，马来人黎明前就起床为节日活动做准备。男性穆斯林先去清真寺祈祷谢神，然后向长辈们请求原谅。这是马来人最为重视的传统习俗文化。他们认为，年轻一辈向长辈请求宽恕是必要的。早祈祷后斋月就正式结束了，人们开始饮食，然后合家出门团拜，与亲友互相拥抱问候，互致"Selamat Hari

---

① 数据来源：新加坡统计局官网：www.singstat.gov.sg。

Raya!"（开斋节快乐）。[①]通常先去拜访祖父祖母，然后再拜访其他亲戚朋友。这一天新加坡的穆斯林都穿上节日的盛装，男士身着被称为"马来装"的宽松衣裤，女士则着经典亮丽的马来套装，而且一家人的衣服常常是同一色系，可以很容易辨识出来。

在芽笼士乃的马来文化村和昔日马来皇族居住的甘榜格南这两大马来族群聚居地，斋月时每天晚上入夜以后开始热闹起来，街头摊档也会一直营业至深夜。从手工缝制的传统马来服装和精致坐垫，到物美价廉的波斯地毯和插花摆设，一切过节所需物品应有尽有。不过最吸引人的还是开斋节市集上的马来美食。在开斋节的三天节庆活动中，广受各族喜爱的香甜黄梨挞、椰蓉蒸制并配上黑甜椰糖的碟蒸糕等传统马来糕点最受欢迎。开斋节的正餐也很丰盛，类似华人的年夜饭，各式经典传统菜肴如辣焖牛肉（Beef Rendang）、咖喱杂菜（Sayur Lodeh）、马来米粽（Ketupat）等充分满足了持斋一月的信徒们营养需求和口舌之欲。新加坡开斋节期间，庆祝活动丰富多彩、引人入胜，是深入体验马来文化传统的最佳时刻。

## 四、哈芝节

哈芝节（Hari Raya Haji），又称宰牲节、古尔邦节，与开斋节同为先知穆罕穆德生前指定的伊斯兰教两大节会。根据伊斯兰教希吉拉历法（Hijrah，意为"迁移"，以公元622年穆罕默德率弟子向麦地那迁徙的那一天作为纪元的开始），从朝圣月（Dhul Hijja）的第10日、斋戒月后的第70日正式开始，三日后结束，逾期则宰牲无效。"古尔邦"是阿拉伯语"献祭"、"牺牲"的意思。"哈芝"（Haji）是马来语"朝圣"的意思，也是伊斯兰教的基础五功[②]之一。根据《古兰经》记载，先知易卜拉欣（Abraham）虔诚遵从神的旨意，甚至愿意用自己唯一的儿子献祭，但三次杀子都没有成功。这时，天使吉卜利勒（Jibril）降临，向易卜拉欣宣布他已通过真主安拉的考验，并送他一只黑头羝羊以代替其子作为牺牲，从此结束了以人身为祭品的愚昧时代。为纪念这一事件和感谢真主的恩典，先知穆罕默德效法易卜拉欣宰牲献祭，并于伊斯兰教历二年（公元623年）把十二月（即朝圣月）十日定制为两大会礼（Eid，音译为"尔德"）之一，即今宰牲节。教法规定：在体力和

---

① 《开斋节》，新加坡旅游局官网。http://www.yoursingapore.com/content/traveller/zh/browse/whats-on/festivals-and-events/hari-raya-aidilfitri.html

② 即宣誓、礼拜、斋戒、天课（慈善税）和朝圣（朝觐天房）。

财力允许的情况下，每个穆斯林每年都要奉行宰牲礼仪，向真主安拉表达自己的完全顺从与满怀虔诚。

新加坡只在哈芝节当天有公共假期。男性穆斯林自发到清真寺进行早祷，对照所宣读的经文进行自省训诫。当传统的节日祷告仪式结束后，便宰杀牛羊，献祭给真主，象征先知易卜拉欣自愿献祭自己血肉的虔诚。有一部分牛羊肉会被分开包好，发给伊斯兰社群的贫困弱势家庭分享。宰牲节不仅要求穆斯林奉行伊斯兰教义中的传统道德与习俗，同时也提醒人们对有需要的同胞有义务施以援手、分享财富。祷告仪式结束后，教徒们归家向父母问安，与亲友一起共飨节日的盛宴。

## 五、屠妖节

屠妖节（Deeppavali 或 Diwali），又称为排灯节、万灯节、印度灯节，是全世界印度教教徒最为看重的节日，意义堪比新年。时间为印度历七月一日一般在公历10月或11月中旬，通常庆祝五天。耆那教、锡克教和部分佛教信徒也庆祝这个节日。它还是印度、马来西亚、斐济、毛里求斯、特立尼达和多巴哥以及尼泊尔等国的法定节日。

屠妖节是一个庆祝正义击败邪恶、光明战胜黑暗的节日，其起源众说纷纭。流传最广的是为了纪念印度教的克里希纳神（Lord Sri Krishna）打败恶魔暴君纳拉卡苏拉（Narakasura）。据说克里希纳神凯旋之际正值新月之夜，全城一片黑暗，于是人们点燃油灯迎接胜利之师。这一点灯的传统被保留下来，作为对解救民众于水火的克里希纳神的纪念。[①]而对于锡克教徒来说，排灯节是为了庆祝锡克教精神领袖哈尔宾德被印度莫卧儿帝国皇帝贾季汉从囚禁中释放出来。耆那教的排灯节则是为了纪念创立者马阿哈维拉。还有些印度人会在这一天祭祀代表繁荣与富裕的女神拉希米。

屠妖节期间，小印度处处张灯结彩，体现印度族群艺术造诣的闪亮拱门矗立在大街小巷，营造出华丽缤纷的节日气氛。印度文物及工艺品展、街头游行、跨年音乐会等各类文化活动如火如荼开展。节日集市也热闹非凡，精美艳丽的印度服饰、精细雅致的时尚首饰、祈祷专用的香花花环和传统油灯以及耀眼亮丽的宝

---

① 《屠妖节》，新加坡旅游局官网。http://www.yoursingapore.com/content/traveller/zh/browse/whats-on/festivals-and-events/deepavali.html

石等琳琅满目，为屠妖节增添热闹的喜庆色彩。游客还能够品尝到各式各样的印度小吃及南北印度佳肴，配上著名的拉茶，让人大快朵颐。印度教信徒穿上新衣，与亲友互赠糖果点心。

## 六、大宝森节

大宝森节（Thaipusam）是印度教信徒纪念战胜邪恶并赋予印度人以美德、青春与力量的苏布拉马亚神（Lord Subrahmanya，也称为战神穆卢干Lord Murugan）的日子，在印度历十月的月圆之日，通常在公历1至2月间。这一天的满月经过闪闪发光的宝瓶星座，星座中的星云呈现壮观的"Y"形，印度人称之为"宝森"，这个节日由此得名。有一则印度神话传说与这一星象有关：有一位仙子遭到恶魔侵犯，向湿婆求救，湿婆立即从额上的眼睛中射出六朵火花，将恶魔消灭，善与恶的搏斗形成了这个绚丽的星象。因此大宝森节也是一个庆祝正义战胜恶魔的日子。

图8-2　大宝森节

新加坡的印度教信徒一般提前斋戒一月，并在节前沐浴3或7天，最后在节日当天进行游行。从斯里尼瓦沙柏鲁马印度庙（Sri Srinivasa Perumal Temple）步行4.5公里，经实龙岗路，最终抵达位于坦克路的丹达乌他帕尼印度庙（Sri Thandayuthapani Temple）敬拜苏布拉马亚神。信徒们在出发前先砸碎一个椰子，象征消除路上一切障碍。走在前面的信徒通常会头顶牛奶罐或肩扛卡瓦第（Kavadi，意译为"赎罪架"或"行动祭坛"）。卡瓦第由两个木制或金属笼框组成，以一个十字架结构相连，用以使信徒的双肩保持平衡，上面通常用锡纸装饰着鲜花、棕榈叶与孔雀羽毛。所携带的牛奶用来祭祀丹达乌他帕尼印度庙中的苏布拉马亚神。大部分信徒都赤膊光脚步行，有的苦行者则脚穿钉鞋，浑身插满上百根针签，肩负装饰着花环的卡瓦第，并用细签刺穿脸颊和舌头表示忏悔赎罪、感谢神恩。沿途有信众为游行的信徒洗脚，并唱歌、跳舞、吹喇叭、击鼓，以示鼓励和助威。到达目的地后，教徒们将精心装饰的卡瓦第放在寺庙中，丹达乌他帕尼印度庙的祭司则把苦行者身上的针签、钩、油灯和拱木除掉，仪式才算结束。不只是印度教信徒，一些华人和其他种族的人也会在大宝森节当天来寺庙还愿。

## 七、蹈火节

蹈火节（Theemidhi）又叫"踏火节"。据印度史诗《摩诃婆罗多》记载，蒂劳柏迪女神（Draupadi）赤脚踏过炙热的火炭堆向丈夫证实自己的清白。为了纪念蒂劳柏迪女神的这一壮举，也有的说是为了表达对玛赫哈拉达女神（Mahabharata）的崇敬，新加坡印度教信徒在每年屠妖节临近之前，都以蹈火的方式来膜拜女神。

图8-3　蹈火节

举行蹈火仪式的马里安曼庙位于牛车水桥南路，是新加坡最古老的印度教庙宇。建于1827年，大门上的塔楼高25米，雕刻着许多色彩丰富的立体神像，外观极其庄严华丽，是标准的南印度达罗毗荼式庙宇，庙里供奉的是能治愈传染病的马里安曼女神。蹈火节期间，整个庙宇被鲜花装饰得漂亮非凡。[①]

蹈火节前，虔诚的教徒们一般连吃3天斋饭，有些教徒甚至两天前就开始不进食，并睡在地上以示忏悔和赎罪。新加坡的蹈火节仪式一般从凌晨零时左右开始，到中午12点左右结束，场面紧张热烈。数千名男教徒先在小印度的实里尼维沙伯鲁玛印度庙聚集，然后游行到牛车水的马里安曼印度庙举行蹈火仪式。男教徒排队赤脚踏过约4公尺长的炙热火炭堆后，女教徒和孩子们绕火炭堆三圈，表达对神灵的崇拜和对信仰的矢志不渝。然后教徒们抬着神像，在载歌载舞的信众簇拥下，绕着庙宇转一圈。最后众神归位，整个仪式结束。踏在火炭堆上的信徒有的小心翼翼，有的奔跑呼号，有的闲庭信步，但都毫发无伤地走完这段艰难的行程，这使他们更加相信神灵的力量。置身于这些虔诚信徒之中，能够深切感受到宗教的强大感染力，对信仰的坚定与忠诚使信徒们能够做出常人无法或者不敢做出的行为。

## 八、圣诞节

虽然生活在热带小岛上感受不到四季更替，也难得见到冰雪，但深受西方文

---

① 《为信念甘愿赴汤蹈火——印度兴都教徒的蹈火节》，游网。http://www.you333.com/forum.php?mod=viewthread&tid=13182

化影响的新加坡人不会错过每年一度的圣诞狂欢节，节庆活动甚至历时长达一个月。在雨季的凉爽天气里，新加坡举国欢庆，迎接岁末的到来。

每逢圣诞节，整座狮城从11月就开始变得五光十色、绚烂多姿。曾荣获"2010旅行者十佳节日彩灯"的乌节路上，各种彩灯如节日绽放的繁花，将这条现代的商业街装扮一新。大街上节庆氛围浓厚，随处可以听见少年合唱团吟唱着天籁般的圣诞颂歌，街头艺人们当街表演紧张而又刺激的杂技，热情地与好奇的游客合影。诗家董（Tangs）、高岛屋（Takashimaya）等乌节路的地标性购物广场，纷纷展出独具特色的彩灯及圣诞主题装饰。威士马广场（Wisma Atria）、乌节中央城（Orchard Central）、ION Orchard 等主要大型商场，同样穿上节日的盛装，以令人心动的圣诞季折扣促销活动来欢迎慷慨的游客。世界知名品牌服装竞相举办户外观赏时装秀，邀请国内外名模登台展示最新最潮的服装，为圣诞佳节注入时尚的国际元素。[1]同时，滨海湾地区还会举行以"滨海湾活力圣诞"为主题的亮灯仪式。新达城广场上圣诞树放出的美妙歌声，滨海艺术中心展出的艺术珍品，滨海湾广场上摆放的漂亮人造雪松，处处令人感受到新加坡独特的圣诞节节庆文化。

令人称奇的是，身处热带的新加坡在圣诞节也常常会"飘雪"。最繁华的购物区乌节路上，在摄氏三十几度的圣诞夜里，飘飘洒洒的白雪在街道两旁的灯饰照射下翩翩起舞，令人觉得仿佛置身北方圣诞老人的故乡。这个美景当然是最注重节会文化的新加坡人创造的，他们用人造的雪花为国人和异乡游客提供了一个浪漫温馨的白色圣诞夜，乌节路果然不愧"全球十大圣诞圣地"的美誉。

## 九、龟屿进香

处于新加坡南部外海的龟屿平时游客不多，但每逢农历九月，便挤满前来岛上大伯公庙和拿督公庙进香祈福的香客，俗称"龟屿进香"（Pilgrimage to Kusu Island）。

龟屿（Kusu Island）又称"Pulau Tembakul"，在马来语中意为"山顶岛"，位于新加坡南部的外海，距离新加坡主岛约5.6公里，总面积约为8.5公顷。原来是2片狭小的礁岩层，经人工填海，现在已发展成为度假消闲的岛屿。从新加坡滨海南码头搭乘渡轮，约经30至45分钟的航程便可抵达龟屿。龟屿虽小，却拥有两

---

[1]《圣诞节》，新加坡旅游局官网。http://www.yoursingapore.com/content/traveller/zh/browse/whats-on/festivals-and-events/christmas.html

座华人和马来人传统庙宇，分别是建于1923年的华人大伯公庙和位于该岛唯一小丘上的马来拿督公庙。

关于龟屿大伯公庙的由来充满传奇色彩。据《马来纪年》记载，在新加坡拉狮城王朝四世王室利波兜迦统治期间，新加坡曾发生剑鱼伤人事件——新加坡沿海"剑鱼纷纷挑起（刺向）岸上的人，有的人（被剑鱼）穿胸而过致死，有的被刺中脖颈侧倒地死去，有的被穿透腰部死亡。"[1]国王室利波兜迦命令下属穷尽各种办法仍难阻拦剑鱼暴起伤人。这时一位少年建议砍下芭蕉树干沿岸筑成围墙，当剑鱼来袭时，其长吻便刺入芭蕉树干而无法动弹。人们依计而行，砍死大量剑鱼，果然解除祸患。然而这位少年的智谋却引来王室的妒恨，以谋逆之名判其死罪。少年临刑前要求把他葬在龟屿，因为当初是一对住在岛上的来自福建的华人夫妇收养了他，他要在死后保佑义父义母。这对夫妇死后，人们便在岛上建庙供奉他们，这便是今天的龟屿大伯公庙由来。

另一个传说是两位马来族和华族渔民的船只遇到大风浪而翻覆，眼看就要葬身大海，突然一只大海龟游过来将他们救起，驮到一处岛屿上。他们发现这个岛屿的形状像一只大海龟，于是就相信是看守土地的大伯公派海龟来拯救他们。为表示感恩，两位渔民便在岛上建造了龟屿大伯公庙和拿督公庙。

龟屿大伯公庙以中国传统样式的红砖绿瓦建造而成。庙前有一塘小池，池内养有许多被放生的乌龟。池中央是一间亭子，亭内有一口许愿井。庙内供奉着能赐财、治病、镇海与消灾解难的大伯公与送子观音，据说十分灵验，每年龟屿进香时节均吸引大量香客前来祭拜。香客们举行添香油、点香烛、放生、祈福、求子等系列仪式和活动，祈求生活富裕、身体健康、姻缘美满、人丁兴旺及家庭和睦。

位于龟屿小丘上的拿督公庙供奉的是生于19世纪的马来圣徒赛芝阿都拉曼与他的母亲和妹妹。从山脚拾级而上，爬过152级阶梯到达山顶，便可见由三间马来风格神庙组成的拿督公庙。龟屿进香期间，许多信徒在拜过大伯公与送子观音后，会来此向庙里的马来神明祭拜，许多不孕夫妇则前来求子。华人的香烛元宝在这座马来神庙里可以通用，只是拜神仪式另有不同。马来庙祝引导华人香客进行参拜，还会用带马来口音的福建话为他们诵经祈福。龟屿小岛上的进香活动充分体现了新加坡民间信仰的包容并存和族群之间的文化融合。

---

[1] 罗杰、傅聪聪等：《〈马来纪年〉翻译与研究》，北京大学出版社，2013年7月第1版，第39页。

# 第四节　纪庆节会

## 一、种族和谐日

世界上面临种族问题的国家有很多，联合国也早在1966年就把每年的3月21日定为国际消除种族歧视日（International Day for the Elimination of Racial Discrimination），但是像新加坡这样明确设立本国种族和谐日（Racial Harmony）的实属罕见。新加坡的种族和谐日是每年的7月21日，以此纪念间接导致新加坡独立的一次种族冲突事件。

### （一）历史传承

1964年7月21日下午，大约两万名马来人集结在新加坡政府大厦前的广场，准备进行穆罕默德诞辰纪念日的盛大游行，但在一些激进的马来种族主义者有意煽动下，引发马来人与华人间的流血冲突。尽管当晚实行戒严，但是局面已经失控，迅速升级为长达11天的种族暴乱，共有23人丧生，454人受伤。当年9月2日，因一名马来人在芽笼士乃被刺身亡，再次引发马来人和华人之间的种族暴力冲突，短短几天内死亡13人，109人受伤。[①]当时新加坡是马来亚、新加坡、沙巴、沙劳越组成的马来西亚联邦的一员，但马来西亚执政党马来民族统一机构（UMNO）与新加坡人民行动党在诸多理念上矛盾重重，于是借此事发作。这次种族冲突也在一定程度上间接导致新加坡的独立。李光耀后在其回忆录中写到："种族暴乱的惨痛经历，也促使我和同僚们更加坚决地下决心建设一个平等对待所有公民，不分种族、语言和宗教的多元种族社会。多年来，我们制定政策时都坚守着这个信念。"[②]因此，新加坡甫一独立，便在国家《公民信约》中强调："我们是新加坡公民，誓愿不分种族、言语、宗教，团结一致，建设公正平等的民主社会，并为实现国家之幸福、繁荣与进步，共同努力。"[③]时刻提醒新加坡公民不忘当年血的教训、警惕种族问题、消弭种族偏见、实现种族和谐。新加坡独立近50年来，

---

① 刘洁编：《新加坡的种族和谐政策受人赞赏》，中国干部学习网，2013年9月13日。http://www.ccln.gov.cn/haiwaifengcai/hwshgl/37401.shtml

② ［新加坡］李光耀：《经济腾飞路——李光耀回忆录（1965—2000）》，北京：外文出版社，2001年9月第1版，序言部分。

③ 新加坡《国民信约》（National Pledge）由新加坡首任外交部长拉惹勒南在建国后不久起草，一般在公众活动中，尤其是在学校、新加坡武装部队以及国庆庆典的时候齐声宣读，是本国公民对新加坡宣誓效忠的一种方式。

新加坡政府坚定不移地推进种族和谐政策，做了大量非常细致的工作。比如推行双语政策，以英语为媒介把不同母语的种族团结起来；按人口比例分配组屋，强制四大种族合居一处增进接触和交流；实行"集选区"制度，确保少数民族在国会的代表权；要求占人口多数的华人在语言、饮食甚至是宠物等问题上充分顾及其他族群的感受等等。并于1997年正式确立每年的7月21日为种族和谐日①，之后的一周为种族和谐周。新加坡各个学校和社区在种族和谐日都举行教育纪念活动，使学生和国民牢记历史教训，永不重蹈覆辙。

### （二）主要活动

新加坡政府对这个新生的节日非常重视，虽然没有将其设为法定假日，但国家领导人每年都出席种族和谐日的活动并讲话。现任总理李显龙和内阁资政李光耀每次在和谐日讲话都会强调种族和谐是一项做不完的工作，须随着社会的不断改变而持续进行。

种族和谐日是1997年时任副总理的李显龙为国民教育计划主持推介仪式时宣布设立的，新加坡教育部是种族和谐日活动的领导机构。教育部从2002年起为每年的种族和谐日确定一个主题，指导学校的活动方向。2008年还确定了用心形作为种族和谐标志，象征新加坡各种族间深厚的情谊。

作为新加坡国民教育的具体执行者，学校一直都是种族和谐日活动的主体，新加坡的小学、中学、大学甚至幼儿园都举办种族和谐日庆祝活动。活动期间，学生们身着本民族的传统服装，华族女生一般穿旗袍，马来族女生穿马来裙装，印度族女生则穿纱丽。老师们也会穿上艳丽的民族服装。有的学校还组织学生举办民族服装展，并互相教穿民族服装。民族传统美食展也是和谐日的重头戏，一般都是邀请学生家长来制作并销售，收入则捐给学校或慈善组织。学校还会邀请当年种族暴乱的亲历者来讲述当年的情况，与学生自由问答，使他们对那段残酷的历史感受深刻，更加珍惜现在和谐的生活。学校鼓励学生背诵《宗教和谐声明》②，使他们明白宗教和种族和谐的重要性，以及自己所应尽的责任。在学校里还有专门的场所让学生或是玩各民族的传统游戏，或是体验各民族的传统乐器，

---

① 陈巧燕：《种族和谐日：新加坡种族和谐教育的重要形式》，载《中国民族教育》，2009年第12期。

② 2003年7月20日由政府发表并鼓励新加坡人在每年的种族和谐周里朗诵，其全文为："我们同为新加坡人民，谨此声明：宗教和谐是确保我国多元种族、多元宗教社会之和平、进步与繁荣的要素。我们决心通过相互容忍、信任、尊重和了解，强化宗教和谐。我们将始终如一，确认国家的世俗性，提升社会的凝聚力，尊重个人的信仰自由，既增广共同空间也尊重彼此的差异，促进各宗教间的沟通，从而确保在新加坡宗教不会被滥用来制造冲突与不和。"

或是展出自己所制作的有关种族和谐的绘画、书画、剪纸、折纸等作品。在轻松的娱乐中增进了不同种族学生之间的交流，使他们从小建立起彼此间的信任、友谊及谅解，为国家未来的种族和谐打下稳固的基础。

新加坡各社区组织和民间社团也积极参与种族和谐日相关庆祝活动。中区社会发展理事会从2008年起，配合每年7月的种族和谐日，由种族和谐资源中心（OnePeople.sg）①主办全国性的橙丝带庆祝会（Orange Ribbon Celebrations），鼓励国人与新移民、永久居民及外籍员工建立跨国籍友谊，促进彼此间的关系。2014年还同各所小学合作，让四年级学生每人制作六条丝带赠送给其他种族或文化的朋友与邻居，并借此互相了解对方的习俗。新加坡教育部长王瑞杰在出席伊莱雅园小学种族和谐日活动时表示，希望这个橙丝带活动能够长期发展为具代表性的项目，让新加坡人从小认识种族和谐的同时，也负起宣导的责任。②各社区理事会在举行活动时也刻意邀请新移民参加，使他们尽快融入当地生活，增强他们的归属感，培养他们的种族和谐意识。

新加坡建国以来，在政府的强力推动和各族人民的努力下，除1969年受马来西亚华巫冲突影响导致种族骚乱和2013年南亚外籍劳工骚乱外，种族共融、社会稳定、秩序良好是新加坡民族关系的基本事实。正如李显龙总理2009年7月18日出席种族和谐日活动时所说，"新加坡过去40年不曾发生种族暴动或其他种族事件，这并非自然产生。反过来，我们必须了解，种族和谐是我们辛苦创造出来的。"③在世界尤其是周边国家民族宗教矛盾持续尖锐、种族冲突不断的情况下，新加坡取得这样的民族和谐局面实属不易。随着全球化浪潮呼啸而来，跨国界的人口流动使得这个移民国家人口构成更加多元复杂，大量涌入的新移民即使与新加坡本地人种族相近也因为原先生活习惯和观念的差异而出现文化裂缝，互联网的普及使网上一些过激言论更易触动关于种族和宗教的敏感问题，这些都对新加坡的种族和谐政策提出新的挑战，种族和谐日的意义将更加重要、深远。

---

① 种族和谐资源中心（OnePeople.sg）前身是中区联合社会服务中心，社理会中区市长再努丁为该中心管理委员会的第一任主席，主要与其他社区发展理事会、团体、人民协会以及社会发展、青年及体育部合作，担负团结国民、促进种族和谐的使命。

② 胡洁梅：《王瑞杰：提倡种族和谐人人有责 跨文化体谅不宜被视为理所当然》，联合早报网，2014年7月22日。http://www.zaobao.com/lifestyle/education/live/story20140722-368469

③ 陈巧燕：《种族和谐日：新加坡种族和谐教育的重要形式》，载《中国民族教育》，2009年第12期。

## 二、国庆节

8月9日是新加坡的国庆日（National Day），是1965年新加坡脱离马来西亚联邦而独立建国的日子。1965年的这一天，新加坡第一任总理李光耀声音哽咽地遗憾宣布这一"被迫"独立的决定。一年后，自强、自立的新加坡人便举办第一届国庆庆典来展现国家独立发展的决心，并借此盛典来构建这个多族群移民国家的国家认同感。

新加坡国庆庆典（National Day Parade）自1966年在新加坡政府大厦草场（Padang）首次举办后，直至1975年都在此举办。1976年新国家体育场落成，为方便更多国民观看现场庆典，当年国庆庆典在此举办。此后到1994年间，国庆庆典在政府大厦草场和国家体育场轮流举行。1995年起，政府决定每五年在政府大厦草场举办一次庆典。2007年以后，国庆庆典一直在滨海湾浮动舞台举办。

经过数十年的演变，新加坡国庆盛典的内容和程序不断得到翻新充实，充分反映了新加坡自身经济的繁荣发展和军事力量的不断壮大。从最初简单的烟火镭射表演和有限的几件武器装备展示，到今天高科技的大型烟花表演、多媒体投影技术、新加坡武装部队红狮跳伞队的高难度表演以及各类先进武器装备的分列式，彰显出新加坡巨大的经济、科技及一定的军事实力。而各族群身着民族服装的大型集体舞蹈和代表国家化身的总统亲自主持国庆盛典，则象征着新加坡各族群的团结和国家的统一。

国庆期间，新加坡处处可见身着与国旗同样的红白两色"爱国色"服装的人群。组屋和便利店上插满迎风飘扬的国旗。矗立在政府大厦顶端的"Majulah Singapura"（马来语：前进吧，新加坡）[1]口号标志闪闪发光。还有新加坡人最引以为豪的"加冷狮吼"[2]响彻国家体育场，鼓舞着新加坡人牢记新加坡精神，不断前进。国庆日的这些庆典和活动无不体现出当代新加坡人对国家的认同感和归属感，展现出新加坡作为一个独立的国家致力发展的雄心和信心。[3]

---

[1] 这也是新加坡的国歌歌名。

[2] 新加坡人于20世纪70年代马来西亚杯足球赛期间发明的助威方式，在国家体育场形成响彻全场的呐喊声，经久不息，激动人心。因新加坡又名"狮城"，而体育场位于加冷，因此这一助威方式被形象命名为"加冷狮吼"，现已成为新加坡每逢重大国家活动必会响起的助威声，象征着团结奋进的新加坡精神。

[3]《新加坡国庆庆典》，搜狗百科，2009年7月14日。http://baike.sogou.com/v3970557.htm

### 三、劳动节

新加坡的劳动节（Labour Day）属公共假期，在 5 月 1 日放假一天，如果适逢周末，则在随后的周一补休。5 月 1 日当天，新加坡举国欢庆，向新加坡各领域劳动者表达敬意。总统府也对公众开放，每年都吸引万余人参观。政府每年都举办五一劳动节集会，由总理献词，回顾各界协力共渡时艰的过去，介绍现在经过共同努力取得的成果，解释政府为了创造更多就业机会所做的努力和经济政策的调整，展望未来各界共同使命和国家发展前景。新加坡民情联系组①通常会在五一劳动节集会前开设一站式网页，方便民众了解集会上所提出的重要课题，同时也提供渠道让他们向政府提意见、出建议。劳动节的意义对于新加坡而言，不只是一个欢庆的假日，也不仅是劳动人民请愿斗争的集会日，同时还具有团结各界各阶层各族群人民、巩固民众国家认同感和归属感的更深层的社会意义。

## 第五节　社交游乐节会

### 一、新加坡艺术节

新加坡艺术节（Singapore Arts Festival）于 1977 年由新加坡教育部属下青年音乐师协会发起，从 1980 年第三届开始由政府机构接手主办，后由 1991 年成立的国家艺术理事会（National Arts Council，NAC）②主办，是世界上少见的几个完全由官方举办的国际性艺术节。直至 2014 年转由艺苑公司③主办。

新加坡艺术节举办的最初宗旨是表彰本地艺术先锋的国家艺术活动，后发展成为亚洲最具影响力的标志性主流艺术节之一，举办时间也由两年一次改为每年五、六月份举办，为期三周或一个月，艺术形式包括美术、工艺、戏剧以及音乐等，还有专为儿童设计的节目。新加坡的多元文化氛围和国际视野，使得艺术节

---

① 民情联系组，英文名 Reaching Everyone for Active Citizenry@ Home，简称 REACH，是新加坡政府民意吸纳与反馈机制的主要执行机构，成立于 2006 年 10 月，前身是 1984 年成立的民意处理组（Feedback Unit）。该组织致力于鼓励民众参与民意反馈、建立连接政府与民众的沟通渠道，具体工作包括举办民众大会、进行民意调查、成立政策研究小组等，并依托电子政务体系，发展新型的民意收集与政民互动平台。参见张键、吕元礼：《新加坡政府民意吸纳与反馈机制——以民情联系组为例》，载《学习月刊》，2010 年 29 期。

② 1991 年由新加坡文化基金会、社区发展文化部、艺术节秘书处、国家剧院信托组织合并而成新加坡国家艺术理事会，目前下设表演艺术、视觉艺术、文学艺术、艺术和社区、艺术和青年、艺术教育等部门。

③ 由旧国会大厦有限公司与艺术节公司（2013 年 5 月成立）合并而成，独立运营，在节目策划和运作模式上享有自主权。

东西方艺术并呈，传统与现代互动，雅俗共赏。新加坡本地的国立新加坡华乐团、来自中国的中央芭蕾舞团、美国的崔莎·布朗舞团、法国的玛姬·玛汉舞团、日本的大骆驼舰舞踏团等知名艺术团体，都曾出现在新加坡艺术节的名单之上。世界著名的戏剧导演罗伯特·威尔逊（Robert Wilson）、前卫音乐作曲家菲利普·格拉斯（Phillip Glass）以及新加坡本土著名艺术家王爱仁（Ivan Heng）等，都曾于艺术节期间在新加坡演出。

除售票观看的室内演出外，新加坡艺术节的开幕与闭幕表演大多以大型的户外演出来吸引民众的关注。比如2010年艺术节开幕时在滨海公园上演的"火焰花园"，以及闭幕活动上名为"Mega Line Dance"的2万人齐跳"排排舞"的节目。新加坡政府希望以此来推广全民性的艺术活动，提高国民的文化修养。

新加坡艺术节自举办以来，为普通民众接触国际最高艺术水准演出提供大量宝贵机会，并带动新加坡艺术的蓬勃发展。但目前新加坡每年举办多达80余个名目繁多的艺术节及上万个不同的艺术文化活动，导致艺术市场过于繁杂。因此，新加坡艺术节在2013年决定停办一年，重新思考和制定未来发展方向。2014年，新加坡艺术节更名为"新加坡国际艺术节"（Singapore International Festival of Arts，简称SIFA），并于8月12日到9月21日以全新面貌登场，以"再现传奇·颠覆经典"为主题，呈献12个来自世界各地的多元化、高水平国际作品。此外，艺术节还特别设立为期三周的大众学堂（O.P.E.N. Academy），举办各种活动如艺术家交流、工作室、小型演出等，让观众有机会对各档节目"未看先知、先兴奋"。但令人遗憾和困惑的是，2014年新加坡国际艺术节名为"国际"艺术节，却没有华语节目。据主办机构艺苑公司（Arts House Limited）艺术节艺术总监王景生称，因为在紧促的时间内找不到符合主题的华语作品，所以宁缺毋滥。[1]

2015年新加坡将迎来建国50周年，在此主旋律下，2015年新加坡国际艺术节已拟定名为"后帝国"（Post-Empire）的主题，本地艺术团体节目将占总体节目的60%，包括著名舞蹈家吴丽娟的大型舞剧和戏剧盒艺术总监郭庆亮的全新戏剧作品等，同时还将邀请中国大陆的艺术家参加[2]。复办后的新加坡国际艺术节显得

[1] 邓华贵：《新加坡国际艺术节 没有任何华语节目》，联合早报网，2014年4月9日。http://www.zaobao.com/arts/story20140409-330287/page/0/1
[2] 邓华贵、陈宇昕、王一鸣：《复办后的新加坡国际艺术节大众难入精专艺术之门？》，联合早报网，2014年9月23日。http://www.zaobao.com/culture/arts/story20140923-392112/page/0/1

更加小众化、精专化，能否为新加坡国民和慕名而来的各国观众所接受，还要经过时间的检验。随着民众接触艺术的渠道越来越多，新加坡国际艺术节主办方还将面临更多的挑战。毕竟这个万众瞩目的国家级艺术盛事，对于提高新加坡的国家艺术形象有着重要的意义。

## 二、新加坡文化遗产节

新加坡文化遗产节（Singapore Heritage Fest）2004年首次举办时，还只是一个实验性质的活动，而且偏重本土意识，只有62万人参观。后来开始引进新移民文化，并渐渐扩大到面向世界。正如新加坡新闻、通讯及艺术部长吕德耀所说："我国虽然是一个年轻的国度，但却有很丰富和多元的文化传统。……我们的文化是不断在演进的。一些新加坡人觉得近年来外国人的到来冲击了我们的国家认同感。但是我却认为他们丰富了我们的文化。所谓海纳百川，有容乃大，我们本来就是一个移民社会。"[1]新加坡文化遗产节的参与者也从当初的本地人，逐渐扩大到新移民、旅居本地的外国人，甚至外国旅客，2008年以来每年都有数百万人参加。

文化遗产节作为新加坡政府推动新加坡文化遗产事业系列举措之一，不仅在保留和推广历史文化方面取得显著成效，更重要的是使国民对文化遗产的重视有了明显提升。据新加坡国家文物局在2009年文化遗产节期间进行调查发现，1 200名受访者中至少80%同意举办文化遗产节有助于提高他们的文化意识及对他族文化的了解。[2]而文物局2011年进行的文化遗产意识调查显示，72.5%的新加坡人认为对国家的历史和文化遗产有良好的认识是重要的。[3]文物局局长陈慧透露，近几年，越来越多的民众有意为推广文化遗产做出贡献，文化遗产节也获得越来越多的民间团体支持，2012年仅有1个社团参加文化遗产节，2013年就增至9个，2014年共有13个。[4]许多公司、会馆、学校、社区组织和文化爱好者自发举

① 《文物局属下博物馆 拟免费开放给国人》，联合早报网，2011年3月11日。http://www.zaobao.com/special/report/singapore/budget2011/story20110311-101832

② 《新加坡全职国民服役人员 可免费参观文物局博物馆》，中新经贸合作网，2010年8月13日。http://www.csc.mofcom-mti.gov.cn/csweb/csc/info/Article.jsp?a_no=231678&col_no=173

③ 陈能端：《不只留住回忆》，联合早报网，2013年7月27日。http://www.zaobao.com/forum/views/opinion/story 20130727-233448

④ 王舒杨：《11年来数目最多 13社团参与文化遗产节》，载《联合早报》，2014年7月14日。转引自《新加坡华团参加文化遗产节开放日展现族群文化》，中国侨网，2014年7月14日。http://www.chinagu.com/hqhr/2014/07-14-9945.shtml

办各种活动，希望通过文化遗产节这个平台展示各族群多元文化特色，以促进不同种族文化相互融合，形成属于新加坡自己的本土文化。新加坡政府也投入更多资源支持社区的特色活动，从而加强民众尤其是新移民对居住地的归属感。在各个社区合作下，文物局已经在全国各处划下11个文化遗产路线。除了宗教场所和文化机构，连著名的商店或小贩摊位也被列为地方文化景点。

文化遗产是所有国民共同创造的结晶，属于每一个国民，为全体国民所共享。新加坡建国时间不长，而且是世界少见的先独立后建立民族的国家，所以新加坡政府始终致力于鼓励国民发展和充实自己的文化。在政府的引导下，新加坡人民为推动文化遗产的保护与开发提出自己的构想、贡献自己的力量，从被动的接受者变成积极的参与者与创造者，促进了国家文化事业的发展。可以预见，文化遗产节对于新加坡政府和人民来说将会越来越重要。

## 三、新加坡热卖会

每年的新加坡热卖会（Great Singapore Sale）都是全球购物迷们的狂欢盛典。无论是市中心的黄金购物街，还是郊区的购物商场，处处都标着诱人的折扣。新加坡本地名牌和国际奢华大牌，也纷纷推出全年最低的折扣价，诱惑世界各地的买家蜂拥而来，进行疯狂的大抢购。

313@Orchard、乌节中央城（Orchard Central）及文华购物廊（Mandarin Gallery）等高端商场的诸多国际名牌和时尚潮牌为热卖会提供了精致的购物体验。甘榜格南（Kampong Glam）的哈芝巷（Haji Lane）则是新加坡本地新锐设计师作品的集中地，如果对前卫的国际独立品牌情有独钟，在这里也会有所斩获。同时，各大信用卡公司都会联合商家一起推广刷卡购物促销、节税等优惠。只要备齐购物袋和信用卡，就可以在热卖会期间得到称心如意的收获。①

新加坡热卖会期间，色彩炫丽的民族服饰是国外游客购物清单上必不可少的项目。在牛车水、甘榜格南和小印度等族群聚居区，各具特色的小店令人眼花缭乱、目不暇接，这里的服饰可是世界上任何地方都买不到的独家款式，而且能够享受到全年最低的折扣。满载而归前，还可以在这些文化区的百年老店品尝一下

---

① 《新加坡热卖会》，新加坡旅游局官网。http://www.yoursingapore.com/content/traveller/zh/browse/whats-on/festivals-and-events/great-singapore-sale.html

各族传统美食。轻松愉悦的购物环境，琳琅满目的美丽服饰，异域特色的风味佳肴，令人流连忘返。长达两个月的新加坡热卖会，使慕名而来的外地游客充分享受到购物的乐趣，体验到新加坡丰富多元的商业文化。

## 四、世界一级方程式（F1）赛车新加坡大奖赛

世界一级方程式（F1）赛车新加坡大奖赛自2008年首次亮相以来就备受世界的瞩目，因为它是F1赛车历史上唯一的夜间赛，同时也是目前亚洲赛区唯一的街道赛。签约5年期间，每年的赛事举办都很成功，所以期满后又顺利续约至2017年。

新加坡政府为提升城市形象，力排众议，在一片质疑声中签下承办F1夜间街道赛的合同。政府在设计赛道时眼光长远、考虑周全，落成的赛道毗邻五座地铁站，距多个五星级酒店、商场、娱乐中心、文化景点、历史遗迹及各种餐厅、美食街仅数步之遥。观赛者可以白天参观这座美丽城市的著名景点，傍晚品尝新加坡各族的特色美食，晚上进入赛场感受世界一流赛车手带来的惊心动魄的比赛，赛后还可以参加赛车手和名模汇聚的时尚派对，或是观看国际知名乐队和歌星的精彩演出。[①]为时三天的赛期内，新加坡旅游局联合各界顶级业者举办一系列新潮时尚的活动，全力为游客打造别具一格的F1观赛体验。如今每年九月的赛季，已成为以F1赛事为核心，集世界顶级表演、美食、派对和购物为一体的F1主题风尚旅游节。新加坡政府在大力发展经济的同时，不断为这个建国时间不长的国家规划新的文化发展蓝图，才有了今天F1赛车新加坡大奖赛这样独具特色的赛车文化。

## 五、新加坡花园节

新加坡花园节（Singapore Garden Festival）是亚洲最著名的花园节之一，由新加坡国家公园局主办，首届于2006年12月在新达城国际会议与展览中心拉开帷幕，包括中国在内的14个国家和地区的园艺设计师展出了用花卉和树木打造的佳作。后来每两年举办一次，一般在7、8月份，为期7至10天。2014年，新建的

---

① 《F1新加坡大奖赛》，百度百科，2013年11月11日。http://baike.baidu.com/view/5493825.htm?fr=aladdin

滨海湾花园（Gardens by the Bay）①成为第五
届新加坡花园节的举办地，并利用花园的地
理优势首次举办了户外的花卉和园艺展，一
举为新加坡花园节赢得国际花园旅游年度成
就奖。加拿大花园旅游理事会对新加坡国家
公园局把这项大型花卉展览推广为旅游景点
的工作给予了赞赏。花园节的展览分为6个

图8-4 花园节

主题，即园景与奇幻花园展、阳台花园展、胡姬花盛会、花卉世界之窗展、桌面
园艺展与微型园艺展，展出33名国内外著名园艺设计师的优秀作品。每个主题
都设一个"最佳设计大奖"的最高荣誉，其他作品则可获金、银和铜奖。为吸引
更多的民众参与，花园节期间还举行社区花园竞赛、插花比赛、校际园艺比赛以
及一系列与园艺相关的教育、娱乐和购物活动。

对于花园节的新举办地滨海湾花园来说，各个景点的规划和设计都尽力实现
水和能源的可持续性循环，大多数植物都是靠园内的湖水循环灌溉，不仅绿色环
保，更大幅减少花园节的开支。新加坡正计划从"花园城市"向"花园中的城市"
发展，政府努力对城市内的绿化和景观进行更全面的整体规划，在提高居民生活
质量的同时，实现环境的可持续性发展，"将新加坡打造成适合国人生活、工作
与娱乐的美好家园"②。当前，环境问题已成为全球性的课题，各国城市都在发展
经济的同时注重居住环境的绿化和环保。新加坡作为世界著名的花园城市，举办
这个国际性的花园节盛会，增强人们对人与自然和谐发展的认识，提供各国园艺
景观交流的平台，推广先进的环保理念和绿化经验，为新加坡的城市文化发展注
入了新的生机和内容。

---

① 这座屡获殊荣的园林占地面积达101公顷，由三个园区组成，即滨海南花园（Bay South）、滨海东花园（Bay East）和
滨海中心花园（Bay Central），是整个滨海湾项目的组成部分之一。
② 新加坡总理李显龙在2014年国庆群众大会上演讲中的原话。参见杨漾、陈婧、苏文琪：《充满生机与活力 新加坡
是大家珍惜的家园》，联合早报网，2014年8月18日。http://www.zaobao.com/special/report/singapore/ndp 2014/story
20140818-378635

# 参考文献

## 一、中文文献

[1][澳]米尔顿·奥斯本.东南亚史.郭继光译,商务印书馆,2012年11月第1版.

[2][德]Klaudia & Eberhard Homann.新加坡.沈晓进译.龙门书局,2011年7月第1版.

[3][古代阿拉伯]苏莱曼,艾布·载德·哈桑·西拉菲.中国印度见闻录.穆根来,汶江,黄倬汉译,中华书局,1983年8月第1版.

[4][法]沙海昂注.马可波罗行纪.冯承钧译.中华书局,2004年1月第1版.

[5][葡]皮列士.东方志:从红海到中国.何高济译.江苏教育出版社,2005年8月第1版.

[6][日]大宝石株式会社.新加坡(走遍全球系列).柯伟,傅巍然译.中国旅游出版社,2012年9月第1版.

[7][日]合田美穗.新加坡华人的宗教信仰.司韦编译.南洋资料译丛,2012年第4期.

[8][新加坡]APA出版有限公司.东南亚.王永静,崔岚译.中国水利水电出版社,2001年1月第1版.

[9][新加坡]蔡曙鹏.舞蹈中的多元文化主义:新加坡的经验.李修建译.内蒙古大学艺术学院学报,2011年第4期.

[10][新加坡]蔡曙鹏.社区在保护无形文化遗产中扮演的角色——以新加坡的马来舞为例.周雪帆译.贵州社会科学,2013年第7期.

[11][新加坡]陈时鑫.新加坡电影业:发展、困境与挑战.刘辉译.国际视野,2007年第4期.

[12][新加坡]淡滨尼联合宫庆成典礼纪念特刊.新加坡淡滨尼联合宫,1993年版.

[13][新加坡]李光耀.风雨独立路——李光耀回忆录(1923—1965).外文出版社,1998年9月第1版.

[14][新加坡]李光耀.经济腾飞路——李光耀回忆录(1965—2000).外文出版

社，2001年9月第1版.

[15][新加坡]《联合早报》.李光耀40年政论选.现代出版社，1994年3月第1版.

[16][新加坡]隆根长老.新加坡佛教漫谈.古晋佛教居士林(月刊快讯)，2003年9月.

[17][新加坡]马凯硕.新亚洲半球：势不可当的全球权力东移.刘春波，丁兆国译.当代中国出版社，2010年2月第1版.

[18][新加坡]玛丽恩·布拉沃·贝辛.文化震撼之旅新加坡.赵青译.旅游教育出版社，2008年1月第1版.

[19][新加坡]乔恩·林.新加坡的殖民地建筑(1819—1965).张利译.世界建筑，2000年01期.

[20][新加坡]邱新民.海上丝绸之路的新加坡.胜友书局，1991年8月第1版.

[21][新加坡]邱新民.新加坡宗教文化.南洋商报·星洲日报，1982年版12月第1版.

[22][新加坡]苏瑞福.新加坡人口研究.薛学了，王艳等译.厦门大学出版社，2009年3月第1版.

[23][新加坡]许云樵.南洋史(上卷).星洲世界书局，1961年8月版.

[24][新加坡]许云樵.马来亚史(上).新加坡青年书局，1961年9月版.

[25][新加坡]许云樵.马来纪年(增订本).新加坡青年书局，1966年8月港初版.

[26][新加坡]新加坡旅游局.您的季度指南.亚洲城市传媒集团，2012年2月—3月.

[27][新西兰]尼古拉斯·塔林.剑桥东南亚史.贺圣达等译，云南人民出版社，2003年1月第1版.

[28][英]D. G. E. 霍尔.东南亚史(上下册).中山大学东南亚历史研究所译.商务印书馆，1982年10月第1版.

[29][英]康斯坦丝·玛丽·藤布尔.新加坡史.欧阳敏译，东方出版中心，2013年8月第1版.

[30]毕世鸿.新加坡概论.世界图书出版公司，2012年12月第1版.

[31]博峰.狮子城新加坡.外文出版社，2013年8月第1版.

[32]陈碧.新加坡华人庙宇探访.寻根，2009年第4期.

[33]陈鸿瑜.新加坡史.台湾商务印书馆，2011年2月第1版.

[34]陈琳藩，陈嘉顺.开拓新加坡艺坛的潮籍美术家.汕头大学学报(人文社会科

学版)，2003年第19卷增刊.

[35]陈强，黎珏辰.政治文化对新加坡电影文化发展的影响及趋势.电影文学，2014年第6期.

[36]陈巧燕.种族和谐日:新加坡种族和谐教育的重要形式.中国民族教育，2009年第12期.

[37]陈田爽.星洲佛教文化之旅.炎黄纵横，2011年11期.

[38]陈晓蓉.二战前新加坡华人基督教教育探析.华侨华人历史研究，2013年6月第2期.

[39]陈祖洲.从多元文化到综合文化——兼论儒家文化与新加坡经济现代化的关系.南京大学学报(哲学·人文科学·社会科学)，2004年第6期.

[40]楚超超.新加坡佛教建筑的变迁.华中建筑，2007年第12期.

[41]楚超超.新加坡现代佛教建筑的发展.东南大学学报(自然科学版)，2005年S1期.

[42]楚超超.新加坡佛教建筑的传统与现代转型.东南大学硕士学位论文，2004年12月26日.

[43]但敏.新加坡人这样过生活.旅游教育出版社，2011年5月第1版.

[44]邓辉.世界文化地理.北京大学出版社，2012年4月第2版.

[45]范若兰.伊斯兰教与东南亚现代化进程.中国社会科学出版社，2009年4月第1版.

[46]冯承钧.中国南洋交通史.商务印书馆，2011年11月第1版.

[47]冯玉军.新加坡宗教事务的法律治理.政法论丛，2013年第3期.

[48]贺圣达.东南亚文化发展史.云南人民出版社，2011年1月第2版.

[49]胡亚丽.近代新加坡华人社会生活变迁——以1887—1932年《叻报》广告内容为中心.江西社会科学，2013年第6期.

[50]黄明.新加坡语言政策对英语和华语交流的影响.西南交通大学学报(社会科学版)，2007年2月第8卷第1期.

[51]姜永仁，傅增有.东南亚宗教与社会.国际文化出版公司，2012年8月第1版.

[52]康海玲.新加坡和马来西亚华语戏曲的宗教背景.戏剧艺术，2013年第1期.

[53]康敏.马来人的服饰.东南亚研究，2006年第2期.

[54]柯木林.大伯公是谁?.东南亚南亚研究，1987年04期.

[55] 孔建勋. 多民族国家的民族政策与族群态度——新加坡、马来西亚和泰国实证研究. 中国社会科学出版社, 2010年10月第1版.

[56] 孔庆山. 新加坡社会文化与投资环境. 世界图书出版公司, 2012年11月第1版.

[57] 匡导球. 星岛崛起——新加坡的立国智慧. 人民出版社, 2013年11月第1版.

[58] 拉加. 营造传统——新加坡国庆庆典. 梁永佳译. 中国农业大学学报（社会科学版）, 2007年3月第1期.

[59] [宋] 李昉等. 太平御览. 中华书局, 1960年2月版.

[60] 李一平, 周宁. 新加坡研究. 国际文化出版公司, 1996年8月第1版.

[61] 李志东. 新加坡国家认同研究（1965—2000）. 中国人民大学出版社, 2014年1月第1版.

[62] 梁虹. 论南洋四国的中国艺术（1644—1949）. 福建师范大学硕士学位论文, 2007年4月1日.

[63] 梁永佳, 阿嘎佐诗. 在种族与国族之间：新加坡多元种族主义政策. 西北民族研究, 2013年第2期.

[64] 林远辉, 张应龙. 新加坡马来西亚华侨史. 广东高等教育出版社, 2008年5月第2版.

[65] 鲁虎. 新加坡. 社会科学文献出版社, 2004年2月第1版.

[66] 鲁虎. 梁智强：新加坡电影的成功故事. 东南亚纵横, 2006年第4期.

[67] 陆建义. 向新加坡学习：小国家的大智慧. 新华出版社, 2009年8月第1版.

[68] 罗杰, 傅聪聪等.《马来纪年》翻译与研究. 北京大学出版社, 2013年7月第1版.

[69] 吕元礼. 新加坡为什么能（上下卷）. 江西人民出版社, 2007年11月第2版.

[70] 吕元礼等. 鱼尾狮智慧：新加坡政治与治理. 经济管理出版社, 2010年8月第1版.

[71] 毛大庆, 殷智亮. 一口气读懂新加坡. 团结出版社, 2011年6月第1版.

[72] 孟瑞霞. 儒家伦理与新加坡"家庭价值观"教育. 内蒙古师范大学学报（教育科学版）, 2010年4月第4期.

[73] 丘连峰等. 建筑创作的文化擦痕——多元文化环境下的新加坡、马来西亚建筑. 广西城镇建设, 2006年第6期.

[74] 任思权. 不只是住房——新加坡组屋政策的国家战略解读. 暨南大学硕士学位论文, 2013年.

[75] 宋若云. 新加坡教育研究. 经济科学出版社, 2013年11月第1版.

[76] 覃敏健，黄骏. 多元文化互动与新加坡的"和谐社会"建设. 世界民族，2009年第6期.

[77] 王琛发. 信仰的移植、诠释与演变：马来西亚华人拿督公崇拜的当前观察. 孝恩文化，2012年6月8日.

[78] [元] 汪大渊. 岛夷志略. 亚马逊中文在线，2012年版.

[79] 王俊. 新加坡（世界我知道）. 东北师范大学出版社，2012年3月第1版.

[80] 汪鲸. 适彼叻土：历史人类学视野下的新加坡华人族群. 广东人民出版社，2013年8月第1版.

[81] 王永强. 新加坡的穆斯林. 上海穆斯林，2005年第1期.

[82] 魏炜. 李光耀时代的新加坡外交研究（1965—1990）. 中国社会科学出版社，2007年9月第1版.

[83] 吴杰伟. 东南亚清真寺建筑中的多元文化元素研究. 世界宗教文化，2012年01期.

[84] 厦门大学南洋研究所. 新加坡简史. 商务印书馆，1978年5月第1版.

[85] 夏玉清. 试论新加坡组屋政策与国家认同. 河南师范大学学报（哲学社会科学版），2011年7月第38卷第4期.

[86] 夏玉清，孔慧. 英国殖民统治时期在新加坡的印度人. 世界民族，2011年第3期.

[87] 谢光辉，陈玉佩. 新加坡马来西亚华文书法百年史. 暨南大学出版社，2013年7月第1版.

[88] 徐歌. 新加坡·阳光照耀鱼尾狮. 广西民族出版社，2006年10月第1版.

[89] 徐李颖. 佛道与阴阳：新加坡城隍庙与城隍信仰研究. 厦门大学出版社，2010年3月第1版.

[90] 徐李颖. 新加坡的道教与民间教派、"信仰群"——以黄老仙师信仰为例. 宗教学研究，2011年第4期.

[91] 徐李颖. 在国家与社群之间：新加坡华人庙宇社会功能的转换——以天福宫为例. 民间文化与华人社会，2006年.

[92] 许原泰. 论新加坡道教信仰的起源. 宗教学研究，2011年第1期.

[93] 余定邦，黄重言. 中国古籍中有关新加坡马来西亚资料汇编. 中华书局，2002年12月第1版.

[94] 曾玲. 越洋再建家园——新加坡华人社会文化研究. 江西高校出版社，2003

年8月第1版.

[95]曾玲.阴阳之间——新加坡华人祖先崇拜的田野调查.世界宗教研究,2003年第2期.

[96]曾玲.新加坡华人的龙牌崇拜初探——兼与祖先崇拜比较.厦门大学学报(哲学社会科学版),2003年第5期.

[97]曾玲.坟山崇拜与19世纪新加坡华人移民之整合.思想战线,2007年第2期.

[98]张键,吕元礼.新加坡政府民意吸纳与反馈机制——以民情联系组为例.学习月刊,2010年29期.

[99]张钟鑫.新加坡华人基督教研究(1819—1949).福建师范大学博士学位论文,2010年3月.

[100]赵文红.试论早期东南亚海上贸易的发展与特点.东南亚纵横,2009年第4期.

[101]赵卫防.五六十年代竞争格局中的香港国语电影工业——兼论邵逸夫与陆运涛之间的竞争.当代电影,2006年04期.

[102]支文军.国际主义与地域文化的契合——八十年代新加坡建筑评述.时代建筑,1990年第3期.

[103]钟文典,黄贤强.新加坡客家.广西师范大学出版社,2007年10月第1版.

[104]周宁.东南亚华语戏剧史(上下册).厦门大学出版社,2007年1月第1版.

[105]周宁.东南亚华语戏剧研究:问题与领域.戏剧—中央戏剧学院学报,2007年01期.

[106]周宁.话剧百年:从中国话剧到世界华语话剧.厦门大学学报(哲学社会科学版),2007年第2期.

[107]朱春珠.李光耀精神文明理论与中国古代儒家思想新加坡化.求索,2004年12期.

[108]朱峰.殖民地处境下的华人基督教——以近代东南亚华人社会为例.福建师范大学学报(哲学社会科学版),2005年02期.

## 二、外文文献

[1]Asia City Media Group, Morris Visitor Publications. where® Singapore. where® Singapore Publishing Ltd. , an Asia City Media Group Company, April 2014.

[2]List of Singapore Movies(1991–2013)(as at Feb 2014). http://www.mda.gov.sg/

IndustryDevelopment/IndustrySectors/Film/Pages/Film. aspx

［3］Singapore in Figures·2014. Department of Statistics, Ministry of Trade & Industry, Republic of Singapore.

［4］Singapore Yearbook of Manpower Statistics, 2014. Manpower Research and Statistics Department, Ministry of Manpower, Republic of Singapore.

［5］Yearbook of Statistics Singapore, 2014. Department of Statistics, Ministry of Trade & Industry, Republic of Singapore.

［6］Zuraidah Ibrahim. Musilims in Singapore: A shared vision. Times Edition PTE LTD, 1994.

## 三、网站

［1］世界名厨峰会: http://www.worldgourmetsummit.com。

［2］新加坡道教总会: http://www.taoistfederation.org.sg。

［3］新加坡佛教总会: http://www.buddhist.org.sg。

［4］新加坡佛牙寺龙华院: http://www.btrts.org.sg。

［5］新加坡婚姻注册局: http://www.rom.gov.sg。

［6］新加坡建屋发展局: http://www.hdb.gov.sg。

［7］新加坡联合早报网: http://www.zaobao.com。

［8］新加坡莲山双林寺: http://www.shuanglin.org。

［9］新加坡旅游局: http://www.yoursingapore.com。

［10］新加坡makansutra公司: http://www.makansutra.com/index.aspx。

［11］新加坡媒体发展管理局: http://www.mda.gov.sg。

［12］新加坡食品网站: HungryGoWhere: http://www.hungrygowhere.com。

［13］新加坡市区重建局: http://www.ura.gov.sg。

［14］新加坡统计局: http://www.singstat.gov.sg。

［15］新加坡文化遗产节: http://www.heritagefest.org.sg。

［16］新加坡文献馆: http://www.sginsight.com/xjp/index.php。

［17］新加坡宗教联谊会: http://www.iro.org.sg。

［18］中华人民共和国外交部: http://www.fmprc.gov.cn。